KB273975

컨설팅 세일즈

CONSULTING SALES

임동학 지음

가림출판사

컨설팅 세일즈

임동학 지음

CONSULTING SALES

가림출판사

책 머리에

　여덟 번째 책을 탈고하면서 만감이 교차함을 느낀다. 12년 전만 해도 여덟 번 수술했을 때, 5권의 책을 쓸 수 있으면 좋겠다는 소박한 소망을 갖고 있었다. 그런데 이제 3권을 더 써 8권을 쓴 것이다. 다다익선이라고 했던가? 많을수록 좋다는 뜻인데 때로는 많을수록 좋지 않은 것도 있다. 공해라든가? 오염이라든가? 이를테면 이런 것들이다. 여덟 번 꿰매고 여덟 번째 쓴 이 책이 절대로 공해가 아니고 오염이 되지 않을 그런 책이 되었으면 하는 마음으로 탈고를 한다.

　필자는 한동안 필자의 프로필에 『컨설팅 세일즈』를 '근간'이라고 기록하면서 독자들과 약속을 해왔다. 2년 전부터 집필을 시작했지만 이런저런 이유로 탈고는 늦어졌고 독자들과의 약속은 쉽게 지키지 못했다.

　2003년 초 어느 연수원에서 '영업사원능력개발과정'을 2박 3일간의 일정으로 끝내려 할 때 한 연수생이 물었다. "프로필에 적혀 있는 '근간' 『컨설팅 세일즈』는 언제 나오나요?" 한순간 뒤통수를 얻어맞은 것 같았다. "금년 중에는 꼭 나올 것입니다. 조금만 기다려 주십시오." 그로부터 필자는 여름휴가를 반납하고 추석연휴를 반납하면서 책을 썼다. 2004년에 똑같은 질문으로 무안 당하지 않으려고….

　『컨설팅 세일즈』는 이미 사이버 교육을 하고 있으며, 강의원고를 통해 현장 교육이 실시된 것은 이미 2년 전의 일이다. 그러니까 책이 집필되기 전에 이미 강의와 사이버 교육은 이루어지고 있었던 것이다. 거기에 새로운 이론과 내용을 보완하여 이번에 탈고를 하게 된 것이다. 그 동안은 소수의 사람들이 필자의 강의를 통해 교육을 받았지만 이제는 이 책을 통해 더 많은 사람들과 간접 대화를 하게 되어 너무 기쁘다. 바라건대 많은 사람들이 이 책을 통해 세일즈 마스터가 되기를 바란다.

변화의 중심에 서서　10년이 되었다. 1993년 10월, 20년 3개월간의 회사생활을 끝내고 '(주)맨테크컨설팅'을 설립한 지 꼭 10년이 되었다. 10년 동안 너무 숨차게 달려와 세월의 흐름을 제대로 감지하지 못하고 살아온 듯 하다. 그런데 그 동안 얼

마나 변했는가? 변화의 물결 속에서 산업교육도 변해왔다. 판서형 강의에서 OHP
형 강의로, 다시 LCD 프로젝터형 강의로 변했다. 그때마다 교육 컨텐츠를 바꾸기
위해 얼마나 많은 시간을 투자해야 했던가? 10년이면 강산도 변한다는데 앞으로의
10년은 또 어떻게 변할 것인가? 필자는 그 변화의 중심에 서서 늘 세일즈와 마케팅
분야의 전문가로 활동하고 싶다.

어디 다리가 불편하십니까? "어디 다리가 불편하십니까?" "얼굴에 홍조를 띠
고 계십니다." 이런 질문을 너무도 많이 받았다. 때로는 웃으면서 넘기고 때로는 침
묵으로 말하기도 했다. 이제 더 무엇을 숨기겠는가? "저는 4급 지체장애인이고 얼
굴이 홍조를 띠는 것은 신장 이식수술의 부작용입니다.", "지난 10년간 장애인 컨설
턴트, 부족한 컨설턴트인 필자를 아껴주신 모든 분들께 진심으로 감사 드립니다."
그분들이 있어 오늘의 필자가 있음을 ….

넘치지 않는 건강을 주세요! 필자에게는 진행중인 것이 너무도 많다. 그래서
필자는 가끔 기도한다. "천지신명이시어! 저에게 건강을 주세요. 넘치지 않는 건강
을 주세요. 지나치게 건강하여 헛된 일에 쓸까 두려워합니다." 그리고 다시 기도한
다. "당신께서 주시는 넘치지 않는 건강은 꼭 필요한 곳에만 쓰겠습니다." 그리고
기원하고 싶다. "저를 아껴 주시는 모든 분들이 늘 건강하시고 행복하시며, 일취월
장하시기를 바랍니다. 혹시 필자가 교만에 빠졌을 때 언제라도 질책해 주시기 바랍
니다."

2003년 11월

임 동 학

Contents

Contents

Contents

제 4 장 컨설팅 세일즈의 추진

Contents

제 5 장 컨설팅 세일즈의 관리

Contents

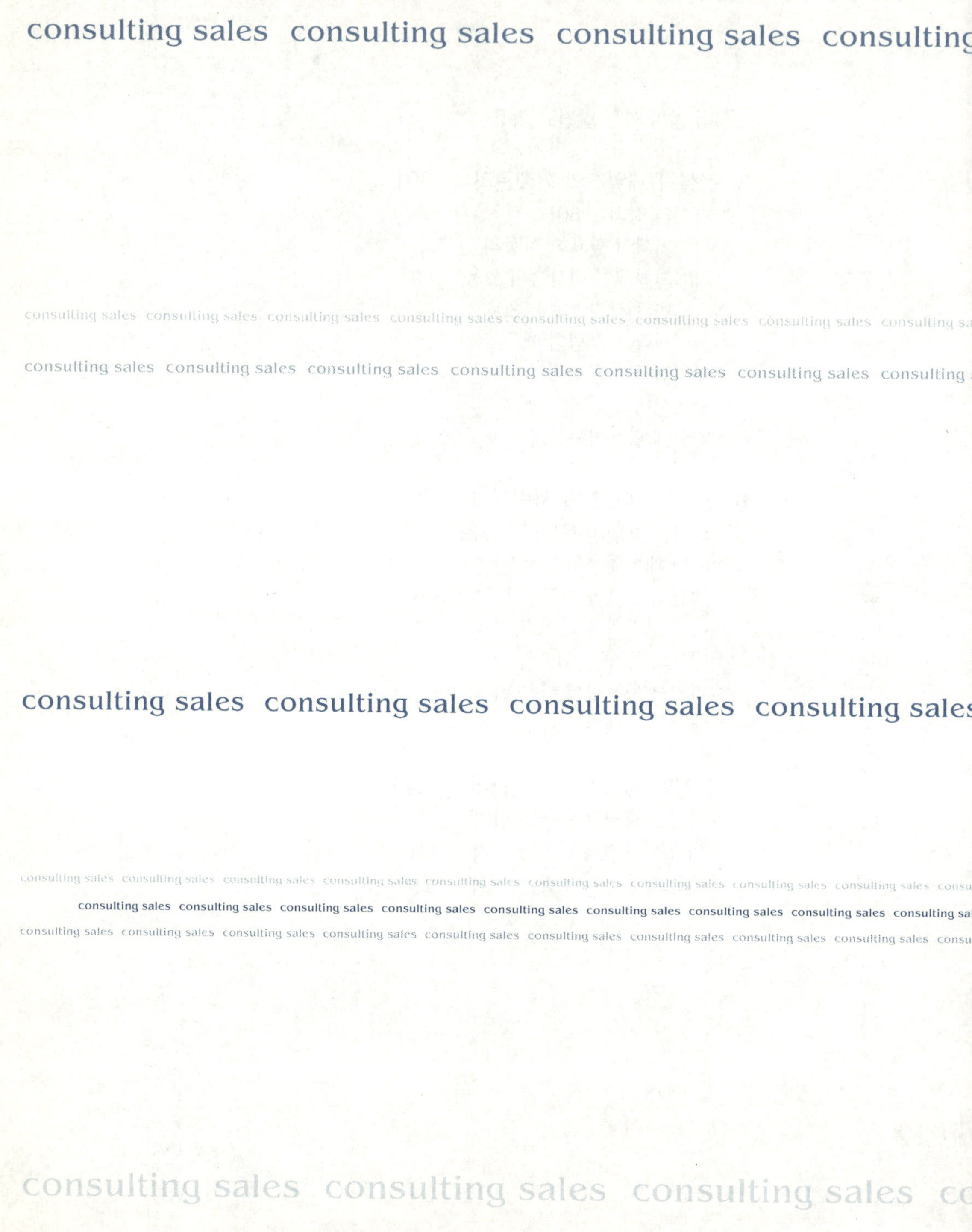
consulting sales consulting sales consulting sales consulting
consulting sales consulting sales consulting sales consulting sales consulting sales consulting sales consulting sales consulting sal
consulting sales consulting sales consulting sales consulting sales consulting sales consulting sales consulting s
consulting sales consulting sales consulting sales consulting sales
consulting sales consulting sales consulting sales consulting sales consulting sales consulting sales consulting sales consulting sales consulting sales consult
consulting sales consulting sales consulting sales consulting sales consulting sales consulting sales consulting sales consulting sales consulting sale
consulting sales consulting sales consulting sales consulting sales consulting sales consulting sales consulting sales consulting sales consulting sales consult
consulting sales consulting sales consulting sales co

컨설팅 세일즈 마인드

consulting sales consulting sales

sales consulting sales

ing sales

sales consulting sales consulting sales consulting sales
consulting sales consulting sales consulting sales consulting sales
sales consulting sales consulting sales consulting sales

consulting sales consulting sales consulting sales consulting sales

1 컨설팅

"얼굴이 몹시 검군요! 그리고 대단히 야위어 있군요!" 필자가 생과 사, 삶과 죽음을 넘나들면서 병원을 찾았을 때 의사가 필자를 바라보면서 말했다. 그런 뒤 물었다. "어디가 가장 불편하십니까? 식사는 정상적으로 하십니까? 또 다른 증상은요?" 간호사가 권하는 대로 시트에 누웠을 때 의사는 혈압을 측정했다. 마지막으로 "오늘 피검사하시고 다음주 수요일 10시까지 오시지요."라고 의사는 말했다.

이 같은 진단절차를 걸쳐 필자의 병은 만성신부전증으로 확인되었다. "가족이나 제3의 기증자가 신장을 제공하면 신장이식 수술을 하거나 혈액투석(인공신장기로 피를 거르는 것)을 통하여 생명을 연장할 수 있습니다." 의사의 조언과 처방은 예상을 뛰어넘는 충격적인 것이었다.

우여곡절이 있었지만 그로부터 1년 후 전주에 사는 젊은 청년이 아무 조건 없이 신장을 기증해 주어 1991년 9월 25일 성공적으로 이식수술을 받을 수 있게 되었다. 그 후 건강을 회복하여 세일즈와 마케팅 분야에 대한 강의와 컨설팅으로 너무도 바쁜 나날을 보내고 있다. 늘 감사 드리고 있다. 당시 정확한 진단과 조언, 그리고 처방을 위해 애써 주신 의료진 여러분께….

컨설팅

이 같은 의사의 진단과 조언은, 컨설턴트의 진단 및 조언과 다름이 없다는 사실이다. 의사와 컨설턴트의 진단과 조언을 컨설팅(Consulting)이라 한다. 다만 의사의 컨설팅이 사람을 위한 것이라면 컨설턴트의 컨설팅은 기업을 위한 것이 다를 뿐이다. 의사가 환자의 병을 예방하거나 찾아내는 과정에서 진단과 조언이 따르듯이 컨설턴트가 기업의 병을 예방하거나 찾아내는 과정에서도 똑같이 진단과 조언이 따른다.

"도대체 컨설팅이란 무엇인가?"라고 묻는다면 그 대답 또한 대단히 많은 정의들이 존재하지만 사소한 의미론적 차이와 문체론적 차이를 배제하면 다음과 같이 요약된다.

의사와 컨설턴트의 공통점

이상의 정의에서 첫째이거나 둘째, 그 어느 것이든 중요한 것은 고객지향이라는 것이다.

의사가 환자(고객)를 지향하는 것이라면, 컨설턴트는 기업고객을 지향하는 것이다. 이 같은 고객지향적인 컨설팅이 이루어지려면 먼저 진단이 이루어져야 하고 진단결과에 따라 조언이나 대책(처방)이 제시되어야 한다. 다음 그림은 의사와 컨설턴트를 비교하면서 공통점을 살펴본 것이다.

▶ 컨설팅의 진단과 조언

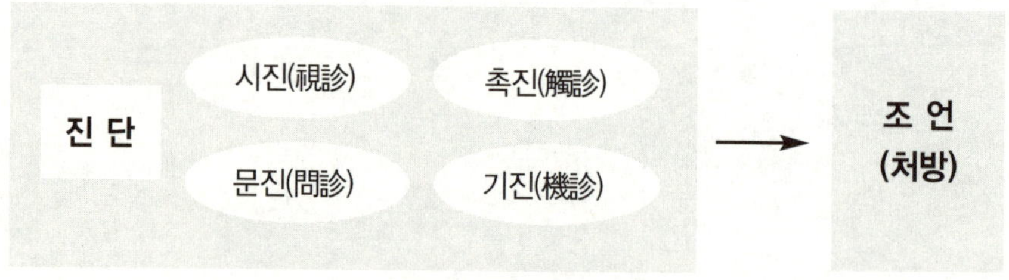

▶ 의사와 컨설턴트의 공통점

구 분		의 사	컨설턴트
진 단	시진 → 관찰하면서 진단	1. 얼굴과 몸을 관찰한다. 2. 병의 조짐이나 병을 관찰한다.	1. 기업(고객)을 관찰한다. 2. 문제를 찾아낸다.
	문진 → 질문하면서 진단	1. 환자가 느끼는 증상에 대해 묻는다. 2. 환자의 답변을 통해 병의 조짐이나 병을 찾아낸다.	1. 1 대 1로 면접을 통해 문제나 과제를 도출하기 위한 면접을 실시한다. 2. 문제를 찾아낸다.
	촉진 → 만져보면서 진단	1. 직접 환자의 환부를 만져본다. 2. 맥박을 짚어본다.	1. 서류나 상품을 만져본다. 2. 기계를 직접 만져본다.
	기진 → 기계를 사용해 진단	1. 청진기를 사용한다. 2. 컴퓨터, CT촬영기, X-ray, 피검사를 한다.	1. 컴퓨터, 통계소프트웨어 등을 사용한다. 2. 컴퓨터를 통해 시뮬레이션(Simulation)을 실시한다.
조 언 (처방)	과제나 문제에 대해 해결책 제시	1. 진단된 병에 조언이나 처방을 한다. 2. 병의 예방을 위해 조언이나 처방을 해준다.	1. 진단된 문제에 대해 조언과 해결책을 제시한다. 2. 기업(고객)에 앞으로 발생될 우려가 있는 문제나 과제에 대해 조언이나 예방책을 제시한다.

2 비즈니스 컨설팅

"고스톱에도 작전이 있어 작전이…. 너는 무작전(無作戰)으로 고스톱을 하니까 허구한 날 돈을 잃는 거야." 고스톱만 하면 돈을 잃는 필자의 친구 K씨가 고스톱의 대가라는 P씨한테 고스톱의 성공비법을 물었을 때의 답변이다. 이에 대한 컨설팅의 대가로 푸짐한 안주와 술을 대접하기로 약속하고 고스톱 성공 15법칙을 들었는데 내용은 다음과 같다.

1. 시야를 넓혀라.
2. 일어설 때를 알아야 한다.
3. 게임의 규칙을 확실하게 기억한다.
4. 천적(天敵)은 피하는 것이 좋다.
5. 죽은 사람의 패에 묘수가 있다.
6. 화투장이 놓인 순서를 생각해 보라.
7. 계획을 똑바로 세워라.

8. 가끔 손이 당기는 대로 하라.
9. 절대로 딸 수 없는 수는 절대로 치지 않는다.
10. 게임중에 한눈을 팔지 마라.
11. 먼저 방어 후에 공격하라.
12. 1등은 있어도 2등은 없다.
13. 설사는 누구나 할 수 있다.
14. 기본점수 3점은 백 번도 주어라.
15. 손에 든 패는 7장에 불과하다.

그 후 K씨는 고스톱의 달인이 되어 웬만한 용돈은 고스톱으로 해결하고 아내로부터 받은 용돈을 아껴 가끔 아내에게 화장품이나 향수 등을 선물해 가정이 10배는 행복해졌다며 기염을 토하고 있다.

비즈니스 컨설팅의 목적

컨설팅의 구분은 이처럼 사소한 고스톱 컨설팅에서부터 운명 컨설팅, 장의 컨설팅, 인테리어 컨설팅, 건강 컨설팅, 미용 컨설팅, 패션 컨설팅, 이미지 컨설팅, 비즈니스(경영) 컨설팅 등 이루 헤아릴 수 없이 많다.

컨설팅의 범위를 좁혀서 보면 비즈니스 컨설팅의 목적은 다음 표(p. 26)와 같다. 이 같은 비즈니스 컨설팅의 목적 중 가장 중요한 것이 경영과 업무상의 문제해결이다. 원래 기업이라는 것은 살아 있는 유기체와 같아서 생존을 위해 항상 경영과 업무상에 문제가 발생되기 마련이다. 이 같은 문제를 해결하는 것이 경영이고 업무이기 때문에 문제가 없는 기업은 이미 생명이 다한 기업이다.

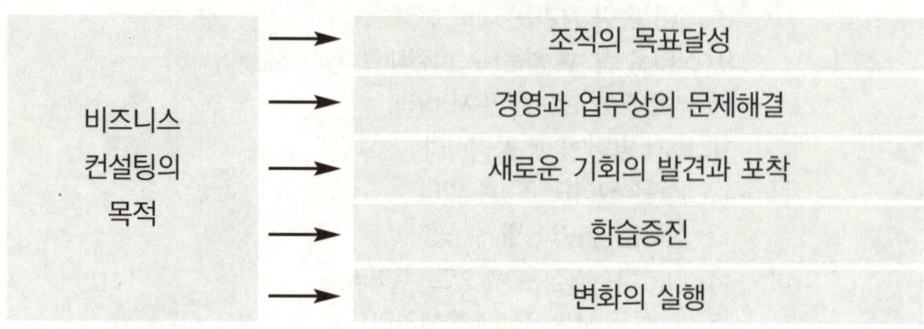

기업문제의 종류

따라서 생명이 있다는 것은 문제가 있다는 말과도 통한다. 결국 기업의 임직원들이 연봉을 받는 것은 문제를 해결한 대가와 다름이 없다. 원래 이 같은 문제는 사내의 임직원들이 해결하는 것이 바람직하나 전문인력의 부족, 기타 여러 사유로 외부 컨설턴트의 전문성을 요구하고 있는 것이다.

그렇다면 기업에는 어떠한 문제의 종류가 있는지 다음 내용을 살펴보자.

* 의뢰인의 불만	* 업무상의 만족스럽지 못한 결과
* 예기치 못한 손실	* 자연재해
* 경쟁력 부족	* 미래에 대한 가능성 부족
* 진부한 관리방식	* 잘못된 의사 결정
* 적절한 기회의 상실	* 새로운 기회의 부상
* 급변하는 환경	* 변화에 대한 반대
* 안정에 대한 불안감	* 좌절감
* 비현실적인 기대감	* 잘못 투영되는 이미지

> * 자원의 부족 * 사용되지 않는 유효자원
> * 경쟁에 대한 압력 * 목표달성 실패
> * 자신감 부족 * 지나친 자신감
> * 민첩하지 못한 업무실행 * 업무실행 내용에 대한 의견의 불일치
> * 정보 부족 * 과도한 정보량
> * 의욕적인 업무목표

이상에서 기업에 대한 문제의 종류를 살펴보았지만 구체적으로 비즈니스 컨설팅의 영역은 다음과 같다.

▶ 비즈니스 컨설팅의 영역

전략 컨설팅	1. 경영기획 2. 중장기전략 3. 경영정책 4. 국제경영
업무 컨설팅	1. 사무처리 2. 인사관리 3. 재무관리 4. 생산관리 5. 구매관리 6. 마케팅 7. 국제관계 8. 연구개발 9. 교육훈련 10. 정보기술 컨설팅
기 타	1. 활동기준 원가회계 2. 경제적 부가가치 3. 지식경영 4. 전사적 자원관리(ERP) 5. 기업인수합병, 합작투자 6. 전사구조조정 7. 전략계획수립

3 컨설팅 세일즈

"타임 레코더를 교환하시겠다고요? 네, 지금 바로 찾아뵙겠습니다." S상사 P 씨는 T사의 전화를 받고 과거에 그러했던 것처럼 대량 수주의 기대를 갖고 T사 로 달려갔다. T사는 연간 500억 매출의 슈퍼 체인으로 점포당 2대씩 100대, 그 리고 본부 배송센터까지 합치면 130대의 수주가 무난할 것으로 예상했다. P씨 는 가격 경쟁에서 경쟁사보다 유리했기 때문에 제안서에 가격과 성능에 대해서 만 자세히 설명해서 T사에 제출했다. 그러나 세일즈에 실패하고 말았다.

T사는 S상사 외에도 Y상사에도 제안서를 요구하였다. Y상사 L씨는 첫 방문 에 대한 준비로 회사의 개요와 업계동향을 조사하였다. 그런 가운데 T상사의 이번 타임 레코더의 교체는 '생산성 향상을 통한 업무개혁' 이라는 사실에 주목 하였다. Y씨는 제안서를 작성하면서 다음 사항에 유의하였다. 첫째, 데이터 입 력기형 타임 레코더의 도입배경, 둘째, 사무절차 간소화를 위한 현상형 문제보 다는 생산성 향상을 위한 장래형 문제의 해결, 셋째, 전체 시스템의 관련성을 숙지한 후 기기 관련성과 운용방법, 끝으로 도입절차를 위한 사용자의 인터뷰

준비 등으로 비교적 과학적인 접근으로 프레젠테이션 약속을 얻어냈고 130대
의 타임 레코더를 계약할 수 있게 되었다.

컨설팅 세일즈 기본 개념

　앞에서 말한 P씨는 상품의 우위를 팔면서 발로 뛰는 영업을 하였고, Y씨는
구매자(고객)의 이익을 중시하면서 컨설팅에 의한 세일즈를 한 것이다. P씨의
경우를 테크닉 세일즈(Technique sales)라 하고, Y씨의 경우를 컨설팅 세일즈라
한다.

▶ 컨설팅 세일즈의 기본 개념도

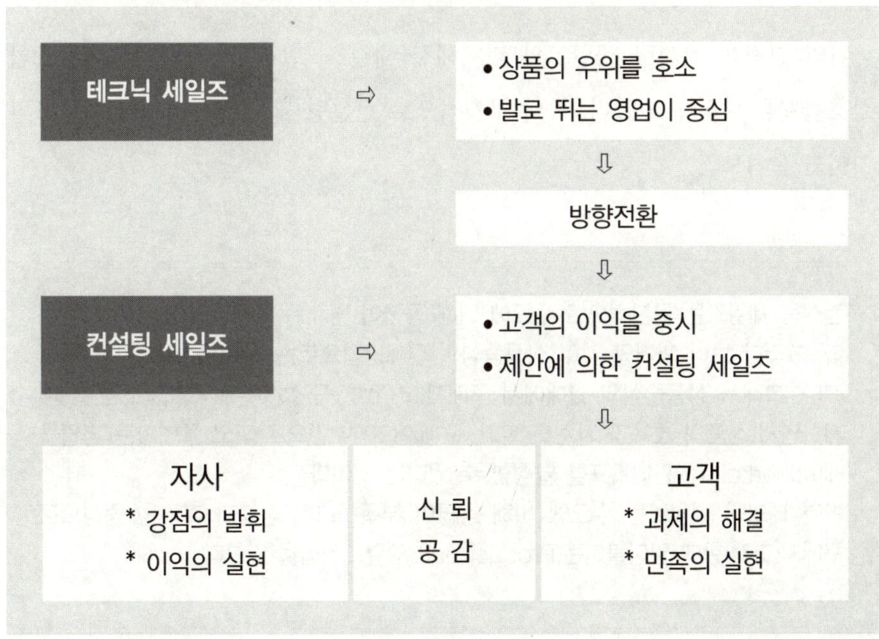

컨설팅 세일즈의 기본 개념도를 보면, 컨설팅 세일즈는 구매자(고객)지향 세일즈이며, 과제해결 세일즈이고, 상호만족 세일즈와 일맥상통하는 것이다. 또 다른 말로 고객의 문제(과제)해결과 만족의 실현으로 얻어지는 것은 자사의 강점 발휘와 이익실현이라는 부가가치를 이룰 수 있는 것이다.

▶ 컨설팅 세일즈와 과제해결 세일즈, 상호만족 세일즈의 상호관계

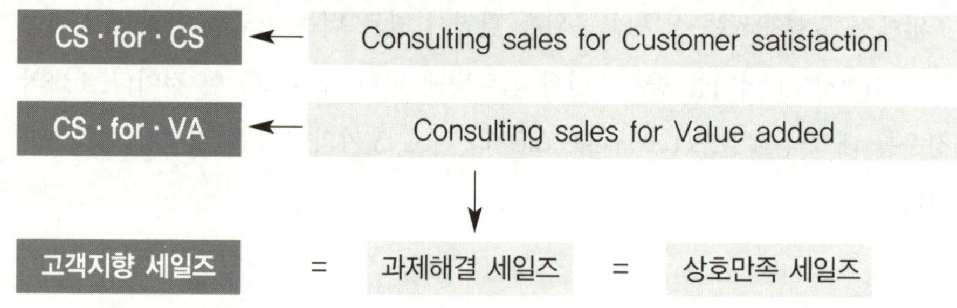

위의 그림은 컨설팅 세일즈와 과제해결 세일즈, 그리고 상호만족 세일즈의 상호관계를 나타내고 있다. 좀더 구체적으로 컨설팅 세일즈와 테크닉 세일즈의 차이를 살펴보면,

컨설팅 세일즈는 근본적으로 수요에 비해 공급이 넘치는 데서부터 발상이 시작된다. 그러다 보니 과거와 같이 상품중심의 판매방법으로는 더 이상 팔기가 힘들어졌다. 그래서 상품중심의 판매에서 구매자(고객)를 진단하여 문제해결(조언)을 제시하면서 상품의 효용과 가치를 팔되, 구매자(고객) 안으로 파고 들어가는 영업을 해야(Market in) 판매목표를 달성할 수 있다는 것이다.
반면 테크닉 세일즈는 수요에 비해 공급이 부족하므로 상품과 가격을 중심으로 구매자(고객)한테 밀어붙이는(Product out) 세일즈기법을 말한다.

컨설팅 세일즈와 테크닉 세일즈의 차이

　컨설팅 세일즈의 최대 강점은 구매자(고객)로부터 시작하는 영업발상을 말하며, 구매자(고객)의 진단과 문제해결을 통해 세일즈의 기회를 넓혀 가는 판매방법인 것이다.

▶ 컨설팅 세일즈와 테크닉 세일즈의 차이

구 분	테크닉 세일즈	컨설팅 세일즈
시장환경	수요 〉 공급	수요 〈 공급
마 인 드	Product out	Market in
고객만족	가격(Price)	가치(Value)
파는 것	상품	효용
파는 방법	하드 중심	하드+소프트(문제해결)

　이 부분에 대한 좀더 상세한 내용은 위의 표 컨설팅 세일즈와 테크닉 세일즈의 차이가 참고될 것이다.

　앞에서는 컨설팅 세일즈와 테크닉 세일즈의 차이를 설명했다. 그렇다면 컨설팅 세일즈는 비즈니스 컨설팅의 어디에 해당되는가? 이미 비즈니스 컨설팅에서 설명한 대로 비즈니스 컨설팅은 크게 전략 컨설팅, 업무 컨설팅, 기타로 분류하는데 컨설팅 세일즈는 업무 컨설팅의 마케팅에 속한다. 마케팅의 영역은 제3장 논리적 세일즈 툴의 '마케팅 4P'에 요약해 놓았다. 따라서 컨설팅 세일즈는 마케팅 4P의 촉진(Promotion)에서 인적 판매(Personal Selling)와 판매촉진(Sales Promotion)을 수행하는 것을 말한다.

　따라서 과거의 테크닉 세일즈도 이 영역에 속하는 것은 동일하다. 다만 세일즈 방법의 차이라고 말해야 좋을 것이다.

4 컨설팅 세일즈맨십과 자기계발

"발로 뛰는 것은 물론이고 머리로 뛰면서 영업을 해야 합니다." 동해농협의 공제(보험) 담당과장 정순덕 씨는 1년 6개월 만에 연도 대상을 수상하여 주위 사람들을 놀라게 했다.

그녀의 세일즈가 크게 성공할 수 있었던 것은 바로 컨설팅 세일즈 때문이다. "구매자(고객)를 진정으로 위하는 마음이 성공의 지름길입니다." 정순덕 씨의 말 그대로 그녀의 세일즈는 철저히 고객중심이었다. 이미지관리에서 시간생산성, 정보수집과 목표관리, 고객이름 기억하기, 명함, 편지, 전화 등의 판매도구를 적절히 활용하면서 구매자(고객)의 문제를 해결해 주는 자세로 판매활동을 펼쳐 세일즈 여왕이 될 수 있었던 것이다.

정순덕 씨의 고객 중에 갑자기 쓰러진 부모를 간호하기 위하여 서울로 올라간 여성고객이 있었다. 그 여성고객이 간호를 끝내고 집으로 돌아오는 길에 여성고객의 남편이 교통사고로 숨지는 사고가 발생했다. 그 여성고객은 1억 5천만 원의 보상을 받을 수 있었는데, 사실은 그 여성고객이 서울에 가 있는 동안

정순덕 씨가 자기의 주머니를 털어 보험료를 대납해 주었기 때문에 가능했던 것이다.

경비 업체인 K사의 허일도 대리는 모 회사의 경비계약을 따내기 위해 63번 방문하였다 실패하고 64번째 방문하여 끈질긴 설득 끝에 계약에 성공할 수 있었다. 계량기 업체인 K사 정규일 차장은 컨설팅 세일즈의 달인이라 할 만큼 회사 내에서 인정받는 영업맨이다. 그는 건설회사의 사업기획 단계에서부터 컨설팅 세일즈를 실시하면서 구매자의 문제해결에 일조를 하면서 괄목할 만한 실적을 올리는 사람이다.

컨설팅 세일즈맨십

이상에서 정순덕 씨, 허일도 씨, 정규일 씨 등의 컨설팅 세일즈 사례를 보면서 몇 가지 공통점을 발견한다. 필자는 이것을 컨설팅 세일즈맨십이라고 명명하고 싶다. 다음은 컨설팅 세일즈맨십의 내용이다.

① 세일즈란 인간관계의 예술이라고 생각한다.
② 세일즈란 상호의사소통(Two communication)의 결과라고 생각한다.
③ 세일즈란 구매자(고객)의 구매를 도와주는 역할이라고 생각한다.
④ 세일즈란 손과 발, 머리를 부지런히 움직여 소득을 얻는 일이라 생각한다.
⑤ 구매자(고객)의 문제를 정확히 진단한다.
⑥ 구매자(고객)에 문제해결자가 된다.
⑦ 구매자(고객)에 따라 독특한 세일즈 포인트를 찾는다.
⑧ 창의를 갖고 새로운 방법을 연구한다.
⑨ 구매자(고객)에게 항상 감사하는 마음을 갖는다.
⑩ 자사상품의 전문가로서 용기를 갖고 목표에 도전한다.

4종류의 세일즈맨

세일즈맨은 크게 4종류로 구분된다. 오리무중형, 충동형, 비실행형, 문제해결형이 그것이다. 충동형과 비실행형은 어느 정도의 교육을 통해 부족한 능력을 향상시킬 수 있지만 오리무중형은 교육을 통해 능력을 키우는 것이 그리 쉽지 않다. 끝으로 문제해결형은 가장 바람직한 세일즈맨이다. 특히 사실과 판단, 질과 양, 효율과 효과를 제대로 인식하고 있다(제3장 논리적 세일즈 툴 참고).

컨설팅 세일즈맨은 근본적으로 문제해결자이다. 구매자(고객)의 문제를 해결해야 되기 때문이다. 다음은 4종류의 세일즈맨 유형을 보여주고 있다. 자신이 문제해결형이라면 더 바랄 것이 없다. 그러나 자신이 충동형이나 비실행형이라면 상당한 노력이 필요하다.

▶ 4종류의 세일즈맨 유형

충 동 형	문제해결형
• 작심삼일의 대책만이 성행한다. • 대책이 중도에 흐지부지 끝나버린다. • 충동적으로 행동한다.	• 문제를 정리하고 대책을 수립하여 일관되게 실시하고 있다. • 거시적 관점으로 일을 한다. • 사실과 판단, 질과 양, 효율과 효과를 구분한다.
오리무중형	**비실행형**
• 문제와 불만을 구별하지 못한다. • 문제점을 파악하지 못한다. • 오늘의 일밖에 생각하지 못한다. • 성과의 실현이 없다.	• 문제는 인식하고 있으나 대책은 방치하고 있다. • 문제는 파악하고 있으나 대책이 구체적이지 못하다. • 대책은 있는데 실행하지 못하고 있다.

회사의 목표 이해

　컨설팅 세일즈맨은 문제해결형이기 때문에 의식적으로 자기가 몸담고 있는 회사가 무엇을 기대하는지를 알고 있다. 그래서 늘 회사의 목표가 무엇인지를 파악하려 하고 그 목표를 달성하기 위하여 전력을 투구하는 사람이기도 하다. 다음의 질문에 답을 쓰면서 회사가 당신에게 무엇을 기대하는지를 생각해 보기 바란다.

① 당신의 회사 세일즈맨들에게 최근에 맡겨진 임무는 무엇인가?
(점유율, 수익성 등)

____

② 일련의 제품 중 당신이 판매해야 할 것은 무엇이며, 다른 제품에 비해 그 제품의 중요성은 어떠한가?

____

③ 추구하는 단위시장(표적거래처)은 무엇이며, 다른 분야와 비교했을 때 그것의 우선 순위는 어떠한가?

____

④ 당신의 성과는 얼마나 자주, 어떤 기준으로 평가받는가?

____

⑤ 앞서가는 과업을 위하여 좋은 세일즈를 구성하는 요소는 무엇인가?

⑥ 이러한 회사의 목표와 우선 순위는 당신의 개인적 목표와도 일치하는가?

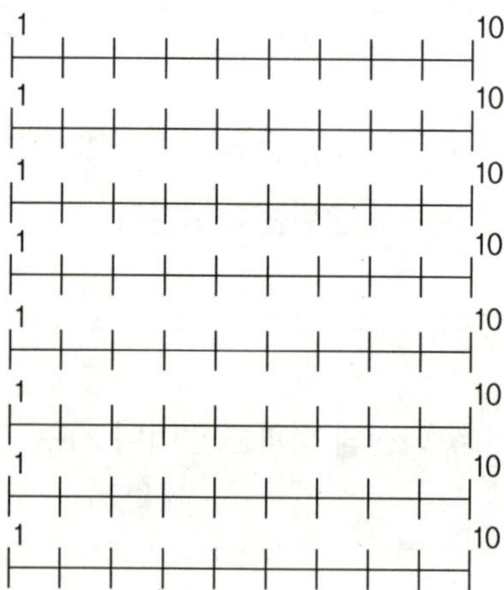 자기계발의 분야

회사의 목표를 충분히 인식하고 있다면 자신의 능력이 이를 해결할 수 있는 컨설팅 세일즈맨인지를 살펴보아야 할 것이다. 이를 통해 부족한 부분을 계발하도록 힘써야 한다. 다음은 10점 척도로 된 능력체크리스트이다. 공정하고 정확하게 자신을 평가해 보기 바란다. 부족한 부분이 자기계발의 분야임을 잊어서는 안 된다.

① 업무의 우선 순위 설정능력은?
② 관심과 집중능력은?
③ 열성과 노력은?
④ 목표설정능력은?
⑤ 전략설계능력은?
⑥ 기한 설정과 그것을 지키는 능력은?
⑦ 결과 측정 능력은?
⑧ 매일 매일의 시간관리 능력은?

5 영업활동을 둘러싼 환경변화

"지구가 태양의 주위를 돌고 있습니다!" 너무도 당연한 이야기라 반론을 펼칠 사람은 한 사람도 없을 것이다. 만일 지금 누군가가 "태양이 지구의 주위를 돌고 있습니다!"라고 말한다면 많은 사람들은 그 사람을 약간 정신이 나간 사람이라고 손가락질 할 것이다. 그러나 역사를 거슬러 올라가 타임머신을 타고 중세로 간다면 우리는 "태양이 지구를 돌고 있다."는 포트레미의 말을 의심하는 사람이 없는 것을 볼 수 있다. 그때 코페르니쿠스가 나타나 "지구가 태양을 돌고 있다."는 말을 한 것이다. 사람들은 놀라움과 경악을 감추지 못한다. 그리고 사람들은 코페르니쿠스를 박해하고 교회로부터 추방한다. 다시 타임머신을 타고 현실로 돌아온다. 지금은 모두가 당연하게 생각하고 진리라고 느끼고 있는 지동설(地動說)을 어째서 그때는 천동설(天動說) 외에는 믿으려 하지 않았을까?

거시적인 경쟁환경의 변화

"사람들은 변화를 외치지만 막상 자신이 변화해야 할 상황에 부딪치면 변화하지 말아야 할 변명을 찾기에 바쁘다."는 말이 정말 실감난다. 중세에도 그렇고, 지금도 그렇다. 다음 표는 거시적인 경쟁환경이 변하고 있는 것을 단적으로 보여 주는 것이다.

▶ 거시적인 경쟁환경의 변화

1. Cosmos	→	Chaos
2. Analogue	→	Digital
3. Dinosaur	→	Chameleon
4. Slow	→	Fast
5. Ant	→	Spider
6. Big	→	Small
7. High	→	Zero

① 카오스 : 질서와 조화를 상징하는 코스모스에서 혼란과 혼돈을 상징하는 카오스 시대로 변하고 있다. 그래서 비즈니스 환경 역시 한치를 내다볼 수 없는 불확실성이 지배하고 있다. 컨설팅 세일즈맨은 미래의 불확실성에 대비하는 자세가 필요하다.

② 디지털 : 아날로그는 있는 그대로를 모방하는, 그러면서 자연 그대로의 상태를 의미한다. 그러나 디지털은 문자나 영상·음성을 1과 0이라는 전자부호로 표시하고, 생산성과 효율성을 말하는 것이기도 하며, 인터넷으로 대변되기도 한다. 컨설팅 세일즈맨은 능숙하게 컴퓨터를 활용할 줄 알아야 하고 생

산성과 효율성이 있어야 한다. 그리고 인터넷을 통한 정보수집 등에서 자유로워야 한다. 나이를 핑계대는 사람은 곤란하다.

③ 카멜레온 : 디노사우르라는 거대한 공룡은 신경이 둔해져 지구의 환경 변화에 적응하지 못하고 도태되고 말았다. 글자 그대로 다윈의 『종의 기원』에서 말하는 '적자생존 자연도태' 인 것이다. 그러나 카멜레온은 같은 파충류이지만 아프리카에서 생존하고 있다. 왜냐하면 환경의 변화에 적응해 왔기 때문이다. 컨설팅 세일즈맨은 카멜레온 같아야 한다. 구매자는 10인 10색이고 천차만별하다. 구매자의 환경에 적응하며 카멜레온처럼 팔방미인이 되어야 한다.

④ 패스트 : 과거에는 큰 것이 작은 것을 잡아먹었다. 이제 이런 상식을 깨야 한다. 이제는 빠른 것이 느린 것을 잡아먹는 시대이다. 따라서 컨설팅 세일즈맨은 굼떠서는 안 된다. 경쟁사를 제압하는 신속함으로 의사결정과 판매활동을 해야 될 것이다.

⑤ 스파이더 : 개미(Ant)의 시대에서 거미(Spider)의 시대로 이행되고 있다. 무조건 명령에 따르고 열심히 일하는 것으로는 더 이상 버틸 수 없다. 예측력과 창의력으로 무장해야 된다. 거미는 거미집을 지을 때 엄청난 예측력으로 입지를 선정하고, 엄청난 창의력으로 집을 짓는다고 한다. 영어의 Web이 거미집이라는 것을 우리는 알고 있다. 인터넷을 할 때 우리는 'World wide web' 을 www로 약칭하지 않는가? 거미를 나타내는 한자어가 蜘(거미 지)인데 이것을 파자(破字)해 보면 '아는 것이 많은 벌레' 라는 뜻이다. 그래서 컨설팅 세일즈맨은 어느 누구보다도 예측력과 창의력으로 무장해야 되는 것이다.

⑥ 스몰 : "크면 위험하고, 크고 분권화되어 있지 않으면 더욱 위험하다."는 말이 있다. 이제는 큰 것을 자랑하던 시대는 지나갔다. "Small is beautiful." 이라는 말이 있다. 영업조직은 거대해지면 잘게 세분화시켜야 한다. 지난 IMF 때 26개의 그룹이 추풍낙엽처럼 문을 닫았다. "대마불사"라는 말은 이제 더 이상 힘을 쓰지 못한다. 기업은 커도 세일즈는 세분화시켜야 한다. 지역별로 세분화하고, 제품별로 세분화하며, 부서별로 세분화하고, 사원별로 세분화해야 산다.

⑦ 제로 : 은행금리가 4~5%대가 되었다. GDP 성장률이 3% 대에 머물고 있다. 분명히 기업의 매출성장에서 옛날의 고성장은 신화가 되어가고 있을 것이다. 여기서 제로라는 의미는 은행의 금리가 물가 인상률과 GDP 성장률을 커버하지 못하는 수준이라는 것이다. 문제는 기업의 매출성장이 과거와 같은 방식으로 이루어지지 않는다는 것이다. 제로시대에는 경쟁사의 시장을 탈취하는 것 외에는 성장이 힘들다는 것이다. 컨설팅 세일즈맨은 이것을 알아야 하는 것이다.

영업환경의 변화

앞서 거시적인 경쟁환경의 변화를 알아보았다. 영업환경에서도 변화는 마찬가지다. 환경의 변화가 너무 빠르므로 거기에 적응해야 한다고 입으로 말하면서 몸이 따라주지 않는 것이다.

1970년대 이후 고속 성장한 시장규모는 20세기 말부터 그 성장속도가 둔화되고 포화시장의 양상마저 보이고 있다. 한때 성장시장의 은혜를 듬뿍 받고 고속 성장한 기업들은 포화시장에서 당황할 수밖에 없다.

초가집과 솜틀 집, 신작로나 굴뚝청소 시절에서 닷컴이나 벤처, 정보통신과 인터넷으로 숨가쁘게 변화하고 있는 과정에서 시장도 달라졌고 경쟁방법이나 구매자(고객)의 구매의욕, 가치관도 달라졌다는 것이다. 따라서 세일즈의 방법도 너무 달라졌다. 우리가 변화를 인식하지 못하고, 과거의 방법으로 세일즈를 고집하면 더 이상 버티기 힘든 영업환경이 조성되고 있는 것이다.

도대체 어떻게 환경이 변하고 있기에 이리 야단인가? 다음 표는 영업활동을 둘러싼 환경변화를 설명하고 있다. 이제 우리 모든 세일즈맨은 천동설에서 지동설로 바뀌었듯이 과거의 영업행태나 기법을 환경변화에 맞추어 바꾸지 않으면 안 될 것이다. 변화되어야 한다. 거의 모든 부분에서 바뀌지 않으면 안 된다. 이제 컨설팅 세일즈를 위해 "나부터 바꾸자! 가까운 것부터 바꾸자! 쉬운 것부터 바꾸자!" 변화를 모르는 개구리가 결국 끓는 물에서 생을 마치듯이 여러분들이 소속한 기업이 그렇게 된다면 어찌 되겠는가?

▶ 영업환경의 변화

구 분	1997년 이전 → 1998년 이후
경제시장의 경향	성장시장 → 성숙시장
경 쟁 법	경쟁사와 함께 시장확보 → 경쟁사 시장의 탈취
고객의 밀도	구매자가 많음 → 구매자가 적음
고객의 구매의욕	왕성 · 현재화 → 감퇴 · 잠재화
고객의 가치관	물질적 풍부함을 추구 → 정신적 풍요함을 추구
상품구입의 목적	소유가치 중심 → 사용가치 중심
고객의 니즈	보통 · 형식적 → 개성 · 실질적
고객의 상품지식	약간의 내용 → 풍부 · 상세
상품의 형태	하드 → 소프트 · 서비스 · 시스템
상품의 차이	매우 명확 → 거의 같음
상품가격결정	판매자가 주도권을 가짐 → 구매자가 주도권을 가짐

6 성숙시장의 영업방법 개선

"♬ 화무십일홍(花無十日紅)이요(열흘 붉은 꽃이 없다) 달도 차면 기우느니라." 우리 민요 중 '노랫가락 차차차'의 가사 일부분이다. 그렇다. "세도가 십 년을 못 가고(權不十年)", "그릇도 차면 넘친다."고 했다. 인생도 마찬가지다. 생로병사(生老病死)를 뜻대로 할 것 같으면 죽는 사람이 어디 있겠는가? 태어나서 청장년이 되고 늙고 병들어 죽는 것이 인생 아니겠는가? 상품도 마찬가지다. 상품이 출시되어 도입기와 성장기, 성숙기를 거쳐 쇠퇴기로 가는 것은 상품의 일생과 우리의 일생이 다르지 않다는 것을 보여준다. 그것은 기업도 마찬가지이며 고객도 마찬가지이다. 지구상의 모든 것은 영원히 존재할 수 없는 안타까운 운명을 지니고 이 땅에 태어났다.

성숙시장의 영업방법 개선

　시장의 흥망성쇠도 상품과 같다. 최근 20~30년 동안 엄청난 변화가 이어졌음을 이미 앞에서 논의한 바 있다. 당연히 영업의 방법이 바뀌어야 하고 생각이 바뀌어야 하며, 구매자(고객)와의 관계가 바뀌어야 한다. 왜? 바꾸지 않으면 더 이상의 생존을 위협받기 때문이다.

　성장시장에서는 영업활동의 양을 중시했으며 방문건수와 방문빈도를 강조했다. 그러나 성숙시장에서는 영업활동의 양이나 방문건수와 방문빈도도 중요하지만 영업활동의 질이 더 중요하며 발보다는 머리, 테크닉 세일즈보다는 컨설팅 세일즈가 되어야 한다는 것이다. 즉 영업방법이 개선되어야만 기업의 생존 가능성이 높아진다. 그 이유는 성장시장의 경우는 수많은 기대고객이 존재하였고 구매욕구 또한 왕성했었다. 그러나 성숙시장에서는 적은 기대고객과 감퇴한 구매욕구로 시장 자체가 확연히 달라졌다. 그래서 성장시장에서는 영업활동의 양을 중시하였으나 성숙시장에서는 고객의 최적화를 통해 영업활동의 질을 중시하는 쪽으로 패턴이 바뀌고 있는 것이다.

▶ 성장시장과 성숙시장의 영업방법 비교

구 분	성장시장의 영업 → 성숙시장의 영업
영업활동 포인트	양을 우선(방문건수와 빈도) → 질을 우선(고객에 대한 최적화)
영업활동 방법	넓고 얕게(방문하자마자 영업) → 좁고 깊게(철저히 준비하는 영업)
영업사원의 필요능력	행동력(다리영업) → 컨설팅(머리영업)
영업활동의 특징	수주형 영업 → 창주형(創注型) 영업
상품의 인식	상품 그 자체 → 영업사원의 제안
고객에 대한 설득	자사 상품의 우위적 특징 → 고객의 이익을 중시
영업활동의 기본정신	고객을 공략 = 거래 → 고객과 협력 = 계약
영업활동의 목적	자사 이익의 실현 → 고객만족의 실현
고객과의 관계	단발적 · 사게만 하면 됨 → 계속적 · 장기적인 애정
고객과의 관련성	상하관계(의리와 인정) → 대등관계(공감과 신뢰)

* 창주형 : 수주를 창조하는 영업

　결국, 성숙시장에서의 영업활로는 다리로 뛰는 것도 중요하지만 머리로 생각하는 컨설팅 세일즈가 되어야 하고, 넓고 얕게 방문하는 것이 아니라 깊고 좁게 방문하는 것이 바람직하다는 것이다(물론 업종에 따라 넓고 얕게 방문해야 되는 것도 있다. 루트 세일즈 등). 성장시장에서는 상품 그 자체를 팔았지만 성숙시장에는 구매자(고객)의 문제를 해결해 주는 컨설팅이 중요하며, 고객의 이익을 중시하고 고객만족을 실현하는 세일즈, 이른바 컨설팅 세일즈가 더 중요해졌다는 말이다.

성장시장과 성숙시장의 비교

▶ 성장시장과 성숙시장의 비교

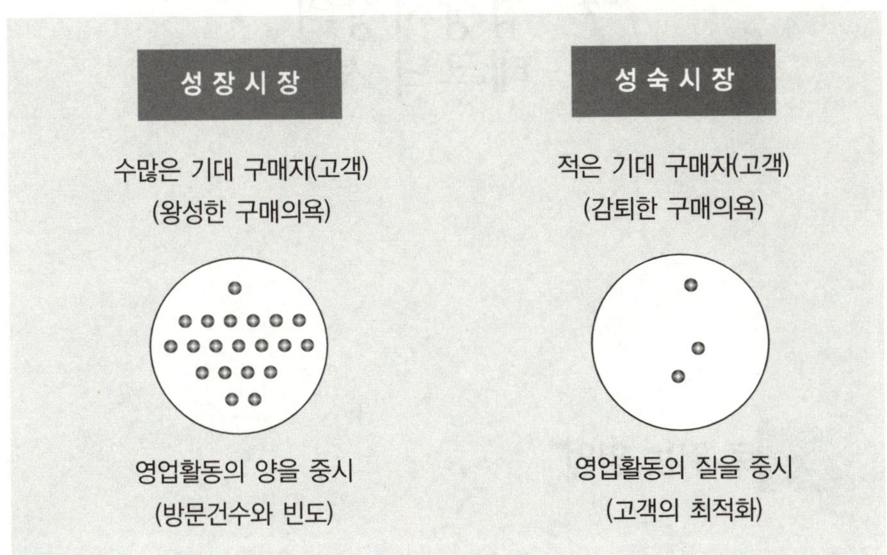

위의 그림은 성장시장과 성숙시장을 비교한 것이다. 성장시장에서는 구매자 (고객)들이 많았다. 왜냐하면 시장의 성장속도가 빨랐기 때문이다. 그러나 성숙시장은 저성장시대, 또는 제로시대이기 때문에 적은 기대 구매자(고객)들뿐인 것이다. 그림에서 원은 시장이고 원 안의 점은 구매자(고객)를 나타내고 있다.

7 성장시장의 테크닉 세일즈

발로 뛰는 영업

"영업은 발로 뛰는 거야!"

1980년대, 1990년대 영업관리자들이 회의 때마다 입에 거품을 물면서 했던 말이다. 요즘도 그 시절에 영업을 배운 관리자들 중에 같은 말을 하는 사람들이 있다. "우리 때는 아침 8시부터 저녁 7시까지 발이 부르트도록 뛰었는데 당신들은 지금 영업을 하는 거야 마는 거야." 걸핏하면 회의라고 소집해 놓고 목소리를 높이는 간부들의 말이다.

그렇다. 아침부터 핏대 올리며 잔소리를 해야 하는 시대는 간 것이다. 어느 중소기업에서 아침 영업회의에 2~3시간을 소비한다면 정상일까? 그런 회의에 참석했던 사원들은 한결같이 말한다. "회의(會議)라는 것은 원래 만나서 토의하고 결정하는 것인데 돌아가면서 한마디씩 하는 회의(回議)가 되고 있습니다. 때로는 훈계하는 계의(戒議)가 되기도 하며 어쩌다 한 사원이 이의를 제기하면 박

살나게 깨지기 때문에 회의는 조개처럼 입을 다물고 고개만 끄떡이다 나오면 된다는 패의(貝議)가 되기도 합니다. 언제나 회의를 하고 나면 후회만 남으니 회의는 회의(悔議)가 되고 있습니다."

모든 영업간부가 그렇다는 것은 아니다. 성장시대의 무용담과 성공담이 모두가 배척되어서는 안 되기 때문이다. 때로는 경험도 필요하고 발로 뛰는 행동도 중시되어야 하며 실적지상주의는 세월이 가도 변할 수 없을 것이다. 다만 그 같은 성공담과 무용담이 신세대의 성장에 발목을 잡는 장애요인이 되어서는 안 된다는 뜻이다.

이제 그 시절 그때 영업현장을 누비던 사람들이 한결같이 실천했던 세일즈 마인드를 살펴보기로 하자. 이때의 세일즈는 경제가 매년 고속 성장하여 시장을 분할하면서 기업도 함께 성장할 수 있었던 시기이다. 이때는 세일즈에 대한 화법과 근성, 가망 고객에 대한 끈질긴 접촉과 설득, 시장을 구석구석 누비고, 용기가 있으며 자기 관리를 투철하게 하는 사람이 가장 유능한 세일즈맨으로 인정받았다. 이른바 테크닉 세일즈를 말한다.

테크닉 세일즈의 유형

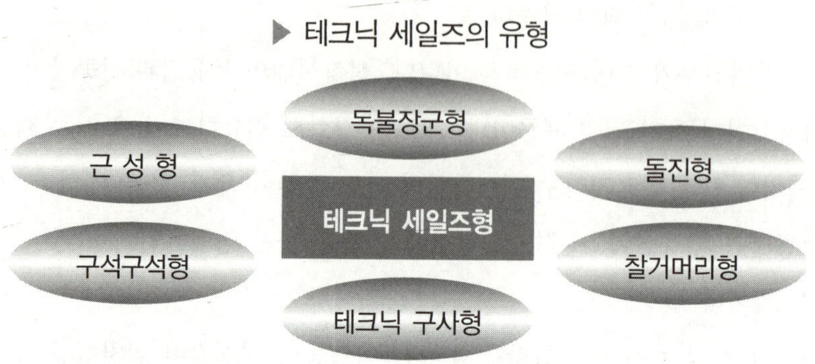

근성형 – 짝 발에 짝눈으로 한국의 마라톤 국가대표가 된 이봉주 씨는 "절대로 유능한 마라토너가 될 수 없다."는 전문가의 혹평에도 불구하고 그는 뛰고 또 뛰었다는 것이다. 때로는 서 있고 싶고 눕고 싶은 충동을 참으며 열심히 뛰어 오늘의 그를 만들었다고 한다. 그를 가리켜 근성의 스포츠맨이라고 말하는 것은 여기에서 연유된다. 미국의 한 세일즈맨은 18년 동안 공략했던 고객을 19년째에 계약한 사례가 있다. 참으로 근성이 강한 세일즈맨이다.

새벽 3시에 일어나 가락시장을 목표로 열심히 뛰었던 D생명의 박순애 씨도 근성형 세일즈 우먼에 해당된다. 이런 유형의 사람들은 도전과 근성이 있으며 반드시 좋은 결과가 올 수 있다는 생각으로 판매에 임하는 사람들이다.

구석구석형 – "이 잡듯이 구석구석 뒤져라!" 담당지역에 빈틈이 생기지 않도록 철저히 관리하는 유형을 말한다. P사의 한동일 대리는 매일 40여 곳을 방문하면서 구석구석 빼놓지 않고 거래처를 관리한다.

T사의 김인수 씨는 사랑하는 루트 카(Route car)와 함께 40여 곳을 세일즈 하

면서 행여 빈틈이 발생하지 않을까 최선을 다하고 있다. 이런 유형은 발로 뛰거나 차량을 이용해 영업을 한다.

테크닉 구사형 – 이도구찌 겐찌는 10분 세일즈를 실행했다. 서적 방문판매에서 이름을 남긴 그는 "10분 이내에 팔지 못하면 차라리 다른 고객을 개척하라." 고 했을 정도로 테크닉을 구사하는 세일즈를 폈다.

H자동차의 국승현 씨도 대표적인 테크닉 구사형이었다. 그는 5분 세일즈를 실천했다. 살 사람인지 안 살 사람인지, 살 사람일 경우 지금인지 몇 개월 후인지를 아는 것이 세일즈의 성공에 필요하다고 했다. 유창한 말솜씨와 암시화법, 난의 센스와 잡초의 끈기로 상품을 팔았던 그들은 대표적인 테크닉 구사형이었다.

찰거머리형 – S생명의 정은영 씨는 한 사람의 타깃 고객을 17번 방문하였으나 계약을 하지 못했지만 18번째 방문 때에 18건의 계약을 따낸 바 있다.

G사의 최민수 씨는 어느 병원에 CT촬영기를 판매하기 위해 32번 방문하였으나 계약에 성공하지 못했다. 그러나 33번째 방문하여 계약에 성공한 바 있다. 이들은 타깃 고객을 선정하면 찰거머리처럼 밀착해 기어코 계약을 따내는 찰거머리 정신을 가진 사람들이다.

돌진형 – 인천상륙작전은 대표적인 돌진형 전쟁이었다. 맥아더는 원산으로 상륙할 것처럼 거짓정보를 흘리고 인천상륙작전을 감행했던 것이다. 그래서 성공했다. 세일즈에서도 마찬가지다. 앞뒤 좌우를 둘러보아도 적뿐인 시장에서 살길은 적진으로 돌진하는 길밖에 없다. N알로에의 O씨는 알로에 제품판매에 탁월한 능력을 인정받았는데 그녀는 언제나 경쟁사가 시장을 구축한 지역에 겁도 없이 뛰어들어 전리품을 만들어 오기로 유명하다.

N전자의 Y씨도 내노라 하는 가전 3사의 시장을 뚫고 과감히 돌진해 월 3,000만 원의 매출을 올리고 있다. 그것은 가전 3사의 철벽수비를 돌파한 것이라 더욱 빛나고 돋보이는 것이다.

독불장군형 – 회사에 나 외에는 대안이 없다는 식으로 매출을 올리는 사람이다.

K자동차 L씨는 영업소 전체 판매실적의 70%를 그가 올리고 있다.

I생명의 K씨 또한 신화적 존재이다. 그는 영업소 판매량의 80%를 혼자서 차지하는 사람이다. 그들은 언제나 자기와의 싸움에서 이긴 사람들이고, 자신을 극기한 사람들이다. "하늘과 땅에 오로지 내가 홀로 있으니, 그야말로 천상천하 유아독존격(天上天下 唯我獨存格)"이다.

8 성숙시장의 컨설팅 세일즈

"판매 방법을 바꾸자!" C콘도는 기존보다 3배의 고가 콘도를 완공하고 판매를 시작하였다. 세일즈맨들은 과거와 같이 발로 뛰는 영업을 하였으나 결과는 예상 밖의 실적이었다. 이때 누군가가 말했다. "판매 방법을 바꾸자."고.

영업 팀들은 머리를 맞대고 골똘히 생각했다. 무엇이 문제인가를. '문제를 알면 답은 있다'고 했다. 그들은 고가화에 따라 지금까지의 고객층과는 판매 대상이 다름에도 불구하고 종래와 같이 동일한 방법으로 접근하였기 때문에 실패했다는 것을 알게 되었다.

구체적으로 무엇이 문제였단 말인가? 첫째, 새로운 고객을 발견하는 시장 분석력이 결여 되었다. 둘째, 고가 콘도의 컨셉에 적합한 생활수준, 라이프 사이클 등 타깃을 제대로 실감하지 못하고 있다. 셋째, 고객의 문제나 과제를 해결해 주면서 콘도의 판매기회를 만드는 컨설팅 세일즈가 충분하지 못했다.

남태평양으로 떠난 미국의 구두회사의 세일즈맨 두 사람에 관한 일화가 유명하다. 한 사람은 그 섬에 구두를 신고 있는 사람이 없기 때문에 시장이 없다고 말했고, 또 한 사람은 신발을 신고 있는 사람이 없기 때문에 시장성이 크다고 말했다.

앞의 사람은 테크닉 세일즈의 마인드를 갖고 있으며, 뒤의 사람은 컨설팅 세일즈의 마인드를 갖고 있는 사람이라고 볼 수 있다. '알래스카에 냉장고를 팔 수 없다'는 사람과 '알래스카에 냉장고를 팔 수 있다'는 사람의 차이와도 같은 것이다.

컨설팅 세일즈의 유형

이미 앞에서 말했듯이 성숙시장에서는 모든 영업환경이 변했거나 변하고 있다는 것이다. 그래서 과거의 '설득형 세일즈'보다는 '문제(과제)해결 세일즈'가 되어야 하는 이유가 여기에 있다. 이제 컨설팅 세일즈의 유형들을 살펴보기로 하자. 다음은 컨설팅 세일즈의 유형이다.

▶ 컨설팅 세일즈의 유형

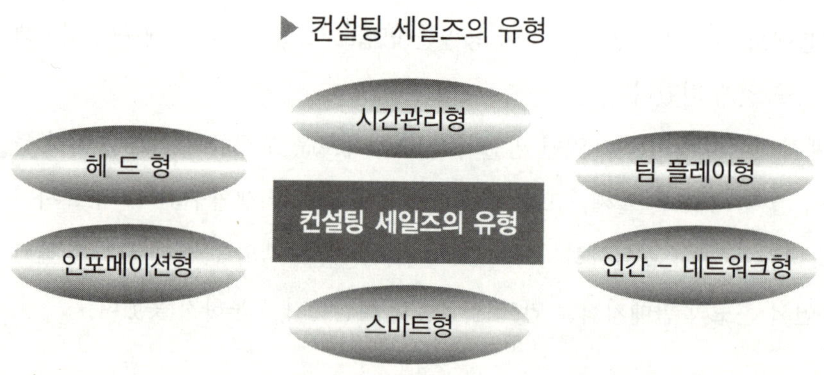

헤드(Head)형 - 독특하게 차별화시켜, 남이 하지 않는 세일즈기법을 개발하는 것을 말한다. 머리를 써서 영업을 하는 것을 말한다. "머리가 나쁘면 삼대가 고생한다."는 말도 있다. 그것은 IQ의 개념이 아니라, 세일즈에 대한 연구와 과제해결에 대한 관심이다.

N식품은 어묵의 판로가 막히자 세일즈기법을 개척하여 삼성 홈플러스에 OEM방식으로 물건을 공급해 매출을 활성화시키고 있으며, D자동차는 3년 후에 새차로 바꾸어 주겠다는 약속으로 판매 부진을 극복하고 있다. 대구의 N전자는 지금까지의 홈 파티 판매 방식에서 통신판매를 도입하여 새로운 영업을 시도하고 있다. 모두가 아이디어로 영업을 발전시킨 사례들이다.

인포메이션(Information)형 - "적을 알고 나를 알면 백 번 싸워도 위태롭지 않다."고 2500년 전에 손자는 이렇게 말했다. 정보영업이야말로 이 시대에 각광받는 세일즈 기법이다.

D컨설팅사는 W사의 ERP(전사적 자원관리)구축에 대한 정보를 입수하고 경쟁사보다 한발 먼저 접근해 계약을 따낼 수가 있었다. C사는 S쇼핑에 대한 매각 정보를 먼저 수집한 후 예리하게 검토하고 신중한 접근을 통해 자신의 회사로 만드는데 성공했다. C건설은 모 지역에 새로운 대학을 지을 것이라는 정보를 입수하고 경쟁사보다 한발 앞서 원룸을 지어 100% 분양에 성공했다. "정보 없이 판매 없고 정보 없이 경영 없다."는 말이 실감난다.

스마트(Smart)형 - 항공사는 승무원의 맵시 있는 서비스로 승부를 걸고, 택배회사와 퀵서비스는 날렵함으로 고객을 향해 어필한다. 모 벤처회사는 산삼 재배기술을 빼내어 비윤리적인 방법으로 기업을 세우려 했다. 드러난 것을 제외하면 이 같은 일은 판촉전쟁에서 다반사로 있는 일이라 때로는 세상의

지탄을 받기도 한다. 또한 목표를 달성하기 위하여 고통과 고뇌를 감수하기
도 한다.

스마트라는 단어에는 맵시, 날렵, 교활, 고통과 고뇌 등 여러 뜻이 있다.

인간 - 네트워크(Human - Network)형 - '인맥을 중시하고 인맥을 만든다',
'인연을 인맥으로 만들어가는 탁월한 능력이 있다'. D전자의 K씨는 50. 50. 5.
5전법을 썼다. 하루 50명에게 전화를 하고 50명으로부터 전화를 받는 인맥관
리에 철저했다. 그녀는 이 작전 때문에 판매여왕이 될 수 있었다. 조 지라드
라는 미국의 세일즈맨은 '250의 법칙'을 발견하고 한 사람 뒤에는 250명의
가망고객이 있음을 명심하면서 인맥관리를 철저히 해 세일즈 부문에서 기네
스북에 오르는 영광을 차지했다. 이들 모두는 붙임성과 진실성, 봉사정신과
겸손함이 탁월했던 사람들이다.

어떤 사람은 21세기를 네트워크의 시대라고 말하고 있다.

팀 플레이(Team Play)형 - "한 사람은 열 사람 속에 있고 열 사람은 한 사람의
집합이다." 한 사람의 독불장군보다 조직을 활용한 세일즈에 접근하는 것을
말한다.

S정보통신은 팀워크가 유명하다. 그들은 타깃 고객(구매자)이 결정되면 건축
물 전문가가 LAN(Local area network)을 설치할 공간을 실측하고 고객문제조
사 전문가가 고객의 과제해결을 연구하고 제안서 전문가가 제안서를 작성하
며 프리젠테이션 전문가가 고객(구매자)을 설득한다.

팀 플레이에 뛰어난 사원들은 상사와 부하와 고객(구매자)을 트라이앵글
(Triangle)로 엮어 가는 능력이 뛰어난 사람들이다.

시간관리(Time management)형 - '시간을 아끼고 시간을 창조하자'는 기본
사고에서 출발한다. 하루의 시간자원은 24시간이라는 똑같은 기회를 갖고 있
다. 따라서 영업과 판매에 할당되는 시간을 어떻게 최대화할 수 있고 그것을
어떤 방법으로 효율화할 수 있는가? 그것이 시간관리의 핵심사항이다. 근무
시간 개시와 종료시간, 식사와 휴식시간, 지나친 데스크 워크, 무계획성, 지
나친 이동시간, 예고 없는 방문, 방문의 타이밍, 불필요한 시간낭비, 판매도
구의 불비 등이 시간관리를 저해하는 요인들이다. 컨설팅 세일즈맨들은 시간
을 절약〔節時〕하고, 시간을 살리고〔活時〕, 시간을 확대〔擴時〕하며, 시간을 준수
하는〔守時〕 이른바 4시(四時)를 실천하는 사람들이다.

경쟁사에 대항한 컨설팅 세일즈

　　컨설팅 세일즈맨은 경쟁 업체로부터 구매자를 탈취하여 시장점유율을 올리
는 것밖에는 매출을 올릴 수 있는 방법이 없다는 것을 잘 알고 있다. 경쟁 업체
로부터 구매자를 탈취하는 것은 컨설팅 세일즈맨이 결코 게을리 할 수 없는 중
요한 업무 중의 하나이다. 구매자는 불만족을 느낄 때마다 거래처를 바꾸고 싶
어한다. 그 같은 구매자들과 새롭게 계약되는 순간 시장점유율이 올라가는 것
이다. 또한 성숙시장에서는 저성장이기 때문에 경쟁사의 구매자를 탈취하지 않
고는 결코 성장을 기대하기 힘든 것이다. 여기에는 예상구매자들이 마음을 바
꾸도록 유도하는 방법이 있다.

① 장기적인 측면에서 생각한다

"우리는 현재 만족합니다."라고 말한다 해서 결코 포기할 필요는 없다. 거래는 영원하지도 않고 영원할 수도 없는 것이다. 일시적인 만족은 있어도 영원한 만족은 없는 것이다. 예상 구매자의 니즈(Needs)는 변하기 마련이고, 이것이 새로운 거래의 명분을 제공해 줄 수 있는 것이다.

② 개인적 유대에 노력한다

인간적 관계는 어디서나 중요하다. 세일즈의 세계 또한 다르지 않다. 그래서 "친구관계의 수립이 모든 작업의 첫걸음"이라고 말하는 것이다. 사람의 유형은 여러 가지로 나누어지고 성격 또한 달라서 인간관계의 수립은 참으로 쉽지 않다. 그러나 노력에 따라 그 차이는 엄청나게 달라진다.

③ 구매자의 니즈를 알아낸다

시간을 들여 판매에 연관되지 않는 질문들을 다양하게 물어보는 것이다. 이를 통해 구매자의 니즈를 알아내고 그것이 어떤 식으로 만족될 수 있는지를 연구하는 것이다. 중요한 것은 구매자의 니즈와 현실의 차이를 발견하여 이를 해결해 주는 것이다.

④ 자신을 세일즈 한다

개인적으로 마음이 통하는 것도 중요하지만, 컨설팅 세일즈에 대한 열의를 가지고 있고 솔직하면서도 전문가로서 가치가 있는 사람이라는 것을 심어주는 것이다. 구매자를 위한 아이디어 제공에 앞장서고, 세일즈든 아니든 당신 자신이 그들과 함께 협조하고 있다는 사실을 보여주는 것이다.

⑤ 부가가치를 파는 것이다

대부분의 제품 및 서비스는 그 자체만으로 우열을 가릴 수 없는 경우가 많다. 이런 경우 당신은 부가가치를 파는 것이다. 추가 서비스나 성능의 보장, 뛰어난 서비스, 훌륭한 운송 스케줄 등 장점이 될 수 있는 모든 사항들을 포함한 부가가치들로 제품을 차별화하는 것이다.

⑥ 제품 손상에 책임지지 않는 조건으로 사용을 권해본다

많은 구매자들은 공급업체에 대하여 성실성을 보인다. 그래서 시험사용을 권유하면 대부분 거절하지 않는다. 이때 제품에 손상이 있어도 책임을 묻지 않는다는 단서를 붙이는 것이다. 이를 통해 구매자를 만족시키고 긍정적인 인상을 심어주는 계기로 삼아 커다란 수확을 올릴 수 있는 것이다.

⑦ 구매품목을 일정 비율 확보한다

경쟁업체로부터 구매자를 탈취하는 것은 혹이 아니면 백이고 전부가 아니면 전무일 수가 있는 것이다. 이것은 때로 위험할 수도 있다. 구매자의 구매제품 중 일부를 거래하기 시작하면서 조금씩 진척되는 영업성과를 맛볼 수도 있는 것이다. 좀더 구체적으로 말하면 구매자의 구매품목 중 일정비율을 요구하여 거래하는 방식인 것이다.

⑧ 끈질긴 모습을 보인다

인내만큼 성공가능성을 높이는 것도 없다. 세상 만사가 동등하다고 할 때, 거래에서 승리하는 사람은 대개 인내심이 있는 쪽이다. 구매자와 꾸준히 접촉하고 장기적인 안목으로 컨설턴트가 되고 구매자들을 아군으로 만든다면 어떤 가뭄에도 끄떡없이 씨를 뿌릴 수 있는 것이다.

9 컨설팅 세일즈맨의 3혼과 3의

"3혼과 3의로 무장하라."

H자동차의 컨설팅 세일즈맨 K씨는 한해 500여 대의 자동차를 팔아 판매왕이 되었던 사람이다. 그는 구매자 접근을 위한 기본적인 3가지 원칙에 대해 늘 감사하는 마음으로 시작하고, 느낌이 좋은 세일즈맨이라는 인상을 주며, 올바르고 즐거운 대화를 진행시킬 수 있어야 한다고 주장했다.

그리고 '척 보면 안다'는 필링(Feeling) 영업을 강조했고, 방문에 앞서 '할까 말까 망설이지 말라'면서 이 병은 '할까 말까병'으로 전염된다고 했다. 또한 '난의 센스와 잡초의 끈기'가 필요하다고 강조했다. 이 말은 구매자의 니즈를 정확하게 파악하고 때로는 기다릴 수도 있어야 한다는 뜻이다. 그는 늘 구매자들에게 3혼과 3의를 다해 컨설팅 세일즈를 펼쳤다. 3혼과 3의란 무엇인가?

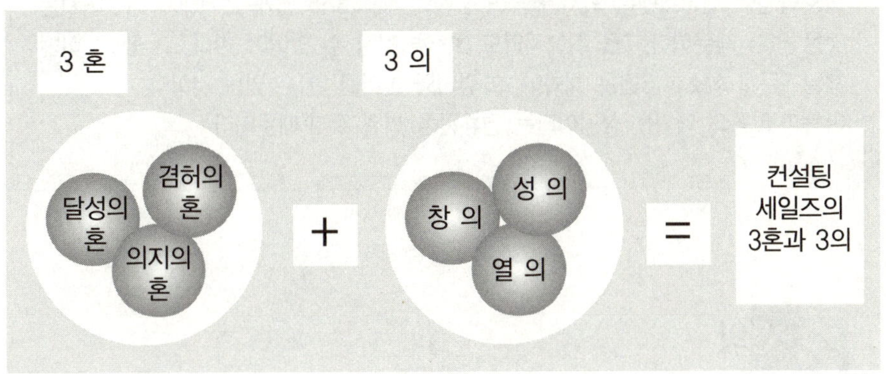

위의 그림에서 보는 바와 같이 3혼이란 달성의 혼·겸허의 혼·의지의 혼을 말하는 것이며, 3의는 창의·성의·열의를 말한다. 좀더 구체적으로 3혼과 3의에 대해 설명해 보고자 한다.

 **3혼**

달성의 혼 : 세일즈란 과정도 중요하지만 결과가 중요하다. 개인과 조직의 목표를 달성하려는 배수진을 쳐야 한다. 달성할 것인가? 못 할 것인가? 기업은 3대 목표에 의해 생존하고 있음을 주지해야 한다.
매출액 목표달성, 이익 목표달성, 시장점유율 목표달성이 그것이다.
혼을 불태워 목표를 달성해야 하는 것은 그 이유 때문이다.

겸허의 혼 : "벼는 익을수록 고개를 숙인다."고 했다. 언제나 구매자에게 겸허하고 겸손하며 부족하다는 마음으로 대해야 한다. 일본의 오므론은 '고객으로부터 배우는 경영'을 표방해 좋은 회사가 될 수 있었다.

의지의 혼 : 세일즈맨은 의지가 굳어야 한다. 왜냐하면 쉽게 포기해서 이루어지는
것은 없기 때문이다. "돌 위에서라도 3년을 견딜 수 있어야 한다."고 했다. 어떤
세일즈든지 최소한 3년은 해봐야 그 깊이와 높이를 알 수 있는 것이다.
아픔과 고통의 대가는 성공이라는 면류관을 씌워 주기 때문이다.

3의

창의 : 발로 뛰는 세일즈보다 머리로 하는 세일즈를 말한다. 언제나 계획을 철저
히 세우고 전심전력으로 행동하며 결과를 체크하는 사람이다. 남과 다른 세일즈
기법을 개발하고 차별화된 컨설팅 영업기법을 위해 노력한다. "365일 한결같은
방법이라면 그것은 진부하기 이를 데 없다."고 했다.

성의 : 구매자를 위해 성의와 정성을 다하는 것이다. 나의 월급은 구매자가 준다
는 생각으로 가득 차 있다. 구매자에 대한 참된 서비스를 실현한다. 태도적인 서
비스, 정신적인 서비스, 기능적인 서비스, 희생적인 서비스에 이르기까지 최선을
다하는 사람이다. "세 치 혀로 사람의 마음을 녹인다." 해도 성의가 없다면 그것
은 구매자의 마음을 오랫동안 붙잡아 둘 수 없는 것이다.

열의 : 제아무리 뛰어난 세일즈 지식을 갖고 있어도 그것을 행동에 옮기는 열의
가 없다면 아무 소용이 없다. "명차 중에 명차라는 롤스로이스도 시동을 걸고 액
셀러레이터를 밟지 않으면 움직이지 않는다."고 했다.
열의는 세일즈 행동의 엔진이며 액셀러레이터와 같다.

　이상에서 3혼과 3의에 대해서 살펴보았다. 이것은 컨설팅 세일즈맨이 항상 염두에 두고 실천해야 되는 것이기 때문에 또 다른 말로 '컨설팅 세일즈맨의 자세'라고도 한다. 그래서 "3혼과 3의로 무장하면 천하에 무서울 것이 없다."고 말하는 것이다.

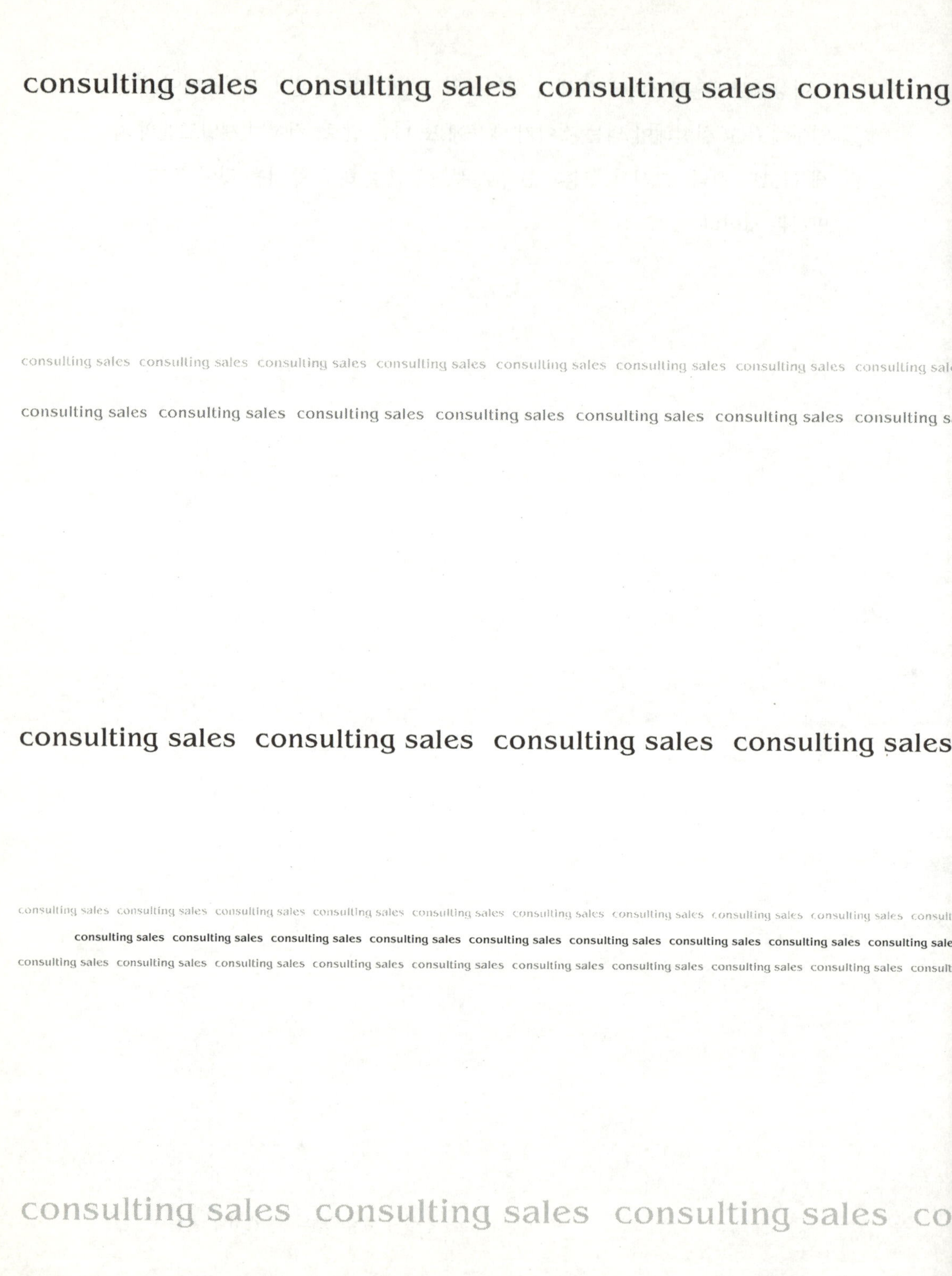

consulting sales consulting sales consulting sales consulting
consulting sales consulting sales consulting sales consulting sales consulting sales consulting sales consulting sales consulting sale
consulting sales consulting sales consulting sales consulting sales consulting sales consulting sales consulting sa
consulting sales consulting sales consulting sales consulting sales
consulting sales consulting sales consulting sales consulting sales consulting sales consulting sales consulting sales consulting sales consulting sales consulti
consulting sales consulting sales consulting sales consulting sales consulting sales consulting sales consulting sales consulting sales consulting sales
consulting sales consulting sales consulting sales consulting sales consulting sales consulting sales consulting sales consulting sales consulti
consulting sales consulting sales consulting sales co

컨설팅 세일즈 구매자의 특성

2

1 산업재와 소비재

"이 녀석아! 우리 형편에 운동화가 웬말 여?"

초등학교 2학년 때 같은 반 친구인 창수가 신은 하얀 운동화가 신고 싶어서 아버님께 졸랐다가 오히려 꾸중을 듣고 울면서 학교에 갔던 생각이 난다. 그때 어린 마음에 '어째서 우리 집은 형편이 남과 같이 여유가 없단 말인가? 그까짓 운동화 한 켤레 살 수가 없다니' 하는 생각을 했던 적이 있다. 그 당시 한 반에 60여 명이 공부했지만 사실 하얀 운동화를 신는 학생은 1, 2명에 불과 했다. 그러니까 그 당시(1956년)로서는 운동화를 신는 학생은 읍내에서 내노라 하는 부잣집 아이들이 아니고는 언감생심(焉敢生心) 생각조차 할 수 없었던 일이었다.

그럼에도 불구하고 필자는 아버님이 하얀 운동화를 사주시지 않은 것만 야속하게 생각하고 있었다. 홧김에 검정고무신을 내동댕이치고 싶은 생각이 치밀어 올랐다. 그러나 속상한 마음을 참으며 4교시 수업을 받고 있는데 어디선가 "동학아! 동학아!"라는 소리가 들렸다. 소리나는 쪽을 바라보니 창문 위로 아버님의 얼굴이 보였다. 그리고 아버님이 하얀 운동화를 높이 치켜드시고 흔들어 보여 주시는 것이었다.

왈칵 눈물이 솟구쳤다. 일부러 못 들은 척 하며 눈물을 닦고 있는데 "동학아, 어서 나가봐라."라는 선생님의 목소리가 들렸다. "얼마나 신고 싶었으면 그렇게 졸라댔겠니?" 하얀 운동화를 받으며 차마 아버지의 얼굴을 쳐다보지 못하고 고개를 숙이고 있는데 아버님의 검정고무신이 눈에 들어왔다. 이미 여러 차례 타이어조각이나 헌 고무신으로 때워서 신으시는 것이 아닌가? 그 날 이후 필자는 그 하얀 운동화를 신고 다니기보다는 들고 다니는 시간이 더 많았다.

산업재와 소비재의 비교

신발과 같이 개인 또는 집안이나 사무실 등에서 불특정 다수의 최종 소비자들이 사용하는 상품을 소비재라 한다. 소비재 중에서도 라면 · 식용유 · 샴푸처럼 습관적 · 반복적으로 구매하며 단위당 가격이 비교적 싸고 소비자가 상품지식을 많이 갖고 있으며, 특정 브랜드에 대한 선호가 강한 경향이 있는 식품 · 기호품 · 일용품 등을 편의품이라 한다.

핸드백, 기성복, 구두 등과 같이 편의품보다는 가격이 비싸지만 소비자가 여러 점포에 들려 가격, 품질, 스타일을 살펴보며 브랜드 충성도보다는 판매점의 명성이 소비자에게는 더욱 중요한 요소가 되는 상품을 선매품이라 한다.

또한, 고급의류 · 카메라 · 피아노 · 오디오 등은 자주 구매되는 상품이 아니기 때문에 대개 적은 수의 판매점이 이용되고 있으며, 소비자는 비교적 완전한 상품지식을 갖고 있지 않는데 이 같은 상품을 전문품이라 한다.

반대로 산업재(생산재, 중간재)는 다른 제품을 생산하거나 서비스를 산출하기 위해 제조업자, 판매업자, 정부기관 등이 사들이는 상품이나 서비스이다. 다르게 말하면 제품생산과정의 원료, 기타 기계설비에 관련되어 있는 상품을 산업재(생산재, 중간재)라 하며 컴퓨터와 인터넷, 정보통신을 시스템적으로 설치하는 상품이나 서비스를 시스템통합(System integration)이라 한다. 예컨대 라면을 만들기 위한 밀가루는 산업재가 되지만, 슈퍼에 진열되어 있는 밀가루는 소비재가 되는 것이다. 식용유를 만들기 위한 콩이나 옥수수 배아(胚芽) 등은 산업재이나 그것이 곡물상태로 소비자에게 팔린다면 그것은 소비재인 것이다. 그리고 어떤 소비재는 경우에 따라 산업재가 될 수도 있다. 예를 든다면 식용유를 라면 회사에 공급했을 때는 산업재가 되는 것이고, 슈퍼에 진열되어 있다면 소비재가 되는 것이다.

구입형태	• 충동구매가 적다. • 연속적으로 구입한다. • 실적이 중시되므로 신규참여는 어렵다.	• 충동구매가 있다. • 1회적인 구입이 많다. • 브랜드 교체의 기회가 적다.
구 입 관 련 자	• 다수로 조직적이다. • 금액이 큰 것일수록 다수의 합의 및 검토에 의해 결정된다.	• 비교적 소수이다.
구매결정 과 정	• 복잡하다. • 교섭기간 및 결정에 이르기까지 많은 시간이 걸린다.	• 비교적 단순하다.
유통경로	• 단순하다.	• 복잡하다.
수요변동 요 인	• 경기, 금융정세 • 생산구조 • 기술혁신 등	• 임금의 인상 • 유 행 • 라이프 스타일의 변화 등

▶ 산업재와 소비재의 비교

구 분	산 업 재	소 비 재
상품개념	• 사업장에 팔리며 생산에 사용·소비되는 상품 • 생산을 위한 것이나 또는 건설용 설비 기계, 원재료, 반제품, 부품, 소모품 등을 말한다. 예 : 건축재료, 공작기계, 밸브, 공구, 철강재 등	• 개인 또는 가정 단위로 소비하는 상품 예 : VTR, 자동차, 식품, 의류, 운동화 등
구 매 자	• 사업장, 관공서(산업 수요자) • 상품지식이 풍부하다.	• 일반 개인 • 상품지식이 풍부한 사람이 있는가 하면 거의 없는 사람도 있다.
구매단위	• 크다. • 대량 일괄 구입이 많다.	• 작다. • 소량 분할 구입이 많다.

또한 자동차 부품인 플러그나 센서는 산업재가 되지만 카센터에서 팔고 있는 플러그는 소비재가 되는 것이다. 위 표에서 산업재와 소비재의 비교를 살펴보면 더욱 확실하게 차이를 느낄 수 있을 것이다. 그러면서 뒤에서 설명할 컨설팅 세일즈의 분야를 다시 한 번 음미해 보는 것이 좋을 것이다.

산업재 및 특수 비즈니스의 특성

소비재는 비교적 제품의 품질과 특성을 구매자들이 이해하고 있으며 불특정 다수를 향해 마케팅을 전개하는 것이지만 산업재의 경우는 그렇지 않다. 산업재는 유형별 특성과 독특한 특징을 갖고 있다. 소비재를 팔던 사람이 중장비를 팔려면 새로운 지식과 프로세스가 필요할 것이다.

　필립 코틀러는 『미래형 마케팅』에서 해박한 지식과 지혜로 이것을 설명하고 있다. 산업재를 포함한 특수 비즈니스의 수행과 역할을 몇 가지 비교 설명해 보고자 한다.

① 프로젝트 세일즈(Project Sales)

【사례】군사방어 시스템, 발전소, 교량, 대형 컴퓨터, 시스템 판매 등

【특성】

- 판매 사이클이 길다(6개월에서 2년).

- 대개의 경우 다기능 판매팀(영업, 엔지니어링, 운영, 금융, 임원, 안전기능)이다.

- 입찰상황이나 신청요구가 수반될 수 있다.

- 고위급 구매집단이 의사결정을 한다.

- 경제적 조건과 정치적 조건도 고려되어야 한다.

【세일즈전략】

- 관계와 신뢰가 성공의 핵심이다.

- 많은 관계를 형성하며 관계마케팅이 필요하다.

- 컨설팅 세일즈를 통해 해결형 세일즈가 되어야 한다.

- 그 해결책은 특징, 기능, 혜택이 어떻게 구매자의 문제를 해결해 주는지를
  보여주어야 한다.

【마케팅부서의 역할】

- 비용과 가격분석, 창의적인 가치에 기반을 둔 가격결정모델을 제공한다.

- 시장정보 및 경쟁정보를 제공한다.

- 강력한 영업집단이 필요하다.

- 브랜드와 기업이미지를 구축한다.

② 산업물품판매(Industrial Commodity Sales)

【사례】 원자재, 나사, 부품, 종이, 선적용 컨테이너, 액상세제 등

【세일즈전략】

- 구매자의 수요요구조건을 충족시킬 만큼 넓은 상품범위와 공급가능성을 구
  축해야 한다.

- 저비용 생산구조를 갖추어야 한다.

- 뛰어난 운용능력을 가지고 있어야 한다(납기, 품질, 성능 등).

- 기술 선도성을 갖는 브랜드를 구축한다.

- 더 빠르게, 더 가볍게, 더 싸게, 더 좋게, 더 강력하게, 더 밝게 서비스를 제
  공한다.

- 유통업자나 딜러와 강력한 네트워크를 갖추도록 한다.

- 영업은 구매자(고객)의 유지보다 구매자의 획득에 더 많은 노력이 필요하다.

- 구매자의 의사결정에 영향을 미치는 가치가 무엇인지를 컨설팅 한다.

【마케팅부서의 역할】

- 연구개발을 하고 가격범위를 결정한다.

- 강력한 영업조직이 필요하다.

③ 명세서 판매(Specification Sales)

【사례】 개별상품을 대규모 건설프로젝트에 판매한다.

【특성】

- 판매 사이클이 길다.

- 의사결정자가 최종 구매자가 아니다.

【세일즈전략】

- 주도적인 영향력과 최종거부권을 가진 결정권자나 컨설팅 엔지니어와 밀접한 관계를 형성해야 한다.
- 초기 설계단계에서 명세서가 완성되면 계약자 및 최종 사용자들에게 허락을 얻어 명세서를 작성한다.
- 프로젝트 설계팀의 일원이 되어 컨설팅 세일즈를 한다.

【마케팅부서의 역할】

- 주요 프로젝트를 추적 조사한다.
- 일련의 프로젝트에 집중적인 마케팅 커뮤니케이션을 실시한다.
- 인건비 절감보다는 가치에 기반을 두고 가격과 비용을 설정한다.
- 고객(구매자) 서비스 수준을 평가하고 향상시킨다.

2 산업재와 소비재의 영업차이

"경쟁사보다 한 수 앞을 내다보는 영업을 하자!"

얼마 전 인도네시아 정부는 수도 자카르타에 시멘트공장을 건설하기 위하여 미국기업과 일본기업에 입찰을 위한 제안서를 요구하였다. 미국기업은 위치선정, 시멘트공장설계, 건설요원고용, 자재와 설비의 조립, 완성된 공장의 운영 등을 제안하였다. 일본기업은 미국기업이 제시한 것보다 필요한 작업자의 고용과 훈련, 시멘트 수출, 공장까지 이어지는 도로건설, 사무용으로 건설되는 빌딩의 건축비까지 포함하는 제안서를 제출하여 계약을 체결할 수가 있었다.

일본기업은 구매자의 예상되는 여러 문제를 간파하고 이 같은 문제(과제)를 해결해 주는 제안을 했기 때문에 계약을 할 수 있었다. 결국, 경쟁기업인 미국기업보다 한 수 앞을 내다보는 문제 접근방식의 컨설팅 세일즈로 대어를 낚을 수 있었던 것이다.

이상의 사례에서 보듯이 산업재와 소비재는 영업이나 판매방식에서 확연히 다른 면이 있다는 것을 알 수 있다. 예컨대 소비재는 광고나 판촉·브랜드력이나 가격이 중요한 반면, 산업재는 고객(구매자)에 대한 문제 제시와 컨설팅, 납기관리나 클레임 처리, 유지 보수가 더 중요하다는 말이 된다. 구체적으로 산업재와 소비재 영업의 차이는 다음과 같다.

1. 산업재 영업의 특성
· 상품에 대한 고도의 전문지식, 기술을 가져야 하고 특정의 소수가 고객이다.
· 세일즈맨에 대한 사용자(User)의 평가는 정보 제공력과 상품 설명에 좌우된다.
· 제공되는 정보로는 타사 이용현황, 특히 신제품, 신소재 연구개발, 법적 규제, 기술제휴, 시험분석 결과 등이 있다.
· 대리점을 통한 판매라도 사용자와 직접적인 정보교환에 유의해야 한다.
· 사용자(User buyer), 기술자(Technical buyer), 경영자(Economic buyer), 코치(Coach) 등의 4종류의 바이어(구매의사 결정자) 중에서 키맨과의 접촉을 긴밀히 하는 것이 중요하다.
· 상담이 체결에 이르기까지 교섭기간이 길어질 수도 있다.
· 납기관리, 클레임 처리, 유지 · 관리가 중요하다.
· 방문횟수보다 1건의 방문효율을 높이는 것이 중요하다.
· 구매동기는 품질, 성능, 사용실적, 경제성, 가격 등이 중요시되지만 인맥이나 계열 등 비이성적 요소도 작용한다.

2. 소비재 영업의 특성
· 구매자(고객)가 불특정 다수이므로 시장을 세분화(Market segmentation)하여 세분시장을 파고들어야 한다.
· 또한 Push & Pull이 병행되어야 하며, 소매점 전략과 유통전략성패가 판매를 좌우할 수 있다.
· 예컨대 POP, 진열, 샘플, 판매원교육, 광고, 판촉, 브랜드력, 가격, 디자인 등이 중요한 요소이다(시장세분화에는 지리적 세분화, 인구동태적 세분화, 심리적 세분화, 형태적 세분화가 있다. Push & Pull에서 Push는 촉진전략의 하나로 '상품을 밀어내는 것'이고, Pull은 '상품을 끌어당기게 하는 촉진 기법'이다).

　●●●　제 2 장 컨설팅 세일즈 구매자의 특성

▶ 고객(구매자) 육성의 단계

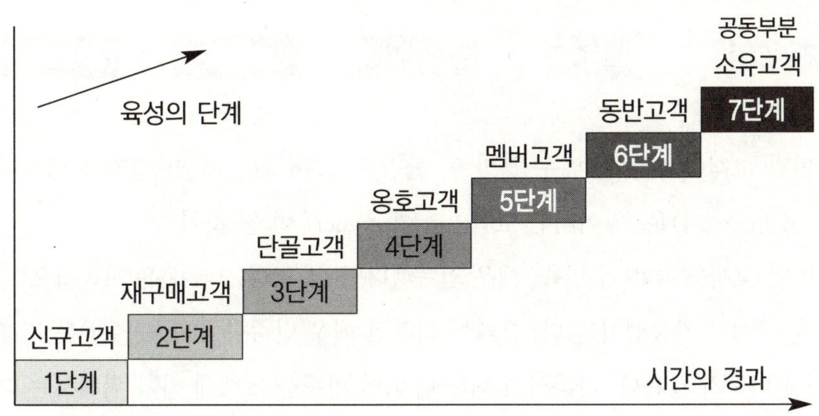

고객(구매자) 육성의 단계

산업재이거나 소비재이거나 영업은 고객을 육성하는 것이 중요하다. 이것은 위의 그림과 같이 신규고객(구매자)을 더 강력하고 애호도 높은 고객으로 육성하는 것을 말한다. 따라서 일반적인 고객(구매자)의 육성단계(Customer Development Stages)는 다음과 같다.

① 신규고객

신규고객(First-Time Customer)은 그들이 무엇을 구매하든 구매상품과 공급업체에 대한 나름대로의 느낌을 갖게 된다. 상품을 구매하기 전에 신규구매자들은 다른 사람의 말, 판매원의 약속, 과거 유사상품을 구매한 경험을 바탕으로 상품에 대한 어떤 기대를 갖는다.

그리고 기대를 채우기 위해 상품을 구매할 것이다. 상품을 구매한 후에는, 다음 5가지 만족수준에서 하나의 결론을 내릴 것이다.

| 매우 만족 | 〉 | 만 족 | 〉 | 그저 그런 | 〉 | 불만족 | 〉 | 매우 불만족 |

만일 고객(구매자)이 매우 불만족, 불만족, 그저 그런 식의 평가를 내렸다면 그 고객(구매자)은 '잃어버린 고객(Lost Customer)'이 될 것이다.

만일 고객(구매자)이 만족, 매우 만족했다면 그 고객(구매자)은 지속적으로 제품을 구매할 가능성이 높다. 통계에 의하면 매우 만족한 고객(구매자)은 거래처를 잘 바꾸지 않는다. 따라서 고객(구매자)이 만족을 느끼게 하기 위해서는 다음의 절차가 필요하다

- 연중무휴 고객상담전화를 개설하고 24시간 고객불편사항을 접수한다.

- 불편사항을 항의하는 고객(구매자)과 가능한 한 빠른 시간 내에 접촉한다. 판매기업의 반응이 느릴수록 불만족은 더 커지고 부정적 소문이 퍼지기 때문이다.

- 고객(구매자)의 불만에 대한 책임을 받아들이고 고객에게 책임을 돌리지 않는다.

- 고객(구매자)과 의사소통에 능한 직원을 활용한다.

- 불만을 현명하게 처리하여 오히려 만족으로 이끈다. 불만을 가진 고객(구매자)들은 보상을 바라기보다 "그 회사가 내게 신경을 쓰는구나."라는 표시를 더욱 기대하고 있음을 잊어서는 안 된다.

② 재구매고객

컨설팅 세일즈맨은 신규고객(구매자)이 재구매고객(Repeat Customer)이 되도록 해야 한다. 주지하는 바와 같이 고객(구매자)을 "재구매의 깊이(Depth Of

Repeat)"에 따라 분류하는 일은 아주 유용하고 필요하다. 기업은 여러 가지 통계를 통하여 재구매의 깊이를 측정할 수 있을 것이다.

랜즈엔드는 고객(구매자)을 RFM으로 평가하고 있다. 그것은 구매의 최근성(Recency), 구매 빈도(Frequency), 금전적 가치(Monetary Value)를 말한다.

흔히 장기 구매고객은 기업에 큰 이익을 가져다 줄 수 있다.

첫째, 장기고객(구매자)은 만족도가 높아 시간이 지날수록 더 많은 상품을 판매할 수 있다. 그것은 크로스 세일즈(Cross Sales)와 업 세일즈(Up Sales)를 가리키는데, 크로스 세일즈(교차판매)는 기존의 상품계열에 새로운 상품계열을 판매하는 것을 말한다. 그리고 업 세일즈는 설비가 마모될 때 새로운 공급의 필요성이 있을 때 업그레이드 판매가 가능해지는 것이다.

둘째, 고객(구매자)을 유지하는 비용이 해가 갈수록 감소하는 이점이 있다.

셋째, 매우 만족한 고객은 종종 다른 잠재적 구매자들에게 제품을 소개한다.

넷째, 향후 가격인상이 있다 해도 비교적 덜 민감하게 반응한다.

③ 단골고객

지금까지 우리는 기업에서 제품을 구매하는 사람들을 가리켜 고객이라고 했다. 그러나 회계회사, 광고회사, 법률회사, 건축회사 등의 전문회사는 고객이라는 용어 대신 단골(Client)이라는 용어를 쓴다. 두 단어의 뜻은 무엇일까?

첫째, 전문회사는 단골에 대해 훨씬 더 많은 정보를 가지고 있다.

둘째, 이들 회사는 단골을 만족시키고 돕는데 많은 시간을 할애한다.

셋째, 이들과 단골과의 관계는 지속적이며 친근성과 공감대로 이어진다.

이제 일반 기업들도 단골을 늘려가야 될 것이다.

④ 옹호고객(Advocate)

단골들은 특정기업을 좋아하면 할수록, 그들은 주변사람들이 물어보건 안 물어보건 간에 그 기업과 제품에 유리한 이야기를 할 가능성이 높아진다. 파커 해나핀의 최고경영자 듀언 콜린스는 "단골 고객을 만족시키는 것이 최고의 광고이다."라고 말했다.

이른바 팬(FAN)을 만들어 내는 것을 말한다. 팬이라는 용어는 '열광자'를 뜻하는 'Fanatic'을 줄인 말이다. 그들은 끊임없이 긍정적인 구전을 만들어 내는 고객들이기도 하다.

⑤ 멤버고객(Member)

기업은 자사의 상품이나 서비스에 대해 '애호'를 증대시키기 위해 특전을 부여하는 멤버십 프로그램을 실시하기도 한다. 멤버십에 특별한 혜택이 제공되면 회원들은 다른 곳으로 옮겨가지 않고 특전을 유지하려 들 것이다.

⑥ 동반고객(Partner)

멤버십 고객에서 한발 더 나아가면 고객을 동반자로 바라보게 된다. 이러한 관계는 기업이 새로운 상품을 설계시 고객(구매자)의 도움을 요청하거나 서비스의 개선을 위해 고객에게 도움을 요청할 수 있다. 이 같은 관계는 소비재보다 기업과 기업이 거래하는 산업재에 더욱 발달될 수 있다. "우리의 성공은 고객의 성공에 달려 있다."고 하는 말이 그것이다.

⑦ 공동부분 소유고객(Part-Owner)

아마도 최고수준의 고객은 회사의 지분소유자, 즉 회사의 실질적 공동부분 소유자일 것이다. 실제로 고객이 법적 소유자로 되어 있는 기업들이 의외로 많

다. 예를 들면, 협동조합은 회사의 주인이 고객들이다. 또 다른 사례로 안정적
인 원료를 공급받기 위해서 원료 공급회사의 주식을 소유할 수도 있다. 이런 경
우 원료회사는 고객의 공동소유인 것이다.

3 산업재와 소비재의 구매특성

"도대체 어느 회사와 계약을 해야 하는가?"

필자가 마케팅 컨설팅을 실시한 바 있는 B사는 지금까지 586컴퓨터 몇 대를 갖고 일반 사무를 보던 것을 전사적 자원관리(ERP : Enterprise Resource Planning) 구축을 위한 시스템 구매를 위해 대상이 되는 정보통신기업을 물색하고 있었다. 이번 ERP시스템 구축은 B기업으로는 신규 구매이기도 하지만 비용 또한 만만치 않아서 최고경영자로서는 조직에 미치는 투자효과에 대해 지대한 관심을 갖고 있었다.

'도대체 어느 회사와 계약을 해야 하는가?' 라는 문제가 초미의 관심사가 되고 있었다. 왜냐하면 지금까지 제안서를 제출한 회사만도 5개 회사가 넘기 때문이다. 가격의 높고 낮음이 문제가 아니라 어떤 회사가 최적의 솔루션(Solution)을 제공할 수 있느냐가 중요한 관건이 아닐 수 없었다.

구매의사 결정상황의 구분

　최고경영자(결정권자)는 사내 전문가(전문가)와 협의하기도 하고, 주무부서(사용자)의 견해를 듣기도 하며, 관련 부서(코치)의 의견도 청취하고 있었다. 그런가 하면 이미 ERP시스템을 구축한 동업 타사의 사례를 연구하기도 하였다. 또한 정보통신업체의 기술지원 서비스나 공급자신뢰도, 성실성 등에 대해서도 평가를 한 결과 A사가 선정되었다.

　다음은 구매의사 결정상황의 구분이다.

먼저, 구매의사 결정상황의 구분을 보면 크게 3가지가 있다.

- 신규 구매 : 기업에서 어떤 제품이나 서비스를 처음 구매할 때 신규 구매상황에 처하게 된다. 신규 구매상황에서는 비용이나 위험이 크면 클수록 의사결정 참여자의 수도 많아질 뿐만 아니라 정보수집도 광범위하게 이루어진다. 신규건물의 건축을 위한 발주나 대형 컴퓨터 시스템의 구매 등이 이에 해당된다.

- 순수 재구매 : 구매자가 아무런 변형 없이 똑같은 상품에 대한 재주문을 내는 경우이다. 이 경우는 구매 부서에서 정형화된 과정으로 거의 손쉽게 처리하는데 전기, 수도, 부품, 원료 등의 재구매가 여기에 해당된다.

- 변형된 재구매 : 구매자가 재구매시 제품의 명세를 수정하거나 가격, 구매조건, 공급업자 등을 바꾸고 싶어하는 경우이다. 변형된 재구매는 순수 재구매보다는 더 많은 의사결정자가 참여하는 것이 보통이다. 새로운 자동차나 시스템통합, 공급자변경, 유지 보수 등의 추가가 이에 해당한다.

▶ 구매의사 결정상황의 구분

신규 구매

순수 재구매   변형된 재구매

　이상에서 구매의사 결정상황의 구분에 대하여 설명했다. 컨설팅 세일즈에서
이 상황을 철저히 이해하는 것은 고객(구매자)을 유지하고 매출을 증가시키는데
매우 유리하다. 그 이유는 이미 설명한 바와 같다.

산업재와 소비재의 구매특성

　다음 표는 산업재와 소비재의 구매특성을 비교해 보여주고 있다. 판매조건에
서 산업재는 납기와 지불조건, 유지 보수와 관리서비스가 중요한 반면 소비재
는 경품과 부대서비스, 지불조건의 용이성을 중요하게 생각한다.
　기업 신용 실적에서 산업재는 타사의 이용실적, 생산실적, 연구개발력, 특허
수, 일반적인 평가가 중요하다. 그러나 소비재는 브랜드 이미지, 광고, 오피니
언 리더의 평가나 소개 등이 구매에 영향을 미치는 것이다.
　기타 다른 부분도 표를 보면서 비교해 보기 바란다.

 ●●● 제 2 장 컨설팅 세일즈 구매자의 특성

구 분	산 업 재	소 비 재
상품의 품질 기능 성능	• 경제성 • 생산효과, 작업능률 • 견고성, 내구성 • 조작 및 보수 유지의 편이성 • 안정성 • 공간효율 • 상위 기종과의 호환성	• 경제성 • 내구성 • 조작 · 보수의 편이성 • 안전성 • 공간효율 • 디자인 • 스타일
판매 조건	• 납기 • 지불조건 • 유지 보수, 관리 서비스 • 폐기물 처리, 교환보상판매 여부 • 바터(Barter)식 거래	• 경품 • 부대 서비스 • 지불조건(신용카드)의 용이성
기 업 신 용 실 적	• 자사와 타사의 사용실적 및 성과 • 생산실적의 정도 • 연구개발력, 특허수, 기술스태프, 　기술제휴 실적 • 일반적인 평가	• 브랜드 이미지(상품, 기업의 지 　명도, 신용) • 상품 광고의 양과 질, 소문 • 여론 형성층의 평가 · 소개
인 적 판 매 노 력	• 세일즈맨의 열의, 성의, 　정보제공능력 • 세일즈 엔지니어의 기술지도력 • 연고관계 　(친구나 친분이 있는 사람) • 계열관계 • 컨설팅 세일즈	• 입지의 편의성, 상품 구색의 　다양성 여부 • 점포의 분위기 • 점포의 장식, 상품선택의 편리 　성 제공 • 접객태도(열의, 성의, 조언, 정 　보제공의 수준) • 연고관계

4 산업재와 소비재의 구매의사 결정과정

"구슬이 서 말이라도 꿰어야 보배다.", "천리 길도 한 걸음부터 시작한다."

이 말은 좋은 보석이 있을지라도 쓸모가 있는 물건으로 만들어야 그 가치가 빛나고, 먼길을 가고자 하면 가까이에서 시작하지 않으면 안 된다는 뜻일 것이다. 흔히 계획은 거창했으나 그 결과는 흐지부지 되는 경우가 많다. 이른바 용두사미(龍頭蛇尾)가 그것이다.

중국에 진존자라는 사람은 짚신을 만들어 지나가는 행인에게 나누어주곤 했다. 어느 날 중을 만나 서로 말을 주고받는데 중이 갑자기 "에잇!" 하면서 호령을 하는 것이었다. 진존자가 "허허, 이거 야단 맞았군!" 하면서 그 중을 바라보자 또다시 "에잇!" 하는 것이었다.

그러나 진존자는 그 중이 한낱 '용의 머리에 뱀의 꼬리이기 쉽다'고 생각했다. "그대는 '에잇', '에잇' 하고 위세가 좋은데 무엇으로 마무리를 지을 생각인가?"라고 묻자 중은 그만 자기의 속셈이 드러난 것을 알고 뱀 꼬리처럼 사라졌다고 해서 '용두사미'라는 고사성어가 나온 것이다.

구매자(고객)가 상품이나 서비스를 구매하기 위한 의사결정 과정도 따지고 보면 '구슬이 서 말이라도 꿰어야 보배'이며 '용두사미'가 되어서는 안 되는 것이다. 구매하는 상품이나 서비스가 비싸면 비쌀수록 구매의사 결정과정은 더욱 신중할 수밖에 없다. 특히 산업재나 시스템 통합은 설치기간이나 가격 면에서 소비재와는 비교가 되지 않는다. 그래서 1억 원 이상의 산업재를 구매할 경우 반드시 구매위원회의 심사를 거치도록 하고 있는 회사도 있다.

산업재 구매의사 결정과정

구매의사 결정에서 그 첫 단계는 문제의 인식에서부터 시작된다. 어떤 상품이나 서비스가 필요한 지를 아는 것이다. 그리고 전반적 필요의 기술과 상품특성의 상세화를 거쳐 공급업자의 탐색에 들어간다. 제안서를 요구하고 데먼스트레이션과 프레젠테이션을 실시하며 공급자를 선택한다. 주문내용과 명세서를 작성하고 사용 후 성과가 좋으면 재구매로 이어지는 패턴을 밟는다. 좀더 구체적인 산업재 구매의사 결정과정은 다음 순서에 의한다.

1. 문제의 인지 → 상품이나 서비스에 대해 문제나 필요를 인식하는 과정으로 기
   ↓   업의 내적·외적 자극으로 나타난다(신제품 개발, 제조 설비나 자재
          구입 등).

2. 전반적 필요의 기술 → 필요로 하는 품목의 특성이나 수량을 기술하는 과정으
   ↓   로 복잡한 품목일 경우 품목을 정의하기 위하여 기술자, 사용자, 컨
          설턴트가 공동 수행한다.

3. 제품 특성의 상세화 → 최상의 제품 특성들을 결정하여 이를 순차적으로 상세
   ↓   화시킨다.

4. 공급업자의 탐색 → 구매자는 거래실적·인터넷 등에서 정보를 탐색하고 평가
   ↓   하는데, 판매자는 거래처 탐색의 고려대상에 포함되도록 하는 것이
          중요하다.

5. 제안서 제출요구 → 공급업자에게 제안서를 요청한다. 프레젠테이션(제안 발
   ↓   표), 마케팅 내용 등으로 판매자는 확신을 주어야 한다.

6. 공급자 선정 → 공급자 선택은 12가지의 내용에 따라 선정한다(제2장 중 공급
   ↓   자 선택의 검토사항 참조).

7. 주문내용과 명세서 작성 → 기술적 명세서, 수량, 배달시간, 반품정책, 보증, 유
   ↓   지 보수 등의 내용을 담아 포괄적 계약을 하게 된다.

8. 성과 검토 → 만족도에 따라 지속적 계약과 협조 조성하기 또는 재계약을 하
   ↓   지 않는 등의 선택을 하게 된다.

9. 재구매 → 상호만족에 따라 계속 재구매(Going concern)가 이루어진다.

이상에서 산업재 구매의사 결정과정을 살펴보았다. 컨설팅 세일즈맨은 이 같은 단계별 구매의사 결정과정을 충분히 숙지하여 적절한 대책을 수립해야 계약이나 거래가 이루어진다는 말이다. 절대로 용두사미가 되지 않도록 처음과 끝이 같은 마음으로 영업에 임해야 될 것이다.

소비재 구매의사 결정과정

이쯤 되면 독자 중에는 "소비재의 구매단계보다 산업재는 몇 단계가 많군요?"라고 말하는 사람이 있을 것이다. 소비재의 경우는 주의의 단계, 흥미의 단계, 연상의 단계, 욕망의 단계, 기억의 단계, 비교의 단계, 구매의 단계 등 7단계가 있다는 것을 우리는 이미 알고 있다. 다음의 표를 통해 소비재 구매의사 결정과정을 더욱 깊이 이해해 주기 바란다.

판매 3단계	구매단계	고객의 구매심리	판매사원의 대응
접 근 (Approach)	1. 주 의 (Attention)	• 매장에 들어온 고객이 이리저리 돌아다니다 포장, 색상, 디자인 등이 마음에 들어 주목(주의)한다. "어! 저 넥타이가 멋있네."	• 판매사원은 대기상태이다. • 밝은 표정과 예의 바른 자세이다. • 고객에게 시선을 준다.
	2. 흥 미 (Interest)	• 주목한 상품을 유심히 관찰하고 만져보고 뒤적여 보며 관심을 갖는다. "이 넥타이는 색상과 질감이 괜찮은데."	• 고객 가까이 접근한다. • 다른 상품을 원할 때 신속히 제시한다. • 제품 제시는 가급적 3초가 좋다.
상담전개 (Demonstration)	3. 연 상 (Association)	• "내가 착용하면 어떨까? 불편하지 않을까? 유행에 튀는 것은 아닐까?" 하면서 연상한다. "이 넥타이를 매면 지금의 양복 색과 잘 어울리겠네."	• 고객이 경계심을 갖지 않도록 한다. • 제품의 용도나 사용되는 상황에 대하여 장면을 상기시켜 준다.
	4. 욕 망 (Desire)	• 자신의 니즈와 일치할 때 상품을 원하게 된다. 가격표를 보고 질문 등을 한다. "그래. 나는 이런 수평무늬 넥타이는 없어. 그래… 갖고 싶어."	• 판매사원은 고객이 욕망을 느끼도록 자극을 준다.
	5. 기 억 (Memory)	• 상품에 대하여 욕망을 느끼면서도 또 다른 제품을 기억해 낸다. 유사품은 없을까? 정말 필요한 상품일까? "그런데 잠깐, 집에 넥타이가 많은데 정말 필요할까?"	• 동종 경쟁 상품에 대한 정보를 제시한다. • 고객에게 필요성을 상기시킨다.
	6. 비 교 (Comparison)	• 좋기는 한데, 좀더 좋은 것은 없을까? 더 저렴한 것, 더 색상이 좋은 것은 없을까? "이것말고 다른 것은 없을까?" "다른 회사 것, 다른 코너는 어떨까?"	• 제품 설명으로 설득시켜라. • 타사와 비교 설명하되 비방하지 않는다. • 셀링 포인트(Selling point)를 강조하라. • 확신을 준다.
체 결 (Closing)	7. 구 매 (Action)	• '이것으로 하겠다고'고 결정하는 단계 "이것으로 주세요?"	• 상품을 신중하게 취급한다(고객의 상품). • 대금 수령, 거스름돈, 포장을 예쁘고 아름답게 신속히 한다.

세일즈의 규모와 구매자의 심리

앞에서 우리는 산업재와 소비재의 구매의사 결정과정을 살펴보았다. 따라서 산업재와 소비재의 차이를 이해하였을 것이다. 그런데 흔히 고부가가치 세일즈라던가, 대형 세일즈라던가, 시스템 세일즈라던가, 대량 세일즈라던가, 혹은 큰 사업이라고 말하는 것을 편의상 빅 세일즈(Big Sales)라고 하자. 그리고 구두, 양복, 책, 커피, 건강식품 등을 편의상 스몰 세일즈(Small Sales)라고 하자. 앞의 것은 세일즈의 규모가 큰 것을 말하고, 뒤의 것은 세일즈의 규모가 작은 것을 말한다. 그렇다면 이 2가지 세일즈가 구매자의 인식과 행동에 어떤 차이점을 만들어 내며, 그것이 세일즈에 어떤 영향을 미치는지 알아보자.

① 판매 사이클의 길이

비교적 가격이 저렴한 스몰 세일즈는 1, 2번의 상담으로 세일즈가 종결될 수 있다. 그러나 빅 세일즈는 몇 달간에 걸쳐 여러 번 방문해야 된다. 따라서 빅 세일즈의 경우는 인내를 갖고 상담에 임하는 것이 좋을 것이다. 무조건 밀어부치는 태도로 구매자를 대한다면 그것은 오히려 역효과를 만들지도 모른다. 때로는 단계적인 접근방법을 써야 할 것이다.

② 의사결정의 규모

일반적으로 빅 세일즈는 구매자가 좀더 큰 규모의 의사결정을 포함하고 있다. 이는 구매자의 심리에 큰 영향을 미칠 수 있다. 스몰 세일즈는 비교적 구매자가 가치에 대해 크게 연연해 하지 않을 수도 있다. 그러나 빅 세일즈는 세일즈의 규모가 커질수록 제품이나 서비스의 가치를 인식시키는 일이 더욱 중요한 일로 대두될 것이다.

③ 지속적인 관계

대부분의 빅 세일즈는 구매자와 지속적인 관계를 유지해야 한다. 왜냐하면 빅 세일즈의 경우에 통상적으로 판매 후에 서비스를 필요로 하기 때문이다. 이것은 구매자와 세일즈맨이 판매 후에도 1번 또는 몇 번씩 만나야 하는 것을 의미한다. 또한 주요 제품이나 서비스를 판매하는 사람들은 기존 구매자의 관리를 철저히 하면서 대부분 새로운 구매자를 개발하는 경향이 있다. 1번의 만남으로 거래가 성사되고 거래가 끝난 후 세일즈맨과 구매자가 다시 만날 필요가 적은 스몰 세일즈와는 근본적으로 다른 세일즈 형태를 갖고 있는 것이다.

④ 실수에 대한 위험

필자는 중소기업의 컨설팅을 위해 자주 중소기업현장을 방문하게 되는데, 자주 CEO의 하소연을 듣곤 한다. "2년 전에 ERP를 구축했는데 제대로 활용하지 못하고 있습니다. 2억 원이나 들였는데 속상해 죽겠습니다. 업체는 연락도 되지 않습니다. 도산했나봐요." 스몰 세일즈는 실수로 인해 파급되는 위험들이 상대적으로 적기 때문에 좀더 많은 위험을 감수할 수 있다. 필자의 경우도 충동구매했던 많은 상품들이 여기저기 굴러다니고 있지만 살 때의 돈이 아까워 버리지도 못하고 있다. 하지만 단 한 번도 이것들을 권한 세일즈맨한테 항의를 해본 적이 없다. 그러나 ERP를 구축하여 제대로 활용하지 못하는 중소기업의 CEO는 얼마나 가슴이 답답하겠는가? 이런 이유로 구매규모가 커질수록 구매자의 행동은 점점 더 조심스러워지고 까다로워질 수밖에 없는 것이다. 이는 빅 세일즈의 경우, 구매가 잘못되었을 때 경제적인 손실이 클 뿐만 아니라 조직 내에서 공개적인 실수가 구매자의 입지를 좁히는 결과를 가져오기 때문일 것이다. 따라서 스몰 세일즈의 경우는 구매자가 실수에 대한 위험이 적지만 빅 세일즈의 경우는 구매자의 실수가 치명적이라는데 문제가 있는 것이다.

5 공급자 선택의 검토사항

"최고 수준의 업무감각을 갖춘 프로만이 살아남는다!"

프로 비즈니스맨이 갖추어야 할 10가지

영업부문에서 필요한 컨설팅 세일즈맨을 찾는데 각 기업은 혈안이 되고 있다. 왜냐하면 프로 비즈니스의 감각을 갖고 있는 사람과 그렇지 않은 사람과의 차이는 하늘과 땅의 차이만큼이나 큰 것이기 때문이다. 프로 비즈니스맨이란 엄청난 변혁기를 맞고 있는 영업환경에서 제몫을 다할 수 있는 사람이 프로 비즈니스에 걸맞은 사람일 것이다.

이에 대해 토머스 셜먼은 다음의 그림과 같이 프로 비즈니스맨이 갖추어야 할 10가지를 제시한 바 있다. 물론 이것은 프로 비즈니스맨의 어느 면을 강조하느냐에 따라 견해가 다를 것이다. 그러나 우선 그림에서 보는 10가지 중 8가지 이상을 갖춘 사람이라면 프로 비즈니스 감각이 있는 사람이라고 보아야 할 것이다. 이런 사람들이 기업의 영업부문에서 고르고 있는 컨설팅 세일즈맨으로 적합한 사람들이라고 볼 수 있다. 이들이 기업의 판매전쟁에서 그림처럼 승리의 V자를 만들어 주는 사람들이기 때문에 기업이 선택하는 인재들인 것이다.

▶ 프로 비즈니스맨이 갖추어야 할 10가지

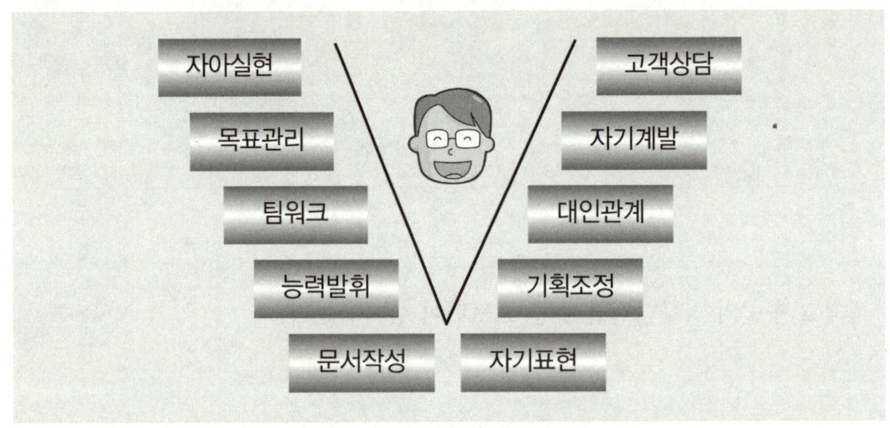

공급업자 선택의 검토사항

앞에서 산업재 구매의사 결정과정을 알아보았고, 그 과정에서 공급업자 선택이 6번째로 있는 것을 보았다. 구매자(고객)의 입장에서 보면 공급업자의 선택은 마치 영업부문에서 프로 비즈니스맨을 찾을 때 10가지 항목을 살펴보는 것과 같이 요모조모 세심하게 살펴보지 않을 수가 없는 것이다.

이를테면 기술지원 서비스가 완벽한지, 신속하게 납품을 할 수 있을지, 적시에 납품할 수 있을지, 유사시에 즉각 대응할 수 있을지, 품질은 어떤지, 공급자

나 제품의 신뢰도는 어떤지, 제품 서비스는 어떤지, 성실성이나 대금지불조건
은 어떤지, 인간관계가 괜찮을지, 기술정보제공이 원활할지 등에 대해 촉각을
곤두세울 수밖에 없는 것이다.

입장을 바꾸어 판매자 측에서 보면 구매자(고객)가 공급업자를 선택하는데 참
고로 하는 내용을 알게 되면 이에 대한 충분한 대책을 사전에 세울 수가 있는
것이다. 예컨대 기술지원 서비스에 대해 구매자가 알기를 원하는 부분에 대해
납득이 가도록 "우리는 이 분야의 기술축적을 위해 지난 30년 동안 연구개발에
몰두해 왔습니다."라고 말한다든지 그것의 증거를 보여주는 방법도 있을 것이
다. 제품의 신뢰도에서도 품질 유지수준이 타사에 비해 어떻게 뛰어난지를 알
릴 수 있다면 구매자(고객)는 훨씬 더 판매자를 신뢰하고 공감할 것이기 때문이
다. 다음은 공급업자 선택의 12가지 참고내용이다.

▶ 공급업자 선택의 12가지 참고내용

기술지원서비스 → 완벽한 기술지원이 가능한가?
신속납품 → 필요할 때 신속한 납품이 가능한가?
적시납품 → 신속하게 납품하되 적시에 납품되는가?
즉각대응 → 유사시에 즉각대응할 수 있는가?
품 질 → 품질은 이상 없는가?
공급자 신뢰도 → 공급자는 믿을 수 있는가?
제품의 신뢰도 → 품질유지 수준이 언제나 변함 없는가?
제품서비스, 가격 → 제품에 대한 사전, 사후 서비스와 가격은 적절한가?
성실성 → 영업사원은 성실한가?
대금지불조건 → 대금지불조건은 유리한가?
인간관계 → 좋은 인간관계를 유지할 수 있거나 지속되어 있는가?
기술정보제공 → 기술정보는 제때에 필요한 것을 제공할 수 있는가?

　　컨설팅 세일즈맨은 공급업자 선정에서 유리한 입장이 되도록 사전준비를 철저히 해야 할 것이다. 마치 기업에서 컨설팅 세일즈맨의 자질이 있는 사람을 영업부문에 참여시키듯이 구매자 또한 공급업자의 선정에 여러 부문을 참고한다는 것을 인지해야 한다. 다만 판매기업의 상품이나 서비스에 따라 다소 참고내용이 다를 수도 있다. 이 경우는 표를 가감 삭제하여 각 기업의 형편에 맞도록 활용해 주기를 바란다.

6 산업재와 소비재의 판매단계

"멀리 가고자 하면 반드시 가까운 곳부터 시작하고, 높이 오르고자 하면 반드시 낮은 곳부터 시작하라."는 말이 있다.

소비재의 판매단계

판매가 그렇다. 어떤 경우에도 준비가 철저하지 못하면 실패하기 마련이다. 왜냐하면 같은 상품이나 서비스를 판매하는 경쟁업체는 도처에 있기 때문이다. '가까운 곳부터, 낮은 곳부터' 시작해야 되는 것이다. 소비재도 그러해야 하거늘 산업재나 시스템통합의 영업에서는 더욱 그렇다. 왜냐하면 소비재의 경우는 판매의 단계가 3단계(어프로치, 데먼스트레이션, 클로징)이지만, 산업재나 시스템통합의 경우는 판매의 단계가 더 많다. 거래처선정, 어프로치, 데먼스트레이션, 체결(클로징), 유지 관리 등이 그것이다.

산업재의 판매단계

그 중에서도 거래처 선정이라는 첫 번째 단계에서 거래처를 분석하고 평가하여 계약 확률이 높은 구매자를 우선 순위로 결정해야 한다.

두 번째 단계에서는 어프로치로, 제안서를 통하여 문제와 과제의 해결에 대한 내용을 검토해야 한다.

세 번째 단계에서 데먼스트레이션과 프레젠테이션을 실시하고, 네 번째 단계에서 체결을, 다섯 번째 단계에서는 계속거래와 유지 보수가 제대로 이루어지도록 만전을 기하는 것이 중요하다. 이상의 내용을 좀더 상세히 설명하면 다음과 같다.

---

1. 구매자 선정 → 업체총람이나 회원사명부 등을 가지고 거래처를 탐색한 뒤,
   거래처를 분석·평가하여 계약 확률이 높은 구매자로부터 우선 순위
   에 따라 선정한다.

2. 어프로치(접촉) → 제안서나 프레젠테이션을 통하여 문제의 제시, 이점의 설명,
   기회로 전환될 수 있음을 설득한다.

3. 데먼스트레이션(상담) → 시험판매나 시용품을 주어 직접 사용해 보도록 하거
   나 기계의 작동방법이나 성능을 보여준다.

4. 체결(클로징) → 특성과 이점, 비용 대 투자효과 등을 설명하고 더 이상의 대
   안이 없음을 인지시키고 계약한다.

5. 사후관리 → 좋은 인간관계를 유지하며 잦은 방문 또는 해피콜(Happycall)
   을 제공하며, 기술력 유지와 A/S, 가격유지 등으로 계속구매로 유
   도한다.

산업재 판매전략 사례 1

발포단열재를 판매하는 T사의 판매왕 박○○ 씨, 그가 오늘이 있기까지 가슴으로 익혀온 판매전략의 사례를 소개해 보고자 한다.

첫째, 신뢰를 구축한다.

공자의 말에 '무신불립(無信不立)'이 있다. '신뢰가 없으면 설 땅이 없다'는 것이다. 박○○ 씨는 고객 회사와 약속한 것이면 반드시 약속을 지키는 것을 기본으로 하였다. 하루는 고객 회사로부터 전화가 왔다. "내일 새벽 5시에 제품을 갖다 주셨으면 합니다.", "네 잘 알겠습니다. 정시에 도착하도록 하겠습니다."

다음날 새벽 3시에 일어나 새벽 5시 약속을 지켰을 때, 고객 회사가 만족하는 모습을 보면서 '이런 것이 영업이구나…' 라면서 기쁨은 두 배로 다가왔다고 한다.

둘째, 정보영업을 한다.

"정보 제공 없이 판매 없다."는 말이 있다. 이는 영업에서 정보가 중요함을 가리키는 말일 것이다. "사장님, 저희 회사 ○○○은 제품에 이슬이 맺히는 것을 방지해 주는 기능이 있습니다.", "실장님, 저희 제품은 불에 타지 않는 기능이 있어서 불연재로 좋습니다.", "저희 ○○○은 UL마크와 KS마크를 획득한 우수한 제품입니다. 따라서 안심하고 사용하셔도 됩니다." 고객 회사에는 제품정보를, 고객 회사로부터는 시장의 정보를 수집하여 영업전략에 활용하는 것이다.

셋째, 접촉을 강화한다.

영업은 접촉의 빈도에 정비례하는 성공구조를 갖고 있다. 접촉의 빈도, 그것은 영업의 생명과도 같은 것이다. 그에게는 전화를 활용한 텔레폰(Telephone) 전법, 직접 방문하는 면대면 전법, 시험성적서 등을 우편으로 보내는 DM 전법 등이 있다. 어느 것도 소홀히 할 수 없지만, 그는 이 모두를 적절히 활용하는 다면접촉 전략을 구사하여 왔다.

넷째, 개발 협조에 최선을 다한다.

발포단열재는 개발 영업, 컨설팅 영업이라 해서 고객 회사의 제품 개발에 협조하여 제품이 개발되었을 때 고객 회사가 양산체제로 가면서 매출이 발생되는 영업구조이다. 그러니까 늘 경쟁사보다 한발 앞선 샘플 대응이 중요한 것이다. '고객 회사의 현상을 정확하게 파악하고 해결과제를 선정하여 그것을 해결해 주기 위해 자사의 제품을 파는 시스템' 인 것이다. 고객 회사가 하나의 제품을 개발하기 위해서는 수십 번 또는 수백 번 테스트를 거쳐야 하기 때문에 그것을 협조하기가 때로는 힘에 버거울 수도 있지만 그는 절대로 싫은 내색을 보이지 않았다.

다섯째, 부처의 얼굴을 만든다.

부처는 천하가 무너져도 불가사의한 미소를 짓는다. 그래서 깨달음을 얻은 자라고 하지 않는가? 때로는 납기 때문에, 때로는 클레임 때문에, 때로는 실적 때문에, 때로는 부하들과의 갈등 때문에 화가 머리끝까지 치밀어도 오히려 미소를 짓는다. '부처의 미소' 라는 별명이 말해 주듯이 그는 고객한테, 부하한테 큰소리를 치지 않는다. 그때 오히려 미소를 짓는 것이다. 목소리를 키우지 않고도 이기는 법을 알고 있기 때문이다.

산업재 판매전략 사례 2

직선운동 시스템을 판매하여 10년 동안 1000%의 성장을 이룩한 S사 김○○ 씨의 이야기를 소개한다.

첫째, 밸류 세일즈(Value Sales) 전법이다.

"세일즈란 가치를 파는 것입니다. 가치는 내적 가치와 외적 가치가 있습니다. 앞의 것은 고객과의 신뢰를 구축하는 것이고, 뒤의 것은 고객에게 이익을 주는 것입니다."라고 말하는 김○○ 씨는 세일즈는 제품을 파는 것이 아니라 가치를 파는 것이라고 단호히 말한다. "우리는 공정효율과 생산성이라는 외적 가치를 파는 것입니다. 그러나 이것은 먼저 내적 가치인 공감과 신뢰가 선행되어야 합니다."

둘째, 러닝 세일즈(Learning Sales) 전법이다.

"기술영업은 늘 고객과 제품에 대한 제안과 프레젠테이션이 반복되는 영업이기 때문에 풍부한 제품지식이 매우 중요합니다. 저는 설명서와 카탈로그를 반복해 공부하면서 중요한 것은 암기를 했지요. 그것이 고객에 대한 제품설명시 얼마나 도움이 되었는지 몰라요." 제품을 모르는 고객에게 제품의 특징과 장점 그리고 이점을 학습시키고, 이익이 되는 증거를 보이는 것은 너무도 중요했을 것이다.

셋째, 메저러블 세일즈(Measurable Sales) 전법이다.

"8비트 컴퓨터 시절부터 CPU 2기가의 현재에 이르기까지 초기에는 LOTUS 프로그램으로, 현재는 엑셀로 거래처별 매출 추이, 전년대비 신장률, 제품별 매출추이, 사원별 목표 달성률, 거래처별 평균매출액 등을 철저히 분석하여 영업 전략에 활용했습니다. 이런 저에게 일부 동료들은 한심하다는 말까지 했으니까요." 철저한 숫자영업은 미래에 대한 통찰력과 현실에 대한 분석능력을 키웠을 것이다.

넷째, 타깃 세일즈(Target Sales) 전법이다.

"저는 타깃을 설정하면 집요하게 공격하는 성격이 있습니다. 결코 쉽지 않은 거래처라 하더라도 끝까지 도전한다는 생각을 가졌지요. 한 번은 가격차이로 경쟁사에 수주를 빼앗기고 울분을 삭이려고 퇴근 후 동료들과 술을 마시다 말고 거래처로 달려갔지요. 아직 발주가 안 되었으면 저희 회사로 달라고 했지요. 결국 계약을 따내고 거래를 한 일도 있어요."

다섯째, 벤치마킹 세일즈(Benchmarking Sales) 전법이다.

"저는 입사 초기부터 세일즈 기법의 성공모델로 선배인 최○○ 이사(현재 부회장)를 벤치마킹하기로 마음먹었지요. 최○○ 이사님의 시간관리, 고객관리, 자기관리를 그대로 따라 하면서 영업을 공부했지요. 그것은 참으로 어려운 인내가 따르는 것이었지만 시간이 지남에 따라 조금씩 성장하는 저를 발견했지요."

여섯째, 글로벌 세일즈(Global Sales) 전법이다.

"저는 이 분야 영업의 전문가가 되려고 합니다. 그것은 국내뿐 아니라 국제적으로도 전문가로 인정을 받는 것입니다. 필요하다면 외국의 지사장으로 나가는 것을 두려워 할 필요가 없는 것이지요. 20,000달러 시대를 대비하면서 국내 전문가와 국제적인 컨설팅 세일즈 전문가가 되는 것이지요. 그래서 틈틈이 영어와 일어를 공부하고 있습니다."

7 산업재 구매자의 특성

 파생수요

"가죽이 없어서 못 파는 실정입니다. 추석을 앞두고 수요가 폭증하고 있습니다." 파주에 있는 L피혁 영업부장의 말이다. 그도 그럴 것이 구두가 잘 팔리니까 구두의 자재가 되는 가죽이 잘 팔리는 것이다. 이는 산업재 수요가 궁극적으로 소비재의 수요로부터 창출된다는 것을 뜻한다. 만일 소비재의 수요가 감소한다면 이들 소비재에 투입되는 산업재의 수요도 감소할 것이다.

앞에서 이야기한 L피혁도 추석을 앞두고 구두나 지갑, 가방 등의 소비재의 수요가 증가함에 따라 산업재인 가죽의 판매도 증가한 것이다. 이것을 전문용어로 '파생수요'라 한다.

산업재 구매자의 특성

소비자들에 비해 산업재 구매자에 대한 판매는 엄청난 금액과 품목이 관련된다. 앞서 설명한 구두만 보더라도 구두의 제조판매에서 가죽제조업자는 구두제조업자에게 가죽을 팔고, 구두제조업자는 도매업자에게 구두를 팔고, 구두 도매업자는 소매업자에게 구두를 팔며, 이들은 다시 최종적으로 소비자에게 구두를 파는 것이다. 생산과 분배의 소비사슬에서 각 집단들은 많은 상품과 서비스를 구입하게 되는데, 이것은 산업재 구매가 소비재 구매보다 더 많은 금액을 발생시키고 있음을 보여주는 사례가 된다.

산업재 시장은 소비재 시장과 다른 특징을 갖고 있는데, 그것을 그림으로 나타내면 다음과 같다.

▶ 산업재 구매자의 특성

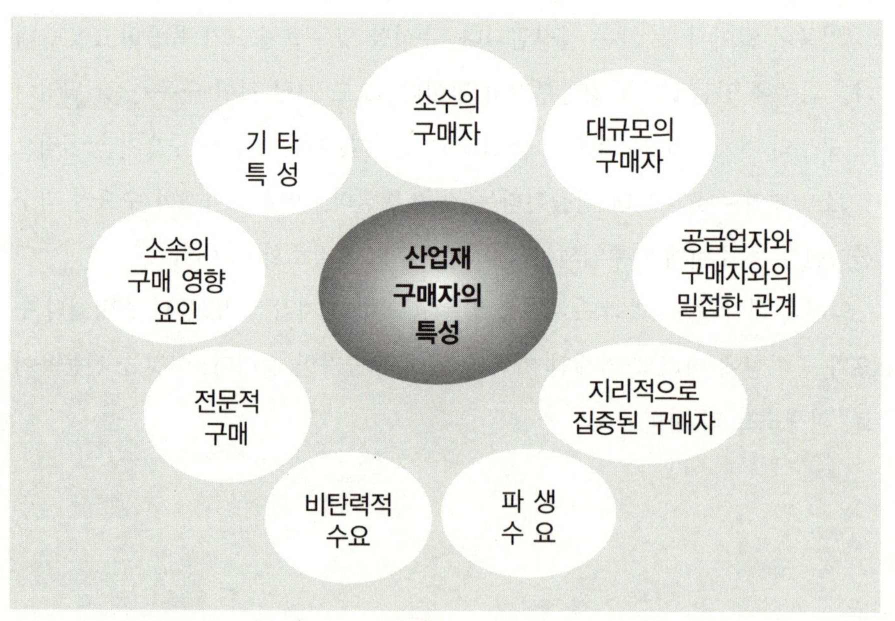

소수의 구매자 : 자동차회사는 국내에 3곳뿐이다. 따라서 자동차 부품을 생산하는 기업은 소수의 구매자와 거래해야 한다. 한국타이어는 국내 자동차 3사 중 1곳 이상을 거래해야 하지만 대체용 타이어는 국내 1000만 대의 자동차 소유자들로 구성된 잠재시장을 갖고 있다.

대규모의 구매자 : 산업재는 구매자의 집중비율이 높아 소수의 대규모 구매자들이 구매를 좌우한다. 예를 들어 자동차, 전화, 담배, 항공기, 엔진 등이 그것인데 이들 회사들은 상위 4개 사의 점유율이 70%이다.

공급업자와 구매자와의 밀접한 관계 : 소수의 구매자이면서 대규모의 구매금액 때문에 공급업자는 구매자들이 요구하는 질과 절차조건에 익숙해야 한다.

지리적으로 집중된 구매자 : 한국의 어묵공장은 부산을 중심으로 한 인근 지역에 다수 분포되어 있는데 이는 어묵 원료의 수급과 관련이 있다. 자동차는 울산, 광명, 인천 등에 집중되어 있으므로 부품공장도 자동차회사 부근에 입지를 정하는 것이 물류에 편리할 것이다.

파생수요 : 산업재 수요는 궁극적으로 소비재 수요로부터 파생된다. 소비자가 구두, 지갑, 벨트 등을 구매하기 때문에 생산자는 가죽을 구매한다. 따라서 산업재 판매자는 소비재의 최종 소비자의 구매유형과 구매유형에 미치는 환경요인을 조사해야 한다.

비탄력적 수요 : 산업재와 서비스는 가격변동에 크게 영향을 받지 않는다. 구두의 수요가 없는데 가죽의 가격이 내렸다고 해서 더 많은 가죽을 구매하지 않기 때문이다. 이런 경우 가격의 수요탄력성은 비탄력적이라고 한다.

전문적 구매 : 좋은 조건으로 구매하기 위해 사내에 전문적으로 숙련된 구매팀을 두거나 외부 구매기관에 의뢰하는 경향이 있다.

소속의 구매 영향 요인 : 많은 사람들이 구매의사 결정에 참여(4종류의 바이어)하는 경우가 많다. 소비재보다 전문적으로 훈련된 영업사원과 영업팀이 필요하며 광고, 판촉, 홍보보다는 영업사원의 판매능력이 대단히 중요하다.

기타 특성 : 직접 구매하며, 상호의존성으로 구매자 제품을 구매해 주는 회사나
계열 회사와 거래하는 경향이 있으며, 큰 비용이 수반되는 설비는 리스를 이용하
기도 한다.

이와 같은 산업재 구매자의 특성을 컨설팅 세일즈맨이 숙지하고 있다면 좀더
효과적인 판매전략을 수립할 수 있을 것이다.

8 산업재 구매자에 대한 영향요인

"경제적으로 이익을 주는 공급업자를 선정하라."

필자가 알고 있는 H사는 컴퓨터를 제조·판매하고 있는데, 그 회사는 구매 원칙을 세워 놓고 있다. 최저의 가격, 최고의 제품, 최고의 서비스를 제공하는 공급업자를 선정하고 있다. 철저하게 경제성의 원칙을 지키고 있는 것이다. 이런 경우 공급업자(판매자)는 핵심 역량을 집중하여 구매자에게 경제적 이점을 제공하는데 총력을 기울여야 한다. 만일 그럴 능력이 없다면 그 공급업자는 다음해 재계약을 보장받지 못할 것이다.

산업재 구매자에 대한 영향요인

"그 사람 인간성이 쓸만 해! 특별한 문제가 없으면 계속 거래하지 뭐?"

구매자가 공급업자에게 느끼는 호의나 또는 위험감소와 같은 개인적 요인에 따라 구매가 결정되는 경우도 있다.

미국에서 101개의 대기업에 대한 구매자의 구매경향을 연구한 결과는 다음과 같다.

"저희 구매자들도 사무실에 들어오면 인간적으로 됩니다. 친근하다고 느끼는 기업을 선호하게 되며 우리에게 존경과 개인적인 관심을 보이고 여러 가지 일을 도와주는 공급업자를 선호합니다. 또한 냉대에 과민하게 반응하여 거래를 지연시키거나 거부하는 경우도 있습니다."

미국의 경우가 그렇다면 우리나라는 더욱 이 같은 경향이 클 것으로 보인다. 어쨌든 산업재를 구매하는 사람은 여러 가지 환경적, 조직적, 대인적, 개인적 요인에 따라 영향을 받는다. 다음 표는 산업재 구매자에 대한 영향요인이다.

▶ 산업재 구매자에 대한 영향요인

환경적	조직적	대인적	개인적	구 매 자
1차적 수요의 수준				
경제전망	목 표			
화폐비용	정 책	권 한	연 령	
공급조건	절 차	지 위	교 육	
기술변화율	조 직	감정이입	직 위	
정치적 · 법적 추세	구 조	설 득	인 성	
경쟁적 추세	시스템		위험에 대한 태도	

먼저 환경적 요인에 대해 알아보자. 산업재 구매자는 1차적 수요수준, 경제전망, 금융비용 등 현재와 미래의 경제적 환경에 따라 크게 영향을 받는다. 경기

가 침체되면 공장 가동률을 줄이므로 구매금액은 상대적으로 감소할 것이다. 또한 기술적 · 정치적 · 경쟁적 추세에 의해서도 영향을 받는다.

다음은 조직체 요인으로, 산업재 구매자는 조직의 특별한 목적 · 정책 · 절차 · 조직구조 · 시스템 등에 따라 구매패턴이 달라질 수 있다.

- 얼마나 많은 사람들이 구매에 참여하는가?
- 그들은 누구인가?
- 그들의 평가기준은 무엇인가?
- 구매기업의 정책과 제약은 무엇인가?

그리고 대인적 요인으로, 구매센터는 서로 다른 지위 · 권한 · 설득력 · 감정이입을 갖고 있는 구매의사 결정에 참여하는 여러 명의 구성원으로 이루어져 있다. 그들의 개성과 대인적 정보는 판매에 도움이 된다.

끝으로 개인적 요인으로, 구매의사 결정에 참여하는 사람은 개인적 동기부여 · 지각 · 선호 등을 갖고 있다. 이들의 연령, 소득, 교육수준, 직업적 동질성, 개성 및 위험에 대한 태도 등이 구매에 영향을 준다.

구매에 대한 기업의 추세변화

그리고 점차 구매에 대한 기업의 추세가 바뀌고 있음에 유의해야 한다.

▶ 구매에 대한 기업의 추세변화

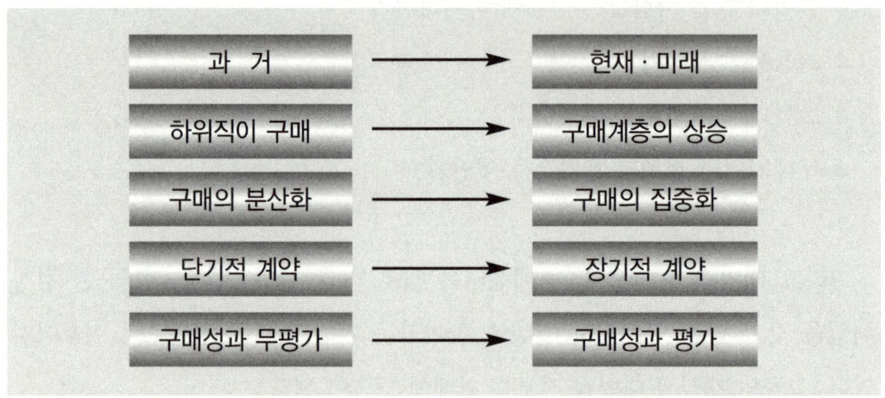

그림과 같이 구매에 대한 기업의 추세변화는 크게 4가지로 요약할 수 있다.

첫째, 과거에는 하위직이 구매하였지만 점차 구매담당 부장이나 이사, 부사장 등으로 격상되고 있다는 것이다. 왜 그럴까? 전체 기업비용의 50%가 구매비용이기 때문에 원가절감의 가장 중요한 행위가 구매로 인정되기 때문이다.

둘째, 과거에는 부서별, 기업별로 구매하던 것을 집중적으로 구매하는 방식으로 바뀌고 있다. 왜냐하면 좀더 강한 구매영향력을 갖고 공급자를 통제할 수 있기 때문이다.

셋째, 단기적 계약에서 장기적 계약으로 바뀌는 경향이 있다. 고품질의 공급업자로부터 구매하고 구매업무의 효율성을 위해 전자식 주문시스템을 구축하는 경우도 있다. 공급업자가 많은 경우 시스템 구축에 많은 비용이 들기 때문이다.

넷째, 과거에는 구매성과에 대해서 구매담당이나 관련자들을 평가하지 않았으나 이제 그들에 대한 평가가 일반화되어 가는 추세에 있다. 훌륭한 구매성과에 대해 인센티브나 성과급을 지급하기도 한다. 따라서 구매 바이어가 공급업자에게 과거보다 더 유리한 조건으로 공급해달라고 압력을 행사하는 경우가 늘어날 것으로 본다.

이상에서 산업재 구매의 영향요인에 대해서 충분히 논의했다. 능력 있는 컨설팅 세일즈맨은 이 같은 환경요인을 잘 분석하는 사람들이다.

9 시스템 구매와 판매

"시스템 통합 업체에 맡깁시다!"

K사는 LAN시스템 구축을 검토하다가 이 같은 결론을 내렸다. 자체적으로 시스템을 개별 구매하여 결합하는 것보다는 경험이 많은 전문 업체에 맡기는 것이 훨씬 효율적이라고 생각했다.

왜냐하면 LAN시스템에 대해 사내에 전문가가 없을 뿐만 아니라 개별 구매하여 결합하는 것보다 시스템 통합 업체에 일괄적으로 계약하는 것이 자재의 재고 부담을 줄이고, 개별 공급업자의 선정에 소요되는 시간을 절약하며, 서류의 간소화로 운영비가 절감되는 이점이 생긴다고 판단되었기 때문이다. 결국 구매에 관여하는 모든 이들이 의견을 통일하여 '시스템 통합 업체에 맡깁시다'로 결정을 내린 것이다.

K사는 몇몇 시스템 통합 업체를 검토하다가 A사를 선정했다. 선정된 A사는 자사제품인 LAN카드를 비롯하여 허브(Hub), 스위칭 허브(Switching Hub), 루터(Router), 터미널 서버(Terminal Server), PC, 노트북, 프린터, 스캐너, 각종 케이

블 등을 해당 기업들로부터 구매하여 패키지형식으로 설치하였다. 물론 유지보수에 대한 문제도 계약에 포함되었다.

시스템 판매의 4영역

이처럼, 제품을 하나의 묶음으로 판매하는 것을 시스템 통합 판매라고 한다. 이것을 다른 말로 표현하면 설치, 유지, 수선, 운영을 일관되게 구매자의 요구에 부응하여 공급하는 것이다. 이것을 구매하는 구매자의 입장에서 보면 시스템 통합 구매라고 말하는 것이다. 이와 비슷한 사례로 댐, 제철공장, 파이프라인, 공공설비, 신도시건설 등을 들 수 있다.

시스템 판매에 임하는 컨설팅 세일즈맨은 가격, 품질, 신뢰성, 낙찰될 수 있는 다른 속성으로 경쟁해야 승산이 있음을 유의한다. 언제나 마찬가지이지만 구매자에 대한 문제와 과제해결능력에서 우열이 가려짐을 명심해야 한다.

다음은 시스템 판매의 4영역에 대한 그림이다.

▶ 시스템 판매의 4영역

제품 및 서비스 경쟁회사와의 비교

우리는 흔히 "경쟁업체를 헐뜯지 말자."고 말한다. 이런 행동은 새내기 세일즈맨이 하는 행동이지 컨설팅 세일즈맨이 하는 행동은 아닌 것이다. 또한 이것은 윤리적으로도 별로 좋은 모습이 아닌 것이다. 경쟁사를 헐뜯지 않고 그들을 인정하면서 자사와 그들의 제품을 공평하게 비교하는 것이 좋은 방법이다. 그것도 고객의 요구가 있을 때만 그래야 한다. 경쟁회사와의 비교표는 비단 시스템 판매뿐만 아니라 거의 모든 세일즈에서 유용하다. 사전에 다음의 표를 작성하거나 구매자와 함께 채워보도록 한다. 순서는 어떤 방식을 취하든지 상관없다. 제대로 작성되었다면 훌륭한 세일즈 도구로 활용될 수 있을 것이다.

▶ 자사제품 및 서비스 경쟁회사와의 비교표

제품 및 서비스	자 사	A 사	B 사	C 사
사 양				
특 징				
편 익				
서 비 스				
운 송				
가 격				
설치기간				
참고회사명				
비 고				

10 소매업의 유형과 구매과정

　"할인점의 성장 속도가 예상보다 빨라, 이에 대한 판매대책을 수립해야 되겠어."라고 어느 중견 식품업체의 영업부장은 말하고 있다.

　사실 국내 유통 시장은 점포의 영세성, 운영의 전근대성으로 낮은 생산성과 제조업체 주도의 경로 구조 때문에 유통의 발전에 어려움이 있었다. 그러나 소득수준이 높아짐에 따라 소비자 욕구의 다양화 및 개성화, 가격을 중시하는 합리적 소비를 원하는 중산층의 확대로 신업태 개발의 필요성이 증대되었다.

소매유통이 소비자에게 제공하는 기능

1996년 국내 유통 시장의 완전 개방으로 외국 유통업체의 국내 진출이 가속화되었다. 1993년 신세계가 국내 최초의 할인점 이마트를 성공적으로 개점하고 뒤이어 미국의 코스트코, 농심가의 메가마트, 그랜드의 그랜드마트, 프랑스의 까르푸, 미국의 월마트 등이 잇따라 개점되어 최근에는 할인점의 확대가 가속화되고 있다.

▶ 소매유통이 소비자에게 제공하는 기능

소비자가 원하는 상품구색을 제공한다.
– 상품선택의 비용, 시간, 선택폭

소비자에게 필요한 정보를 제공한다.
– 소매광고, 디스플레이, 판매원 서비스

소비자에게 구매비용 부담을 덜어준다.
– 신용제공, 할부판매

소비자에게 애프터 서비스를 제공한다.
– 배달, 설치, 사용방법교육

이들 소매유통은 위 그림과 같이 소비자를 대상으로 여러 기능을 제공하고 있다. 소매유통은 점포소매상, 무점포소매상(자동판매기, 통신판매, 방문판매, 텔레마케팅, 전자마케팅)으로 나누어지지만 이 책이 지향하는 테마가 컨설팅 세일즈이기 때문에 컨설팅 세일즈의 영역이 비교적 큰 점포소매상을 중심으로 논의하고자 한다. 우선 우리가 흔히 접할 수 있었던 다양한 점포소매상의 유형을 표

를 통해 보자. 이들 유통업 구매자들은 다음과 같은 구매의사 결정을 해야 할
것이다.

- 어떤 상품을 취급할 것인가?
- 어떤 공급자로부터 구입할 것인가?
- 어떤 가격조건으로 협상할 것인가?

구색상품의 4가지 전략

▶ 점포소매상의 유형

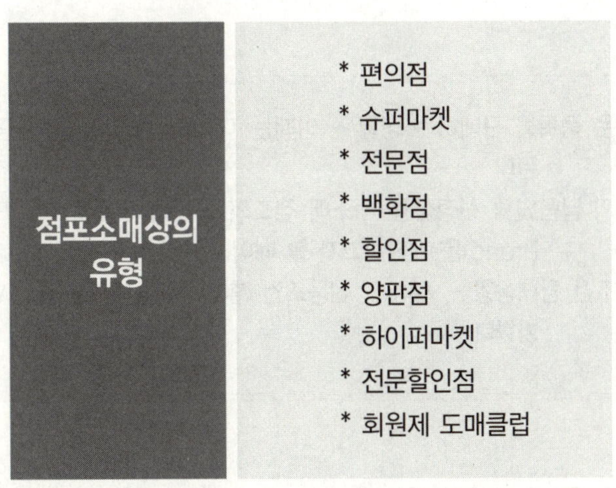

그리고 다음에 설명하는 구색상품의 4가지 전략 중 하나를 선택해야 할 것이
다. 어떤 전략을 선택할 것인가에 따라 점포소매상의 지위나 영역이 달라지기
때문이다.

좀더 상세하게 제품구색의 4가지 전략을 살펴보면 다음과 같다.

> - ● 배타적 제품구색 – 단지 1개의 제조업체 계열만 취급한다.
> - ● 종적 제품구색 – 많은 제조업체와 거래하지만 1가지 제품군만 거래한다(여러
>   브랜드의 신발류, 내의류, 모자류 등).
> - ● 횡적 제품구색 – 소매상의 사업범위에 해당하는 여러 제품계열을 취급한다(카
>   메라, 녹음기, 라디오, 오디오 등).
> - ● 혼합적 제품구색 – 여러 가지 다양한 제품을 취급한다(식품, 가전, 의류, 신변
>   잡화 등).

또한 점포소매상의 경우 상품을 구매하는데 있어서 구매과정의 3가지 유형에 직면하게 되는데 그것은 다음과 같다.

> - ● 새로운 품목을 구매하는 상황 – 이때는 이익의 높고 낮음이 중요 포인트가
>   된다.
> - ● 최상의 납품업체 선정상황 – 소매 점포의 공간이 부족할 때, 또는 SB(Store
>   Brand)를 개발하고자 할 때이다.
> - ● 최적조건 탐색상황 – 서비스, 신용조건, 할인 등에 대해 공급업자에게 압력을
>   가한다.

지금까지 점포소매상의 기능과 그들의 제품구색 전략 4가지와 구매과정의 3가지 유형에 대해서 알아보았다. 컨설팅 세일즈맨은 이러한 점포소매상의 의중을 미리 알아차린다면 거기에 적절히 대응하는 전략을 수립할 수 있을 것이다.

11 유통업체의 구매의사 결정과정

"백화점 입점이 이렇게 힘든지 몰랐습니다. 너무너무 힘들어요."

필자가 컨설팅을 실시한 A사는 어린이 캐릭터 실내화를 만드는 회사로 그 동안 수출에만 전력하다가 국내 시판을 실시하기로 했다. 먼저 H백화점 S점을 방문하였다. 5층 아동스포츠 담당 L씨를 면담했다. "구매는 본사에서 합니다." 다음날 본사를 찾아가 패션상품본부 J씨를 면담했다. 어린이용 캐릭터 실내화를 보자 비교적 만족하는 눈치였다. 다음날 다시 J씨를 만났더니 "거래신청서를 접수해 주시죠."라면서 서류 뭉치를 내놓는 것을 보니 협력업체 약정서, 주민등록 등본, 법인인감증명서, 법인등기부등본, 거래은행 통장사본, 거래은행 어음장 사본, 사업계획서 작성, 사업장약도 등을 제출해 달라는 것이었다. A사 대표는 은행으로, 법원으로, 동사무소로 동분서주하면서 필요한 서류를 갖추어 제출하였다.

머칠 후 H백화점 J씨로부터 S점에 찾아가 담당과 입점에 대한 협의를 해달라는 통보를 받고 S점 실무자를 찾아 갔다.

"판매여사원을 파견해 주시고 판촉물 증정도 해주셔야 됩니다.", "판매여사원은 가능하나 판촉물은 곤란합니다."라면서 협상한 결과 판매여사원만 파견하는 것으로 결론을 내렸다.

상품을 운반하고 진열하는 일은 모두 A사 직원들이 거들었고 H백화점에서는 누구 한 사람도 이 일을 도운 사람이 없었다. 간신히 입점을 하였으나 진열장소가 별로 좋은 위치가 아니었다. 그렇다고 따질 형편도 못 되었다. 왜냐하면 그만 철수하라고 할까봐 두려웠기 때문이었다. 몇 달 후 그 백화점에서 철수했지만 A사 대표는 지금도 말한다. "백화점 입점이 그렇게 힘든 줄은 몰랐습니다."

이 이야기에서 유통업체의 구매의사 결정과정의 한 부분을 보았다. 최근의 대형 유통업체는 몇몇 특별한 상품을 제외하고 거의 모든 상품의 공급업자들이 "제발 입점만 시켜 달라!"고 애원하는 입장이기 때문에 구매의사 결정과정이 형평에 따라 이루어지는 것이 아니라 유통업체의 주도대로 이루어지는 경향이 많다.

구매의사 결정과정의 2가지 형태

대체로 유통업체의 구매의사 결정과정은 2가지 형태로 구분할 수 있다.

첫째, 신규품목의 경우가 있다. 신규품목의 경우는 산업재 구매의 과정과 비슷하다. 문제의 인지, 전반적 필요의 기술, 제품특성의 상세화, 공급업자 탐색, 제안서 제출요구, 공급업자 선정, 주문내용과 명세서 작성, 성과검토(판매실적 검토), 재구매 등으로 이어진다.

둘째, 표준품목의 경우가 있다. 표준품목은 이미 거래하고 있는 품목으로 단순히 재고가 감소하면 재주문을 하는 형태를 취하고 있다. 이러한 재주문은 유통업체의 구매조건과 제품, 서비스를 만족시켜 주는 한 동일한 공급업자에게 계속 된다.

이 같은 유통업자의 구매는 환경적, 조직적, 대인적, 개인적 요인에 따라 영향을 받는 것이 산업재와 비슷하다. 이것은 IMF 초기에 환경의 변화에 민감하게 대응하기 위하여 각 백화점이 외제 상품의 진열구성비를 줄이고 국산 상품의 진열구성비를 늘린 것과 같다.

7가지 구매자 유형

특히 개인별 요인에 따른 구매 스타일을 연구한 디킨슨은 유통을 7가지 구매자 유형으로 구분하였다.

● 충성적 구매자 – 이런 구매자는 수년 동안 한 공급업자에게 충성적인 구매자이다.
● 기회주의적 구매자 – 이런 구매자는 그에게 장기적인 이익을 줄 만한 여러 공급업자를 선정하고 가능한 최적의 협상을 조장하는 구매자이다.
● 최상의 거래 구매자 – 이런 구매자는 어떤 특정 시점에 이용 가능한 최상의 가격을 선정한다.
● 창의적 구매자 – 이런 구매자는 제품 서비스 및 가격에 대하여 그가 원하는 것을 공급자에게 요청한다.

그런가 하면 오늘날 유통업체의 구매자들은 새로운 구매기술을 개발해 왔다. 예를 들면, 수요 예측, 상품 선택에서 재고 통제, 레이아웃과 진열, 제품별 이익률, 지역별 이익률, 적정재고 유지와 경제적 주문량의 결정, 주문서 작성, 지출금액 계산 등에 적절한 소프트웨어를 개발했거나 개발하고 있다.

이러한 현상들을 공급업자 측면에서 보면 '점점 복잡해지는 구매상황'에 직면하게 된다.

그들은 이윤이 감소될 경우 새로운 가격협상에 의해 구매비용을 낮추려 하고, 더 많은 후원과 판촉사원을 기본으로 하는 근로지원을 요구할 것이다.

컨설팅 세일즈맨들은 공급업자(제조업자)로부터 구매자인 유통업체로 힘이 전환되고 있음을 깨달아야 한다. 또한, 공급업자는 구매자의 변화하는 환경조건을 이해하고 그들의 요구조건을 이해해야 하며, 더 좋은 서비스를 제공하는 등 경쟁적으로 매력적인 제안을 해야 될 것이다.

12 정부의 구매의사 결정

"저희 회사는 군납 때문에 살았습니다."

필자가 알고 있는 S사는 지난번 IMF 때 '아차' 했으면 문을 닫을 수도 있는 어려운 상황에 처하게 되었다. 그런데 그 동안 추진해 오던 군납문제가 해결되면서 위기에서 살아 남을 수 있었다. "마치 어둡고 긴 터널을 빠져 나온 것처럼 군납결정의 소식은 저희에게 새로운 희망이었습니다." 연간 40억의 매출을 뒷받침해 주는 군납은 S사로서는 가장 큰 고객이요, 우량 고객이 아닐 수 없었다. 지금은 '부도설이 나돌았을 때'가 언제냐 싶게 승승장구하는 기업이 되고 있다.

정부시장의 규모

위 사례는 정부구매 시장의 한 사례에 지나지 않는다. 우리가 흔히 정부시장이란 말로 표현하는 정부구매자의 구매금액은 연간 국민 총생산의 30% 전후가 된다고 한다. 2001년 한국의 국가 예산이 103조 원이었는데, 여기에서 30%라면 30조 원이 되며 이 금액은 상당히 매력적이고 구미가 당기는 시장이다. 따라서 공급자의 가장 큰 고객은 정부라는 것에 의심의 여지가 없다.

정부시장은 행정부, 입법부, 사법부 등을 포함하여 각 부처, 육·해·공군, 교도소, 국·공립학교 등 실로 다양하지만 구매패턴은 비슷하다. 기본자격을 갖춘 공급업자들을 대상으로 공고와 공개입찰을 거쳐 납품하는 경우이다.

그 밖에 협상계약 형태로 이루어지는 경우도 있다. 그러나 점차 납품의 투명성을 위해 공개입찰이 강화되고 있다.

정부구매자들도 환경적, 조직적, 대인적, 개인적인 요인에 따라 영향을 받는다. 정부구매에 있어서 독특한 현상은 외부의 여러 기관이나 단체에 의해서 감시를 받고 있다는 점이다. 예를 들면, 그 중의 하나가 국회인데 어느 의원은 정부의 예산낭비를 폭로함으로써 자신의 지지자들에게 보답한다. 또 하나의 감시형태는 정부조직 내에 감사원이 있으며, 많은 사회단체들도 정부의 예산을 감시하고 있다.

정부구매자에 대한 불만

그러나 정부의 구매업무는 공급업자 측면에서 보면 너무나 복잡하고 힘들어서 좌절을 느끼는 경우도 있다. 공급업자가 느끼는 정부구매자에 대한 불만은 다음 그림과 같다.

▶ 정부구매자에 대한 불만

과중한 서류업무	의사결정의 지연
지나친 관료주의	빈번한 인사이동
불필요한 규제	과다한 정책변경
저가입찰 강조	복잡한 구매절차

이러한 불만들이 있어도 공급업자는 그것을 인내하는 마음으로 극복하지 않고는 정부시장에 대한 접근이 힘든 것이다.

컨설팅 세일즈맨은 정부구매자가 원하는 서류 업무에 숙달되어야 하고, 지나친 관료주의에 대한 대처 기술을 익혀야 하며, 불필요한 규제에 대해서도 충분히 헤아려 두지 않으면 안 된다. 과다한 정책변경에 대해 끊임없는 정보수집과 복잡한 구매절차에 대해 흐름도를 만들어 체크리스트를 만들고 차질이 없도록 노력해야 될 것이다.

13 컨설팅 세일즈의 분야

"판매에 왕도가 없다!"

"판매에 왕도가 없다."는 말은 그만큼 판매의 방법이나 기법이 다양하다는 것을 의미하는 말일 것이다. 기업마다, 상품마다, 유통 경로마다, 고객(구매자)별로 서로 다른 판매전략이 필요하기 때문에 이렇게 말한 것으로 보인다.

▶ 컨설팅 세일즈의 적용분야

업 종		고 객		비 고
		법인	개인	
1. 산업재	기계, 플랜트류	○		공작기계, 건설기계, 공해방지장치, FA, 물류기기 등
	기계 부품	○		반도체, 신소재
	소 재	○		섬유(용도, 개발), 제철
	차량, 조선	○		특수차량
2. 소비재 메이커	식 품	○		대(對) 유통업(소매 지원 등), 업무용 특수(特需)
	화장품, 목욕용품	○ ○		대 유통업(소매 지원 등), 업무용 특수
	의약품	○		의약품 정보 서비스, 소매 지원
3. 내구소비재 메이커	승용차	○	○	딜러 지원, 딜러 카 세일즈
	가전제품	○		계열사 지원
	주택 관련	○	○	라이프 스타일형 주택 판매
4. 정보기기, 시스템		○		컴퓨터, 통신기기, OA
5. 서비스산업 (제3차 산업)	운수 · 창고	○		하주(荷主)의 개발에 대비한 시스템 제안
	유통 관련(1)	○	○	상사, 백화점 등
	유통 관련(2)	○	○	백화점 점포, 전문점(인테리어 등)
	금융 관련	○	○	은행, 증권, 보험, 리스
	광 고	○		의뢰인에 대한 각종 제안
6. 기 타	기타 서비스	○	○	은행, 호텔, 비서, 리스업
	건 설	○		건축, 토목, 도시 개발
	에너지 관련	○	○	전력, 가스(대형 빌딩 대상)

그렇다면, 컨설팅 세일즈에 적절한 분야가 있다면 어느 기업군에서 가장 효과적으로 활용될 수 있을까? 컨설팅 세일즈는 산업재(생산재, 중간재) 메이커, 소비재 메이커, 내구소비재 메이커, 시스템 통합(소프트웨어 포함), 서비스산업, 기타 등에서 가장 요긴하게 적용될 수 있는 세일즈 기법이다.

왜냐하면 이상의 6분야의 기업군은 제안서(기획서)를 작성하여 프레젠테이션(제안설명)의 과정을 거치므로 컨설팅 능력이 필요하다. 따라서 소비재를 컨설팅 세일즈 하는 경우도 있지만 산업재(생산재, 중간재)나 시스템 통합 분야의 경우 더욱 컨설팅 능력이 요구된다. 판매에 왕도가 없지만 왕도에 접근할 수 있는 빠른 길인 것이다. 앞(p. 123)의 표는 컨설팅 세일즈의 적용 분야이므로 참고가 될 것이다.

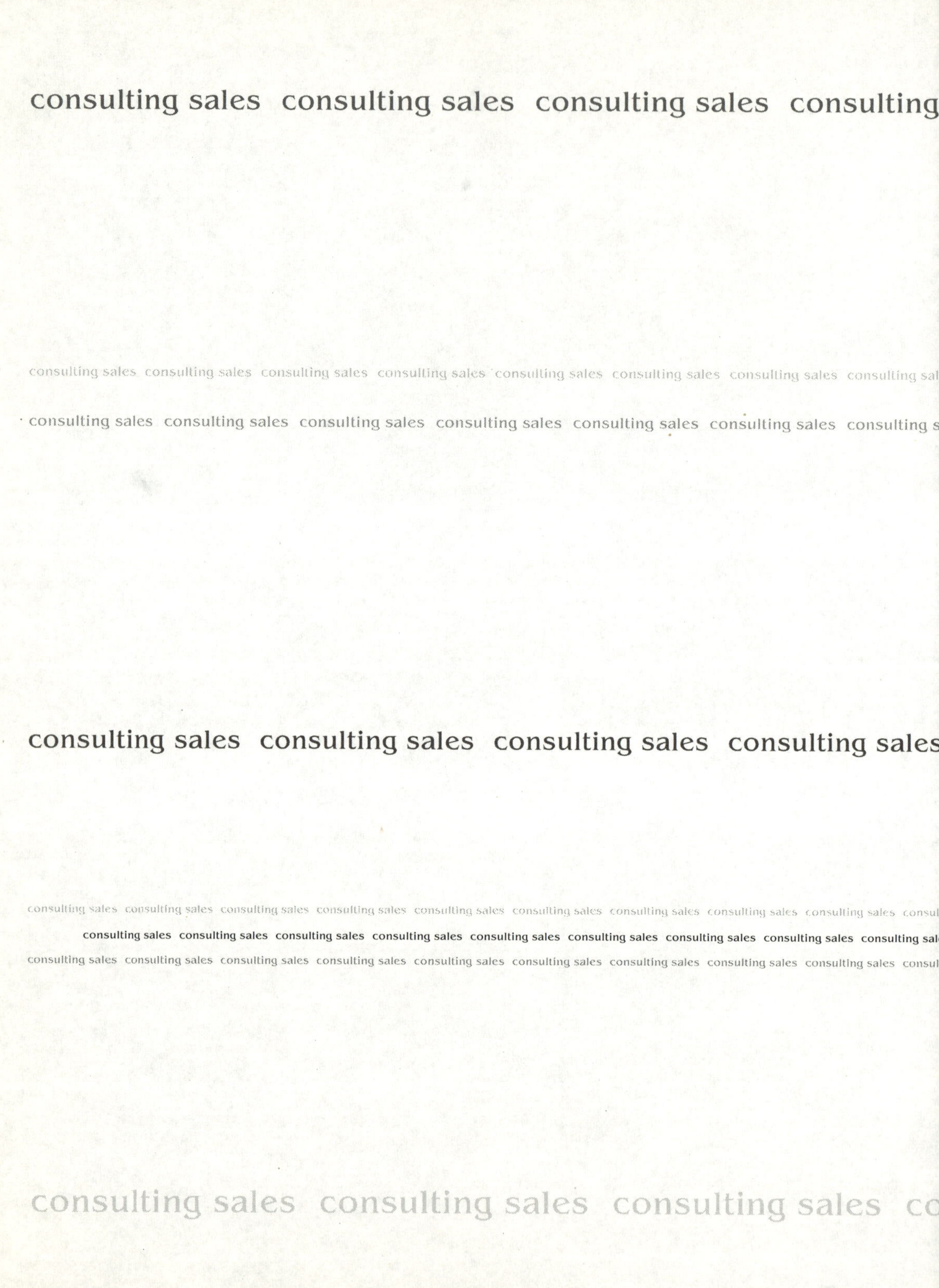

nsulting sales

consulting sales consulting sales

sales consulting sales

ng sales

sales consulting sales consulting sales consulting sales
onsulting sales consulting sales consulting sales consulting sales
sales consulting sales consulting sales consulting sales

컨설팅 세일즈의 툴

3

g sales consulting sales consulting sales consulting sale

1 신뢰감과 공감대 형성의 ABC정보

"이혼이 커다란 사회적 문제야."

이혼에 대해 우려를 나타내는 사람들이 늘어만 가고 있다. 오죽하면 이혼을, 결혼 1년 안에 이혼하는 냄비이혼, 결혼 12~13년에 이혼하는 숙년(熟年)이혼, 자녀들을 모두 결혼시키고 57~58세에 이혼하는 황혼(黃昏)이혼 등으로 구분했을까!

신뢰감과 공감대를 형성하는 정보

백년해로(百年偕老)하자며 결혼하고서 왜 이렇게 이혼이 늘어가고 있는가? 지난 20년 동안에 이혼율이 4배가 증가했다고 한다. 도대체 무엇이 문제인가? 이혼 사유의 대부분은 신뢰와 공감이 무너졌기 때문인 것으로 나타났다. 신뢰와 공감이 무너지면 부부의 관계도 끝이 나고 마는 것이다. 그런데 이들 대부분이 결혼 전에 좀더 서로에 대한 신뢰와 공감을 면밀히 검증했더라면 '지금 이혼율의 1/10도 안 되었을 것' 이라고 주장하는 사람도 있다.

그가 이야기하는 '배우자에 대한 신뢰와 공감대를 형성하는 ABC정보' 라는 것이 있는데, 그 내용은 다음과 같다.

● Age : 남자와 여자의 연령 차이는 7살 차이가 천재를 낳을 수 있는 확률이 높다.

● Beauty : 미남·미녀이며, 마음이 고와야 한다.

● Character : 인격이 갖추어져야 한다.

● Duty : 권리보다 의무에 충실한 사람이어야 한다.

● Education : 교육 정도가 비슷한 사람이 좋다.

● Finance : 재산 정도도 비슷한 사람이 좋다.

● Ground : 성장배경도 세심히 따져 보아야 한다.

● Health : 건강에 문제가 없어야 한다.

● IQ : 지능지수도 검토해 보아야 한다.

● Joy : 열심히 일하고 즐길 줄도 알아야 한다.

● Knowledge : 생애공부를 실천할 수 있는 사람이어야 한다.

● Love : 사랑할 시간이 많지 않음을 인지하면서 사랑을 열정적으로 할 수 있어야 한다.

● Money : 현금도 어느 정도는 가지고 있어야 한다.

● Needs : 성취욕구에 불타는 사람이 좋다.

● Opportunity : 인생의 기회를 잡을 수 있어야 한다.

● Paint : 미술이나 예술 방면에도 관심이 있어야 한다.

● Question : 모르는 것을 언제나 묻는 사람이 좋다.

- Regard : 상대에게 항상 세심하게 관심을 베풀어주는 사람이 좋다.
- Sex(Strength/Weakness) : 성행위 능력이 있어야 한다.

구매자에 대한 신뢰감과 공감대 형성하기

똑같은 측면에서 구매자에 대한 신뢰와 공감도 배우자를 검증하는 ABC법과 다르지 않다. 구매자의 연령을 아는 것은 상식이 될 것이다. 그의 속마음을 알아낸다는 것은 세일즈의 기회를 만들어 가는데 중요하다. 또한 구매자의 인격이나 지불 능력 등도 알아보아야 할 것이다. 구매자의 교육 정도나 재산상태(기업이라면 재무구조)도 파악해야 할 것이다. 그리고 구매기업의 성장배경(연혁), 기업의 건강상태, 이를테면 대차대조표나 손익계산서 · 제조원가 명세서 등을 분석하여 성장성 · 수익성 · 생산성 · 안정성 등을 검토해 보아야 할 것이다.

▶ 구매자에 대한 정보

나 이	연 혁	현금유동성
속마음	기업의 건강상태	구매자의 니즈
인 격	사원의 수준	세일즈의 기회
지불의무	휴식과 여가	시각적 설득
교육정도	지식경영	예상되는 질문
재무구조	고객사랑	관심/강점과 약점

그들 기업이 전통적인 굴뚝산업인가? 고도의 지능이나 기술이 요구되는 첨단산업인가? 사원들의 수준은? 열심히 일하고 적절히 휴식을 취하는 기업인가? 지식경영을 위해 노력하고 있는가? 구매자들이 고객을 사랑하고 있는가? 구매자들이 현금유동성(지불능력)은 괜찮은가? 구매자가 자사 상품에 대한 니즈는 있는가? 구매자에 대한 자사의 세일즈 기회는 언제가 좋은가? 시각적 설득은 가능한가? 구매자의 예상질문을 찾아내 대책을 강구하고 있는가? 구매자는 자사에 어느 정도 관심을 갖고 있는지, 자사는 구매자에게 어느 정도 관심을 갖고 있는가? 구매자와 자사가 마음의 교류가 가능할 정도로 신뢰와 공감이 있는가? 그렇다면 계약이나 거래는 따 놓은 당상이나 다름없다. 따라서 구매자에 대한 ABC 검증법도 배우자에 대한 ABC 검증법과 별로 다른 것이 없다는 말이다. 옆의 그림은 구매자에 대한 정보를 나타낸 것이다.

이 같은 신뢰와 공감을 만들어 가기 위해서 판매자는 각별한 정보마인드를 가져야 한다. 구매자에 대한 많은 정보를 갖고 있을수록 그만큼 검증된 내용이 많아지고 영업은 컨설팅 세일즈의 전형을 만들어 낼 수 있는 것이다. 여기까지가 판매자와 구매자가 마음의 벽을 헐어 버린 것이라면 다음에는 구매자를 이해하고 수용하고 동참시켜 신뢰와 공감을 만들어 찰떡궁합을 만들어 가는 것이 컨설팅 세일즈인 것이다.

신뢰와 공감을 만드는 주요 포인트는 다음과 같다.

① 구매자와 판매자의 정보

판매자의 제품정보만을 갖고는 원활한 상담이 어렵고 구매자에 대한 정보가 있어야 한다는 것이다. 마치 판매자의 제품정보가 자전거 뒷바퀴라면 구매자에 대한 정보는 자전거의 앞바퀴와 같다. 앞바퀴는 방향을 잡아주기 때문에 어떻게 판매할 것인지 방향을 잡아준다.

② 신뢰감과 공감대 형성의 마음가짐

- 이해하라(Understanding)

- 수용하라(Acceptance)

- 동참시켜라(Involvement : 제품 소개와 어떤 도움을 줄 수 있는지, 방문 이유와
계속 상담해도 괜찮은지 동의를 구하라)

③ 신뢰감과 공감대 형성

- 신뢰감(Credibility)

  • 언행의 단정함을 보여라(언행의 단정).

  • 내가 좋아하는 사람형이라는 인식을 심어라(동질성).

  • 구매자를 도울 수 있는 사람이라는 인식을 심어라(능력).

- 공감대(Sympathy)

  • 판매자는 구매자에 대해 어느 정도 아는가?

  • 판매자는 꼭 필요한 것을 권하는가?

  • 판매자가 우리에게 도움을 줄 수 있을까?

  • 언제든지 필요할 때마다 도움을 받을 수 있을까?

이상은 구매자의 생각을 정리해 본 것이다. 구매자의 생각에 어필할 수 있다
면 세일즈는 성공하는 것이다.

2 3C분석-3종류의 파워 집단

"정보는 우리 시대의 가장 큰 자산이다!"

그렇다. "정보를 지배하는 자가 미래를 지배한다."고 했다. 정보의 중요성에 대한 하나의 사례가 있다.

산 너머에 진을 치고 있던 적이 날이 밝으면 아군을 향해 진격해 온다고 한다. 이때 아군은 적을 이기는 것이 '대전제'가 된다. 그런데 아군의 지상병력은 강하지 못하고 1 대 1로 싸운다면 승산이 희박하다. 그러나 다행히도 아군은 성능 좋은 대포와 곡사포를 다량 확보하고 있다. 이 경우 아군은 적의 침투에 대한 몇 가지 대안을 세울 수 있을 것이다.

첫째, 일단 후퇴하여 전열을 정비한 뒤에 싸울 것인가?

둘째, 접전을 피하고 게릴라전으로 대항할 것인가?

셋째, 적이 쳐들어오기 전에 먼저 대포로 적을 공격할 것인가?

만일 셋째 방법으로 적을 공격한다면 그래서 승산이 있다면, 이때 가장 중요한 정보는 '적의 정확한 위치'가 될 것이다.

영업이나 판매에서 정보를 중요시하는 이유는 그것이 판매전쟁에서 승리하느냐, 실패하느냐를 결정짓는 요인의 하나이기 때문이다. 우리가 흔히 판매를 한다는 것은 영업과 관련된 3종류의 파워 집단과 격돌하는 가운데 거래나 계약이 이루어진다. 3종류의 파워 집단이란 구매자(고객), 경쟁자, 공급자(판매자)를 말한다. 이들 3종류의 파워 집단에 대한 정보가 정확해야 '반드시 판매에 성공할 수 있는 전략'을 만들 수 있는 것이다. 다음 그림은 3종류의 파워 집단을 그려 본 것이다.

▶ 3종류의 파워 집단

이를 좀더 상세하게 접근해 '무엇을 알아야 하는지'를 논의해 보기로 하자.

구매자에 대해 알아야 할 정보

① 회사규모에 대한 정보
- 연간 매출액
- 경로별 매출구성비
- 제품별 매출구성비
- 당기 순이익

② 구매자(바이어)에 대한 정보
- 성과 이름
- 가족사항
- 흡연과 비흡연
- 습관과 싫어하는 것
- 생일과 나이
- 회사에서의 파워
- 회사 근무연수
- 정치적인 견해

③ 제품과 소비자에 대한 정보
- 판매방식은 무엇인가?
- 특별히 주력하는 상품은 무엇인가?
- 경쟁사의 어떤 제품을 구매하는가?
- 경쟁사의 거래 점유율은 얼마나 되는가?
- 창고나 저장시설은 얼마나 되는가?
- 고객들에 대한 서비스는 어떻게 하고 있는가?

④ 기타 정보
- 시장에서의 가격
- 판매촉진이나 광고
- 유통체계
- 제품전략

경쟁자에 대한 정보

① 제품판매에 대한 정보
- 경쟁자의 제품(서비스)과 주거래처는?
- 경쟁자의 제품별 시장점유율은?
- 경쟁자의 제품에 대한 고객신뢰도는?
- 경쟁자 제품의 품질은?

② 경쟁자의 영업전략 정보
- 영업전략상의 강점과 약점은?
  - 인원, 재무, 제품, 고객신뢰도, 영업력, 브랜드인지도 등
- 경쟁자의 영업상 유리한 점은?
- 경쟁자의 경영시스템은?
- 경쟁사의 재고정책은?
- 경쟁자의 장점과 단점은?
- 영업조직은?

③ 경쟁자의 영업실적 정보
- 연간매출액
- 수출실적
- 당기순이익
- 세일즈맨 1인당 연간 매출액

④ 기타 정보
- 대리점이 있다면 대리점 정책은?
- 경쟁자의 판매촉진전략은?
- 경쟁자의 가격전략은?

공급자에 대한 정보

① 제품에 대한 정보
- 제품지식
- 월별 제품별 매출목표
- 영업목표
- 이익목표

② 영업전략에 대한 정보
- 자사의 강점과 약점은?
- 자사의 여신규정(수금)은?
- 주문과 반품 처리 규정은?
- 가격전략은?
- 물류의 기본 지침은?
- 자사의 기회와 위협은?
- 거래처(구매자) 관리 지침은?
- 클레임 처리 규정은?
- 영업관리 업무의 흐름도는?

③ 영업계획 수립에 대한 정보
- 구매자의 문제나 과제에 대한 분석은?
- 구매자와의 면담약속 방법은?
- 구매자를 방문하는 방법은?
- 구매자를 방문하기 위한 제반 준비는?

④ 기타 정보
- 자사의 금년도 마케팅전략은?
- 자사의 다른 부서와 협조해야 할 사항은?
- 판매도구를 활용하는 방법은?
- 상담기법이나 전략은?

"등잔 밑이 어둡다."는 말이 있다. 구매자와 경쟁자에 대한 정보는 많이 갖고 있으면서 오히려 공급자 자신인 자사에 대한 정보가 부족한 경우가 있다.

지금까지 구매자, 경쟁자, 공급자(자사)에 대해서 컨설팅 세일즈맨이 알아야 할 정보들을 기술해 보았다. 이들 3종류의 파워 집단의 영문이 'C'로 시작된다 하여 3C분석이라고 했다.

3 세일즈 포인트와 FABE

"아는 것이 도리어 근심이 된다(識者憂患)."

상품에 대한 지식 또한 너무 많아도 좋을 것이 없다. 꼭 필요한 것은 반드시 숙지해야 되지만 생산부나 제품개발부에 있는 사람들처럼 전문적이지 않아도 된다. 판매에서 상품지식이 모든 것을 좌우한다면 기술자가 가장 훌륭한 세일즈맨이 될 것이다. 그러나 현실적으로 이들이 가장 훌륭한 세일즈맨이 될 확률은 낙타가 바늘구멍을 빠져나가는 것만큼이나 어려운 일이라고 믿는다. 왜냐하면 세일즈는 지식과 스킬, 태도가 중요하기 때문이다.

세일즈 포인트의 5단계

컨설팅 세일즈맨에게 꼭 필요한 상품지식 중에서 세일즈 포인트(Sales Point = Selling Point)가 있다. 세일즈 포인트는 판매에 있어서 구매자의 욕망에 가장 어필하는 요점을 말하며, 판매 급소(Hot Button)라고도 한다. 예를 들면, 치과 재료를 생산·판매하는 D사의 세일즈 포인트는 다음과 같다.

– D사의 치과 재료는 완벽한 품질을 사랑합니다(Quality).

– D사의 치과 재료는 연구개발능력이 뛰어납니다(R&D).

– D사의 치과 재료는 신속한 공급체계를 갖고 있습니다(Speed).

그런가 하면 컴퓨터 회사인 S사의 세일즈 포인트는 다음과 같다.

– S사의 컴퓨터는 그린(Green)기능을 강화시켰습니다.

– S사의 컴퓨터는 초고속 고해상도를 자랑합니다.

– S사의 컴퓨터는 풍부한 확장성과 호환성을 자랑합니다.

세일즈 포인트를 구성하는 5단계로 자사의 세일즈 포인트를 만들어 보자.

---

1. Choice : 셀링 포인트를 선택한다.
   - 셀링 포인트를 3항목 이내로 요약한다.
   - 매력적이고 설명하기 쉬운 포인트를 선택한다.
   - 납득하기 쉬운 포인트를 선택한다.

2. Detail : 설명하는 방법을 구체적으로 생각한다.
   예) "가볍다" 것을 설명할 때 "몇 킬로그램 가볍습니다."라고 숫자화한다. "○○의 재료를 사용했습니다."라고 이유를 설명한다. "가벼워서 사용하는데 힘들지 않습니다."라고 장점을 강조한다.

3. Trust : 판매도구로 입증하는 방법을 연구한다.
   예) "가볍다"는 것을 계속 설명할 때 팜플렛이나 신문기사를 보여주는가? 상품의 단품을 보이면서 재료를 확인시켜 줄 것인가?

---

4. Doing : 실연(Demonstration)방법을 연구한다.
- 판매자가 양손에 들고 비교한다.
- 구매자가 직접 비교할 수 있도록 해준다.
- 구매자에게 비교한 느낌을 물어 본다.

5. Close : 화법, 판매도구, 동작을 조화롭게 반복하여 완성한다.
- 제1단계에서 제4단계의 연구를 결집한다.
- 실제로 말해보면서 어색한 부분을 고쳐 나간다.
- 세일즈 포인트를 완성한다.

FABE의 원리

상품 설명의 지식으로 FABE의 기법이 있다. 이 기법은 상품을 설명할 때 Feature(특징), Advantage(장점), Benefit(이점), Evidence(증거)라는 순서로 상품을 설명하는 방법이다. 예를 들면, '살빼21' 이란 신약의 소비자에 대한 FABE 기법 설명은 다음과 같다.

▶ FABE의 원리

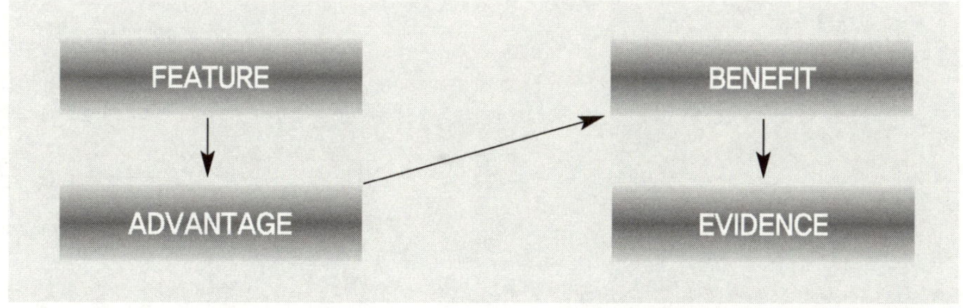

특 징 : 하루 한 알로 100g이 빠집니다.

장 점 : 평소와 같이 식사를 해도 됩니다.

이 점 : 부작용이 전혀 없고 가격이 저렴합니다.

증 거 : 김○○, 채○○ 씨가 이 약을 먹고 날씬해졌습니다.

그러나 같은 '살빼21'이라 하더라도 병원에 대한 FABE 기법 설명은 달라야 할 것이다.

특 징 : 하루 한 알로 100g이 빠집니다.

장 점 : 부작용이 전혀 없습니다.

이 점 : 값이 싸고 이익이 많습니다.

증 거 : 여기 신약에 대한 특허권을 보아주시겠습니까?

위의 2가지 사례는 똑같은 약이지만 소비자와 병원에 따라 설명기법이 달라져야 됨을 보여주고 있다. 컨설팅 세일즈맨은 구매대상에 따라 변화 있는 설명기법을 터득해야 될 것이다.

이제 FABE 기법을 좀더 확실히 숙지하기 위하여 다음 표를 읽고 해당되는 곳에 ○표를 해보기 바란다.

▶ FABE 기법 연습

구분	내　　용	특징	장점	이점	증거
1	구형 컴퓨터는 충분한 가격으로 보상 판매합니다.				
2	5년 후에 최신 기종으로 무료로 업그레이드 해드립니다.				
3	용산 전자상가에서 구입하는 것보다는 약간 비싸죠.				
4	용산의 조립품은 A/S가 힘들지만 저희는 아주 철저하게 A/S합니다.				
5	회사의 임직원 자녀들을 위한 컴퓨터 DIY 행사를 통해 저렴한 가격으로 자기가 원하는 컴퓨터를 조립할 수도 있습니다.				
6	인텔사에서 품질을 보증하는 최신형 CPU를 사용하고 있습니다.				
7	최신형 컴퓨터 프로그램 윈도98을 무료로 드립니다.				
8	색상은 검정과 회색, 파란색 3가지가 있습니다.				
9	여기 보세요. 잡지에 저희 컴퓨터의 좋은 점이 나와 있지 않습니까?				
10	이 컴퓨터는 초보자도 쉽게 프로그램을 짤 수 있는 간단한 언어로 되어 있습니다.				
11	컴퓨터의 본체도 심플한 디자인으로 되어 있습니다.				
12	이 CD-Rom은 신형으로 CD를 이곳에 넣고 스위치를 누르면 저절로 들어갑니다.				
13	전문 프로그래머를 양성할 필요가 없습니다.				
14	교육비는 전혀 들어가지 않습니다.				
15	사전에 교육 날짜를 말씀해 주시면 저희 강사가 와서 경리부 직원들을 무료로 교육해 드립니다.				
16	컴퓨터에 먼지가 들어가지 않게끔 조임 부분을 다시 한 번 처리했습니다.				
17	5대 이상 구입하시면 10%를 디스카운트 해드립니다.				
18	A/S는 보증기간 1년 동안 매월 1회씩 해드립니다.				
19	세일기간 동안 컴퓨터 소모품인 3M CD 10박스를 증정하고 있습니다.				
20	경쟁사에서 제시한 가격보다 5% 싸게 드릴 수 있습니다.				
21	초절전 기자재를 사용하여 구형 컴퓨터보다 전기료를 15% 절감할 수 있습니다.				
22	그러니까 기존 컴퓨터보다 한 달에 8만 원씩 이익입니다.				

※ 정답은 이 책 끝부분에 수록되어 있습니다.

4 구매자의 9가지 예상질문

"예상문제를 열심히 공부한 덕택입니다."

이번에 경영지도사 시험에 합격한 후배를 만나 "합격을 축하한다."고 하면서 어떻게 공부했길래 첫 번째 도전에서 합격할 수 있었느냐고 묻자 그가 말한 합격의 비결이었다. 우리는 숱한 시험을 보고 자라왔다. 그런데 각종 시험에서 좋은 성적을 거두는 사람들을 보면 평소에 예상문제를 많이 풀어 본 사람들이라는 것이다.

구매자의 9가지 예상질문

① 접근단계
- "왜 내가 당신을 만나야 하는가?"
  → 회사명·성명 소개, 영업목적 설명
- "왜 당신의 말에 귀를 기울여야 하는가?"
  → 최초의 이점(보편적 이점으로 어떻게 이것을 제공하는가?) 및 방문목적 설명(무엇을 어떻게 동의를 구할 것인가?)

② 문제(과제)해결
- "나의 문제는 무엇인가?"
  → 문제 제시(일반적 문제, 특별한 문제, 문제범위에 대한 동의), 이점 설명(문제를 기회로 전환, 가치를 기회로 배치, 특성을 요약)
- "당신이 어떻게 해결해 줄 수 있는가?"
  → 특성(제품의 특별한 이점을 제공하는 특성을 관련시켜라)
- "왜 당신을 믿어야 하는가?"
  → 개인적인 신뢰도를 높임(지식, 경험, 준비, 이미지, 문제해결 능력 등)
- "왜 당신의 회사를 믿어야 하는가?"
  → 회사의 신뢰도 증명(판매실적, 연구결과, 사용업체 명단, 기업이미지 등)
- "왜 당신의 해결책이 최고인가?"
  → 독특성 설명(독특한 이점, 독특한 특성, 독특한 조건)

③ 마무리
- "왜 이것을 실천해야 되는가?"
  → 요약(이점 요약, 특성 요약, 비용 대 투자효과)
- "왜 지금 구매해야 하는가?"
  → 실천유도(지금 실천에 옮겨야 할 특별한 이유를 설명)

필자도 며칠 전 W사의 마케팅 컨설팅 제안을 프레젠테이션 하기 전에 예상 질문 목록을 만들어 충분히 준비한 것이 계약에 이르는 동기가 되었다. 결국 우리 컨설팅 세일즈맨들은 구매자를 만나기 전에 그들의 예상질문을 생각하고 충분히 리허설 해 간다면 천군만마를 거느리고 가는 것보다 훨씬 큰 도움이 될 것이다.

구매자에 대한 예상질문 시트

앞에 설명한 것은 구매자들의 9가지 예상질문이다. 각 예상질문마다 충분히 준비해 본상담에서 불리한 상황이 발생되지 않도록 해야 한다. 물론 이 같은 예상질문이 모두 한꺼번에 나오든가, 반드시 순서에 따라 나오는 것은 아니다. 때로는 생략되기도 하고 때로는 순서를 건너뛸 때도 있다. 어쨌든, 이러한 상황을 감안한다 해도 예상질문은 충분히 검토하고 사내에서 롤플레잉(Role-playing)을 해보는 것이 좋다.

테크닉 세일즈와 같이 임기응변에 컨설팅 세일즈를 맡길 수 없다. 컨설팅 세일즈맨들은 바로 이 같은 준비를 철저히 해서 영업현장에서 괄목할 만한 실적을 올리고 있는 것이다.

이제 자사의 제품을 대상으로 다음 표와 같이 구매자의 9가지 예상질문 시트(Sheet)에 시나리오를 만들어 보기 바란다.

▶ 구매자의 9가지 예상질문 시트

단 계	예상질문	예상질문에 대한 설득 시나리오
접근단계	왜 내가 당신을 만나야 하는가?	
	왜 당신의 말에 귀를 기울여야 하는가?	
문제해결 (과제해결)	나의 문제는 무엇인가?	
	당신이 어떻게 해결해 줄 수 있는가?	
	왜 당신을 믿어야 하는가?	
	왜 당신의 회사를 믿어야 하는가?	
	왜 당신의 해결책이 최고인가?	
마무리	왜 이것을 실천해야 되는가?	
	왜 지금 구매해야 하는가?	

5 질문과 경청

"교육의 목적이 무엇입니까?", "교육장소는 어디입니까?", "교육인원은 몇 명입니까?", "교육장비는 무엇이 준비되어 있습니까?", "교육의 기대효과는 무엇입니까?"

이상은 교육을 의뢰한 기업의 임원이나 담당자에게 교육계약을 하기 전에 필자가 묻는 질문이다. 이 같은 질문을 통하여 상대의 의중을 파악하고 생산적인 교육이 이루어질 수 있는 것이다.

 질문기법

영업은 근본적으로 효과적인 질문기법을 익힐 필요가 있는 것이다. 왜냐하면 구매자에게 현재의 상태를 질문하여 문제점이 어디에 있는지 찾을 수 있기 때문이다. 「한정·개방 및 확인 질문」 단락에서 한정·개방 및 확인 질문에 대하

여 논의하겠지만, 여기서는 질문의 형식과 효용에 대해 설명하고자 한다.

먼저 **질문의 형식**을 살펴보면 다음과 같다.

① 허락을 얻는다. 상황에 따라서는 판매자가 정보를 얻으려 한다는 것이 자연스럽게 전달될 수도 있지만 상황에 따라서는 "하시는 일에 대해서 몇 가지 여쭈어 보아도 되겠습니까?"라고 허락을 얻는 것이 좋다

② 광범위한 질문에서 구체적인 질문으로 좁혀가도록 한다.

③ 앞의 대답을 기초로 정보를 쌓아간다.

④ 구매자 시장에서 사용하는 전문용어는 필요할 때에만 사용한다.

⑤ 질문은 간단하게 한다.

⑥ 질문에 논리적 귀결성이 있어야 한다.

⑦ 질문은 비위협적이어야 한다. 정치, 종교, 신용도, 안정성, 재무성과 등은 신뢰가 생긴 후 질문해야 한다.

⑧ 만일 민감한 질문이라면 그 타당성을 설명하도록 한다.

⑨ 구매자가 원하는 니즈에 집중하도록 한다.

⑩ 편안한 마음으로 묻고 인내심을 갖고 대답을 기다린다.

다음으로 **질문의 효용**에 대하여 살펴보자.

① 구매자의 관심을 탐색한다.

② 구매자의 현재의 상태를 인식할 수 있다.

③ 구매자의 정보를 수집할 수 있다.

④ 구매자와 인간관계를 형성할 수 있다.

⑤ 판매자의 생각이나 의견을 전달할 수 있다.

⑥ 상호간의 흥미나 친근함을 표시할 수 있다.

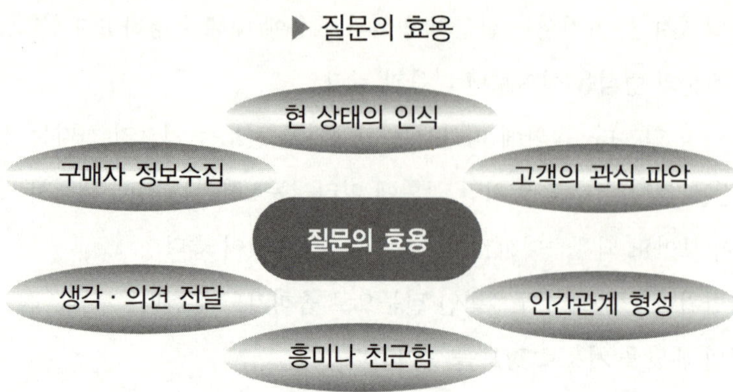

위 그림은 질문의 효용을 보여주고 있다.

구매자에 대한 질문의 툴로 6W 2H기법이 있다. 이것은 질문의 효용을 높이는 매우 합리적인 질문법이다. 이 질문법은 간단하다. 6W 2H의 순서대로 구매자에게 질문하면 되는 것이다.

What : 무엇을 하고자 하는 것입니까?

Why : 그것을 하는 목적(이유)은 무엇입니까?

When : 언제까지 그것을 하려고 계획하고 있습니까?

Where : 그 일은 어디에서 할 것입니까?

Who : 그 일은 누가 주도하고 있습니까? 누가 책임자입니까?

Whom : 그 일은 누구와 함께 진행하고 있습니까?

How : 그 일을 어떤 방법으로 했으면 합니까?

How-much : 그 일에 대하여 기대하는 수준은 어느 정도입니까?

구매자의 말을 잘 들어주는 것, 공감하면서 경청하는 것이야말로 세일즈의 달인으로 가는 지름길인 것이다. 여기서 공감이란 말을 좀더 구체적으로 이야기해 보자.

아들러는 "공감이란 이야기를 나누는 순간에 발생한다."고 했으며, 메이는 "공감이 생기는 데는 어떤 감화가 있어 정신상태의 동일화가 일어나는 것"이라고 했다. 일반적으로 판매자가 공감적 이해능력을 향상시키려면 다음과 같이 해야 한다.

① 판매자는 구매자의 말 속에 담겨 있는 중요한 감정, 태도, 신념, 가치기준을 포착하는 것이다.

② 판매자는 구매자의 외적인 측면뿐만 아니라 내적인 측면까지 이해하고 알게 되었다는 것을 구매자에게 알려주는 것이다. 이것은 전달과 소통, 즉 커뮤니케이션이 제대로 이루어졌다는 의미이기도 하다.

③ 판매자는 구매자에 대한 이해뿐만 아니라 판매자 자신의 정보도 구매자와 공감을 하는 것이 중요하다. 그러기 위해서는 판매자 자신의 여러 정보를 구매자에게 숙지시켜야 한다.

흔히 경청능력과 정보수집능력은 정비례한다고 한다. 다음 그림은 경청능력과 정보수집량의 차이를 나타내고 있다.

▶ 경청능력과 정보수집량의 차이

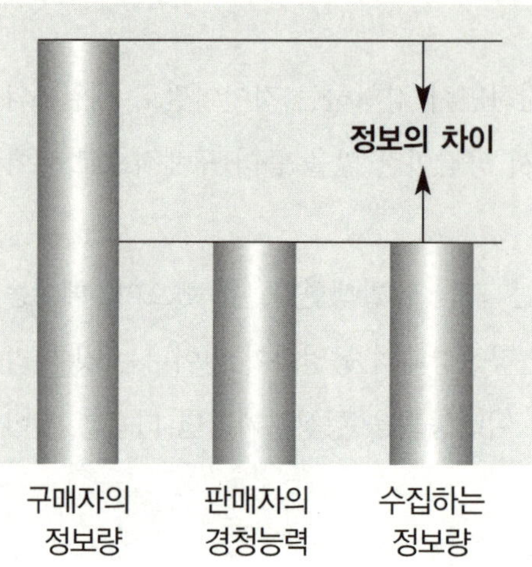

옆의 그림에서 보듯이 구매자의 정보량이 많아도 판매자의 경청능력이 부족하면 부족한 만큼 정보수집량의 차이(Gap)가 발생하는 것이다. 따라서 정보의 차이만큼 효과적인 세일즈를 진행할 수 없는 것이다. 결국 더 많은 정보를 갖고 있는 경쟁사에 수주를 빼앗기는 불행한 일도 발생되는 것이다. 그래서 경청은 단순히 듣는 행위와는 다른 것이다.

많은 판매자가 듣기는 하되 경청하지 않는다. 어떤 사람은 경청의 중요성을 설명하기 위하여 청(聽)자를 사례로 들기도 한다. 청자는 귀는 왕같이 크게 하고 10개의 눈을 갖고 한마음으로 향하는 것이라고 말했다. 흔히 영어의 Hearing은 그냥 듣는 것이고, Listening은 경청으로 구분하기도 한다. 그러니까 Listening은 앞의 聽자를 의미하는 경청인 것이다.

따라서 보통의 사람들이 경청을 실천하기는 힘들다. 왜냐하면 경청은 언어적·비언어적으로 듣고, 총체적인 메시지에 응답하는 아주 능동적인 과정을 포함하기 때문이다. 이것은 신체적인 언어로 듣는 것뿐만 아니라, '세 번째 귀로 듣는다'는 레이크의 표현 그대로인 것이다.

브래머는 '경청'을 연구하면서 몇 가지 부차적인 구성요소들이 있다는 것을 알아냈다.

① 눈을 통한 접촉(Eye Contact)으로, 판매자는 보통 구매자의 눈을 응시하는 것으로 경청한다. 눈이란 커뮤니케이션 과정에서 대단히 중요한 역할을 하기 때문이다. 그래서 판매자는 구매자와의 적절한 시선의 거리를 알아내어 최적 거리를 유지하는 것이 좋다.

② 자세로(Posture)로, 구매자에 대한 판매자의 관심과 반응을 의미하는데 무엇보다도 긴장을 풀어주면서 자연스러운 상담이 되어야 하는 것이다.

③ 몸짓으로(Gesture), 판매자의 여러 가지 몸의 움직임이 구매자의 의사결정에 도움이 되기 때문이다. 고개를 끄덕이거나 손짓, 표정 등이 여기에 속한다.

④ 언어적 행동(Verbal Behavior)으로, 통상의 언어 외에 칭찬화법·맞장구화법도 포함된다.

듣기의 3가지 종류

흔히 사람들이 서로의 대화를 통하여 모두가 제대로 귀를 기울이는 것이 아니다. 이때 보이는 듣기 유형에는 3가지가 있다. 5점 척도로 보았을 때 1점은 건성으로 듣기이고, 3점은 빼먹고 듣기이다. 그리고 마지막으로 5점은 적극적으로 듣기이다. 1점은 가장 나쁜 태도이고, 5점은 가장 좋은 태도이다.

① 건성으로 듣기 : 곧바로 많은 문제를 야기시킨다.

- 자기 멋대로 생각하거나 느낀다.

- 구매자에게 시선을 주지 않고 허공을 본다.

- 신경질적인 태도로 인해 구매자를 불안하게 한다.

- 자기중심적인 인상을 심어 준다.

- 무관심을 드러내며 말하고 구매자를 모욕 준다.

- 들은 내용을 대부분 이해하지 못한다.

② 빼먹고 듣기 : 건성으로 듣는 것보다 낫겠지만 이것도 올바른 듣기 태도가

아니다.

- 구매자의 말을 듣고 이해하기보다는 마음대로 분류하고 해석한다.

- 대답할 수 있는 부분에만 집중한다.

- 구매자의 말에 너무 빠른 반응을 한다.

- 구매자 대신에 이야기를 마무리해 준다.

- 감정적인 말에 너무 쉽게 흥분한다.

- 대화를 빨리 끝내려 한다.

③ 적극적으로 듣기 : 구매자와 감정 일치를 위해 공감하면서 듣는다.

- 구매자가 말하는 내용에 집중한다.

- 구매자가 하는 말을 끝내고 싶은 충동을 참는다.

- 역지사지하면서 듣는다.

- 이심전심으로 듣는다.

- 구매자의 말에서 요점을 파악하려 한다.

- 구매자의 말을 제대로 들었음을 피드백 해준다.

적극적인 경청

3가지 듣기에서 당연히 판매자가 취해야 할 듣기는 적극적으로 듣기이다. 이 것을 우리는 흔히 경청이라고 한다. 다음은 적극적인 경청의 10가지 방법이다.

* 잡념을 없앤다.
* 메모한다.
* 구매자의 말을 끝까지 듣는다.
* 언어적 피드백을 구사한다(칭찬, 맞장구 등).
* 분별력을 갖고 경청한다.
* 편안하게 듣는다.
* 집중해서 듣고 있음을 온몸으로 보여준다.
* 개인적인 공간에 주의한다(구매자의 사무실에서 서류나 기념품에 장난 금지).
* 질문한다.
* 구매자를 보살피는 태도를 갖는다.

6 한정·개방 및 확인 질문

산업재 세일즈, 특히 빅 세일즈(대형 세일즈)에서는 탐색단계를 거치게 된다. 이때 그것을 어떻게 처리하는가에 따라 세일즈의 성공 여부가 달라진다. 상담을 보다 효과적으로 하려면 고객으로부터 정보를 파악하는 탐색단계가 필요한데, 탐색을 하기 위해서는 질문을 해야 한다. 실패한 상담보다는 성공적인 상담에서 효과적으로 질문이 활용된다는 것을 잊어서는 안 될 것이다.

질문은 어떤 종류의 언어적인 행동보다도 사람을 설득하는데 강력한 무기가 될 수 있다. 세일즈에 있어서만 그런 것이 아니라 협상, 경영활동, 그룹 토의, 카운슬링, 교육 등에서도 마찬가지다. 대형 세일즈에서 질문의 양과 계약 사이에 어떤 상관관계가 있는지를 보면 질문이 많은 상담일수록 상호작용이 커지고 성공 가능성이 높아진다는 것이다. 질문에는 보통 한정질문(Closed Question)과 개방질문(Open Question) 그리고 확인질문(Confirm Question)이 있다. 이 3가지 질문의 차이는 다음과 같다.

〔한정질문〕

- '예, 아니오'와 같이 한 단어로 한정해 대답할 수 있는 질문이다.

- 판매자가 상담의 흐름을 통제할 수 있기 때문에 때로는 효과적이다.

- 우호적인 분위기를 조성하기 위해서는 개방질문이 선행되어야 한다.

- 한정(제한 또는 직접)질문의 전형적인 예는 "부장님께서 구매결정을 하십니까?", "이 기계는 10년이 되었습니까?", "시스템 라인이 3년 되었습니까?", "이 문제 때문에 매출목표가 달성되지 못했습니까?", "그로 인해 CEO가 영향을 받지 않습니까?"

- 이처럼 한정질문은 판매자가 구매자의 답변을 유도할 수 있다.

- 한정형의 단점은 판매자가 구매자를 통제한다는 느낌을 줄 수 있다.

〔개방질문〕

- 좀더 긴 대답을 요구하는 질문이다.

- 누가, 언제, 무엇을, 어떻게, 왜 등으로 시작된다.

- 질문은 구매자가 자유롭게 자신의 상황을 설명하도록 한다.

- 개방(확대 또는 간접)질문의 전형적인 예는 "구매계획을 좀더 상세히 설명해 주시겠습니까?", "잘 이해가 되지 않는군요. 어째서 이 서비스가 중요하죠?", "이 문제를 해결하기 위하여 어떠한 조치를 취할 계획입니까?", "이 문제가 무엇 때문에 일어났다고 생각하십니까?"

- 판매의 시작은 개방형으로 한다. 이는 구매자가 통제를 받는다는 느낌을 받지 않고 자유롭게 말하게 할 수 있기 때문이다.

- 개방형의 단점은 판매와 상관없는 이야기로 시간을 낭비할 수 있다.

〔확인질문〕

- 판매자가 이해하고 있는 구매자의 상황을 확인할 때 사용한다.

- 판매자 자신이 이해하고 있는 내용을 확인하는데 사용한다.

- 확인질문의 예로, "그러니까 매출목표 미달성의 문제가 제품이나 가격변동 사항이 영업사원에게 신속히 전달되지 못하고, 기술지원 역시 제때에 이루어지지 못하는 데서 오는 것이군요? 제가 알고 있는 게 맞습니까?", "그러면 이 문제는 귀하만의 문제가 아니라 회사 전체의 문제가 되겠군요?"

- 확인질문을 통해 판매자는 구매자와 공감대 형성을 확인한다.

- 궁극적으로 구매자가 문제해결의 주체라는 것을 은연중 이해하게 만든다.

이상의 3가지 질문기법을 통해 판매자는 편안하고 논리적으로 구매자의 문제의 원인을 진단하고 그 문제의 영향을 탐색하며, 자신의 제품이나 서비스를 제시하면서 문제해결에 대한 비전을 창출해 가는 것이다.

다음의 질문을 보고 3가지 질문의 형태 중 어느 것인지 구분해 보기 바란다.

① 매출목표를 달성하는데 어려운 점을 말씀해 주시겠습니까? (   )

② 지금 이 문제가 제품이나 가격의 변동사항을 신속히 전달할 수 없기 때문에 발생합니까? (   )

③ 그러니까, 매출목표를 달성하지 못하는 가장 큰 이유는 제품에 하자가 있기 때문이군요. (   )

④ 귀하 이외에 조직 내에서 누가 영업목표 때문에 영향을 받습니까? (   )

⑤ 영업목표의 미달성이 인센티브에 영향을 주고 있습니까? (   )

⑥ 제가 방금 들은 대로라면 매출이 떨어지면 인센티브에 영향이 있다고 말씀하셨지요? 그렇습니까? (   )

⑦ 판매목표를 달성하기 위하여 귀하는 어떤 조치를 취할 생각입니까? (   )

⑧ 만일 5분 안에 500명의 영업사원이 동시에 변동된 가격을 알 수 있다면 도움이 되겠습니까? (   )

⑨ 500명의 영업사원이 5분 안에 변동된 가격을 알 수 있게만 한다면 영업목표를 달성할 수 있겠군요? 그렇죠? (   )

※ 정답은 이 책 끝부분에 수록되어 있습니다.

7 PAPIS 질문

우리는 앞서 질문과 경청 그리고 한정·개방 및 확인 질문에 대하여 논의해 보았다. 사실 이런 것들은 이제부터 말하고자 하는 PAPIS 질문법을 효과적으로 진행하기 위한 준비작업에 불과하다. 유능한 세일즈맨들은 어떤 질문도 무작정 던지지 않는다. 그러니까 정확히 계산된 전략 속에서 질문을 던진다는 말이다. 유용한 세일즈 질문법을 위하여 일반적인 질문이나 경청 그리고 한정·개방 및 확인 질문보다도 더욱 효과적인 툴(Tool)이 있어야 된다고 믿었다. 그것이 PAPIS 질문법이다.

PAPIS 질문법은 스몰 세일즈(소형 세일즈)와 빅 세일즈(대형 세일즈)에서 똑같이 중요하다. 흔히 사막의 오아시스라고 하는데, PAPIS 질문법이야말로 세일즈의 사막에서 오아시스와 같다. 만일 당신이 판매왕이 되고 사내에서 인정을 받고 싶다면 PAPIS 질문법의 가치를 이해하고 적극 활용하는 것이다. 이제 닐 라컴의 'SPIN Selling'을 발전시킨 PAPIS 질문법을 좀더 부연해 설명해 보자.

▶ PAPIS 질문법

구 분	설 명
준비질문 (Preparatory Question)	– 준비질문은 글자 그대로 준비질문이다. – 사전에 질문의 목록을 만들어 보는 것이다. – 그리고 실무에 적용하면서 업그레이드한다.
접근질문 (Approach Question)	– 접근질문은 중요한 정보, 배경을 수집한다. – 너무 잦은 질문은 구매자를 지루하게 만든다. – 따라서 지나치게 사용해서는 안 된다.
문제질문 (Problem Question)	– 자사제품으로 해결 가능한 영역에 문제, 어려움 및 불만을 탐색한다. – 문제질문이 충분해야 좋은 세일즈가 된다.
시사질문 (Implication Question)	– 복잡하고 정교하게 진행된다. – 구매자의 문제의 결과나 영향, 파급요소를 탐색한다. – 구매자가 문제의 심각성을 깨닫게 한다.
해결질문 (Solution Question)	– 판매자의 해결책이 어떻게 도움이 되는지 여러 가지 효용가치를 느끼게 해준다 – 해결책 = 이점을 구매자가 말하도록 한다.

준비질문

준비질문은 실제 세일즈에 임하기 전에 세일즈의 현장과 구매자를 생각하면서 시나리오 차원에서 만들어 보는 질문이다. 현장 세일즈에서 구매자에게 무엇을 질문할 것인지 준비질문을 만들어 보는 것이다. 이 같은 준비질문은 현장 적용을 통해서 지속적으로 업그레이드해 가야 한다.

예를 들면,

"라인은 몇 라인입니까?"　　　　"기계는 몇 대입니까?"

"○○원료는 연간 얼마나 소비합니까?"

"공정은 어떻게 이루어져 있습니까?"　　"이 설비는 몇 년 되었습니까?"

"이 기계는 몇 년 되었습니까?"

이상의 준비질문은 구매자를 방문하기 전에 만들어 보는 것이기 때문에 세일즈 현장에서 똑같이 적용될 수는 없을 것이다. 현장에서는 유연하게 대처하는 것이 좋다. 그러나 시험에 임하여 예상문제를 풀어보는 것과 그렇지 않은 것은 차이가 있듯이 준비질문 또한 마치 예상문제를 풀어보는 마음으로 편안하게 작성해 보는 것이다.

〔준비질문의 사례〕

다음은 미리 준비된 질문의 사례이다. 오○○ 씨는 생방송 녹음사업분야에 근무하는 한 고객을 방문했다. 그 고객은 오○○ 씨와 경쟁관계에 있는 은행으로부터 자금을 지원 받아 1200평의 땅을 구입하고 10층짜리 빌딩을 지었다. 우선 오○○씨가 고객을 방문하는 목적은 현재 이용하고 있는 은행에서 만족시키지 못하는 고객의 욕구나 기대는 없는지 알기 위해서이다. 오○○ 씨는 1시간 30분간 이루어질 컨설팅 세일즈에 대해 고객의 문제와 우려, 필요성을 물어볼 수 있는 다음과 같은 준비질문을 만들었다.

● 현재의 시스템을 이용하면서 생긴 문제에 대해 말씀해 주시겠습니까?

● 담보물건과 관련된 문제가 결국에는 회사의 현금유동성에 영향을 미칠 것이라고 생각하십니까?

● 주주가 개인적으로 보증을 서는 것이 성가신 문제였습니까?

● 주주가 개인적으로 보증을 서는 것이 회사의 재정상태에 영향을 미쳤습

니까?

- 현재 다른 문제는 없습니까?

- 현재 가지고 있는 장비는 마음에 드십니까?

- 장비 임대에 대해 얼마나 만족하십니까?

- 회계나 데이터 기재사항이 문제가 될 수 있습니까?

- 앞으로 1~3년 사이에 추가적으로 자금이 필요할 것으로 보십니까?

- 거래에 문제가 있다는 것은 무슨 뜻입니까?

- 우리가 그 문제를 고려해 보아도 되겠습니까?

- 우리가 현금관리를 전문으로 하고 있다는 사실이 고객님께 도움이 되겠습니까?

- 그 밖에 무엇을 도와 드려야 되겠습니까?

접근질문

준비질문의 일부는 접근질문이 되기도 하고 문제질문이 될 수도 있을 것이다. 접근질문은 의미 그대로 구매자와 면대면(面對面) 상담을 시작하기 전에 구매자의 중요한 정보를 수집하기 위해서 실시한다.

- 귀사의 기업비전에 대하여 듣고 싶습니다.

- 회사의 연혁이 오래 되었지요?

- 장비를 구입하신 지 얼마나 되었습니까?

- 새로운 라인은 언제 설치할 계획이십니까?

- 제품의 품질에는 별다른 문제가 없습니까?

〔접근질문의 사례〕

박○○ 씨는 산업교육 컨설팅 세일즈를 하는 중견 세일즈맨이다. 그는 오늘 ABC사 본사 교육팀을 방문하여 교육팀장과 면담을 진행하는 중이다.

Q 귀사의 금년도 영업방침은 무엇입니까?

A 저희 회사의 금년도 영업방침은 고객만족 영업, 신규강화 영업, 적시물류 영업입니다.

Q 연혁이 32년이지요?

A 네, 그렇습니다.

Q 이번에 영업사원교육이 예정되어 있다고요?

A 네, 그렇습니다.

Q 요즈음 구매자(고객)들의 동향은 어떻습니까?

A 한마디로 고객의 충성도가 날이 갈수록 낮아지고, 경쟁이 치열해서 어려움을 겪고 있습니다.

Q 그러니까 팀장님의 말씀은 영업방침이 고객만족 영업·신규강화 영업·적시물류 영업이라고 하셨고, 연혁이 32년, 영업사원교육이 예정되어 있으며, 구매자들의 충성도가 낮아지는 추세일 뿐 아니라 경쟁이 치열하다고 말씀하셨습니다. 맞습니까?

A 네.

이상의 질문과 답변을 보면 한정·개방·확인 질문이 적절히 어우러져 있는 것을 보았을 것이다. 접근질문에서 가장 중요한 소득은 ABC사의 영업방침을 알았고, 영업사원교육이 예정되어 있으며, 영업현장에서 고객들의 충성도가 떨어지고 있으며 경쟁이 치열하다는 것도 확인하였다.

문제질문

접근화법에서 어느 정도 충분한 정보를 파악했다면 이제부터 자사의 제품으로 구매팀장의 문제를 해결 가능한 영역에 대한 문제나 어려움, 불만은 없는지를 탐색하는 것이다. 훌륭한 세일즈맨은 이 문제질문을 충분히 하여 효과적인 세일즈를 하고 있는 것이다.

- 기계를 작동하기가 어려운가요?
- 시스템이 오래되어 오류가 발생되고 있습니까?
- 불량률이 점차 높아지고 있습니까?
- 새로운 기계로 교체하는 것을 검토하고 있습니까?
- 라인이 오래 되었나요?
- 설비가 노후 되지는 않았나요?

이상에서 문제질문의 몇 가지를 예시해 보았지만 사실은 업종에 따라, 제품에 따라 질문의 내용은 크게 달라질 수 있다. 판매자는 구매자를 면밀히 분석하여 효과적인 질문을 해야 한다.

〔문제질문의 사례〕
박○○ 씨는 ABC사의 문제를 알아내기 위하여 문제질문을 실시하였다.

Q 신규개척이 부진한 것은 무엇 때문입니까?
A 저는 영업사원들이 열심히 하지 않고 상담기법에 문제가 많은 것으로 파악하고 있습니다.

Q 네, 그래요. 그렇다면 고객이 만족을 하지 못하는 경우도 많습니까?

A 그렇습니다.

Q 영업사원들에 대한 교육은 그 동안 제대로 실시하였습니까?

A 3년 전에 1회 실시하고 회사가 어려워지면서 최근에는 실시를 못 하고 있습니다.

Q 네, 그렇군요. 그런데 3년 동안 새로 채용한 신입영업사원은 몇 %가 됩니까?

A 50% 정도는 될 것입니다.

Q 3년 전에 실시한 교육내용이 무엇이었습니까?

A '방문판매실무'였습니다. 그때 20시간 패키지로 했지요.

Q 그래서 그것이 매출향상에 도움이 되었나요?

A 전혀….

Q 지금까지 팀장님의 말씀을 요약하면 신규개척이 부진한 것은 영업사원들이 열심히 하지 않고 상담에 문제가 있으며, 고객만족을 제대로 이행하지 못하고 있다는 문제도 지적하셨습니다. 교육은 실제 현업과 관련이 적은 '방문판매실무'를 실시했고 또한 50% 이상이 신입영업사원이라고 말씀하셨습니다. 맞습니까?

A 네. 그렇습니다.

시사질문

스몰 세일즈에서는 접근질문과 문제질문으로도 대부분 충분히 성공적일 수 있지만 빅 세일즈에서는 이것으로 충분하지 않다. 시사질문에서는 구매자가 갖고 있는 문제의 결과나 영향, 파급요소를 탐색하게 된다. 성공적인 판매자는 구매자가 문제의 심각성과 긴급성을 이해하도록 만드는 것이다. 구매자가 문제의 심각성과 긴급성을 크게 느끼면 느낄수록 판매의 성공은 그만큼 가까워지는 것이나 다름없다.

"이 문제가 귀사의 수익에 어떤 영향을 미칩니까?"

"클레임이 증가하면 기업이미지에 심각한 문제가 발생되고 이로 이해 매출에 영향이 미친다고 보십니까?"

"노후 기계로 인원절감에 한계가 생겨 원가에 영향을 준다고 보십니까?"

"납기지연으로 고객이 불만을 갖게 되면 고객 감소에 영향을 주지 않겠습니까?"

이상의 시사질문은 구매자가 긴급성과 심각성을 느껴야 되기 때문에 매우 중요하고 필수적이다. 대부분 시사질문을 성공적으로 이끌었다면 사실상 계약에 가까워졌다고 보아야 할 것이다. 유능한 세일즈맨은 이 시사질문을 능숙하게 다루는 경향이 있다.

〔시사질문의 사례〕

박○○ 씨는 ABC사가 긴급성과 심각성을 느끼게 하기 위하여 시사질문에 돌입하였다.

Q 그래서 매출이 계속 떨어지지는 않습니까?

A 최근 3년간 30%나 매출이 하락했습니다.

Q 그리고 시장점유율도 떨어졌겠군요?

A 아마도 5% 정도는 경쟁사에 내준 것으로 판단됩니다.

Q 그렇군요. 그리고 완제품 재고가 창고에 쌓여 변비증에 걸려 있겠군요?

A 그렇습니다. 완제품 재고금액이 80억 원 정도입니다.

Q 공장의 가동률도 많이 떨어졌겠군요?

A 요즘은 50%대입니다.

Q 지금까지 팀장님의 말씀을 요약하면 매출은 30%가 줄었고, 점유율은 5%가 줄었고, 완제품 재고가 80억 원이 쌓였으며, 가동률이 50%대에 머물고 있다고 말씀하셨지요? 맞습니까?

A 네. 그렇습니다.

해결질문

해결질문은 판매자의 해결책이 구매자에게 어떻게 도움이 되는지를 알게 해준다. 뿐만 아니라, 여러 가지 효용가치를 느끼게 해준다. 가장 중요한 것은 자사의 해결책이 구매자에게 이점이 된다는 것을 구매자의 입으로 말할 수 있게 하는 것이다. 이것은 세일즈를 성공시키는데 매우 강력한 작용을 하게 된다. 유능한 세일즈맨들은 해결질문을 가장 많이 사용하는 것으로 나타났다.

"신뢰도를 10% 높인다면 어떨까요?"

"원가절감을 5% 이상 할 수 있다면 어떻겠습니까?"

"납기지연율을 10% 줄일 수 있다면 어떨까요?"

"클레임을 현재보다 30% 줄일 수 있다면 어떨까요?"

이상의 해결질문을 가능한 한 많이 질문한다면 구매자는 이미 계약 이전에 구매하는 결과를 초래하게 될 것이다. 그러니까 계약이라는 것은 요식 행위에 불과한 것이 되는 것이다. 구매자가 충분히 니즈를 느끼게 되므로 구매에 대한 저항이 거의 있을 수 없는 것이다.

〔해결질문의 사례〕

박○○ 씨는 이제 마지막 코스인 해결질문에 돌입하고 있었다.

Q 팀장님, 매년 20% 이상 매출이 오르기를 원하십니까?

A 그러면 좋지요.

Q 매년 2% 이상의 시장점유율이 향상된다면 좋겠습니까?

A 그 정도라면 만족할 수 있지요.

Q 완제품 재고를 줄일 수 있다면 좋겠지요?

A 그럼요.

Q 공장가동률을 80%대로 유지하면 되겠습니까?

A 네.

Q 50%의 신입사원들이 중견사원들과 비슷한 세일즈 기량을 갖게 된다면 좋겠습니까?

A 그러면 더할 나위 없지요.

Q 새로운 교육 프로그램을 도입하는데 교육비가 많이 들지 않았으면 좋겠습니까?

A 그렇다면 바람직하죠.

Q 그렇다면 걱정하실 필요가 없습니다. (주)맨테크컨설팅의 〔컨설팅 세일즈 스킬 과정〕이 있습니다. 이 과정은 교육비도 적절하고 귀사의 영업사원들한테 꼭 맞는 맞춤교육이 될 것입니다. 여기 구체적인 내용을 보아주시겠습니까?

Ⓐ 내용이 매우 좋군요.

Ⓠ 교육비는 2박 3일로 연수원에서 합숙합니다. 강사료, 식대, 숙박비, 교재대 등을 포함하여 50명 기준 920만 원입니다. 여기 상세한 명세서를 보시지요?

Ⓐ 적절합니다. 생각보다 많지 않은 것 같군요. 그런데 고용보험 환급은 되나요?

Ⓠ 물론입니다. 여기 계약서가 있습니다.

시사질문과 해결질문의 차이

시사질문은 구매자가 명확한 문제를 느끼도록 하는 것이고, 해결질문은 해결책에 대한 욕구를 느끼게 하는 것이다. 앞에서 박○○ 씨는 [컨설팅 세일즈 스킬 과정]을 판매하러 갔지만 접근·문제·시사 질문이 이어지는 동안 단 한 번도 [컨설팅 세일즈 스킬 과정]에 대하여 말하지 않았다. 그리고 해결질문 끝머리에 [컨설팅 세일즈 스킬 과정]을 설명하는 방법으로 구매자로부터 충분히 잠재 니즈를 끌어 낸 다음, 맨 마지막에 상품을 파는 형식을 취한 것이다. 따라서 구매자는 박○○ 씨가 마치 구세주가 된 듯한 마음이 생겼을 것이고 저항을 줄이는 데 커다란 역할을 하는 것이다.

그러므로 PAPIS 질문법을 제대로 활용한다면 저항을 줄이고 세일즈 확정이라는 것도 형식에 지나지 않음을 알게 될 것이다. 시사질문과 해결질문의 차이를 좀더 극명하게 설명한 것이 '퀸시의 법칙'이다.

퀸시의 법칙은 퀸시라는 소년이 시사질문은 Sad(슬픈)한 것이고, 해결질문은 Happy(행복)한 것이라고 말한 데서 유래되었다.

8 논리적 세일즈

"구매자를 만나서 공략방법을 고민하는 것이 아니라 수집된 정보를 바탕으로 공략 시나리오를 사전에 구축하는 논리적 세일즈(Logical Sales)로 접근하는 세일즈맨이 진정한 승자가 될 수 있다."고 히노타니 요시히코는 말하였다.

우리는 일부러 논리학을 공부하지 않았어도 몇 가지 논리적 세일즈 툴(Logical Sales Tool)을 알고만 있어도 크게 도움이 될 것이다.

논리적 세일즈 툴은 필자가 영업현장에서 실제로 느끼면서 만든 것도 있고, 혹은 여러 전문가의 의견을 종합한 것도 있다.

 3C 분석

이미 앞의 3C 분석에서 충분히 설명했다.

마케팅 4P

마케팅에 관한 지식이 많지 않아도 된다. 다만 4P가 무엇을 의미하는지만을 알아도 큰 힘이 된다. 다음은 마케팅 4P에 관한 설명이다. 이것이 판매와 어떤 점에서 관련이 있는지를 생각해보면 의외로 좋은 아이디어가 도출될 수 있다.

▶ 마케팅 4P

구 분	설 명	비 고
제품 · 서비스 (Product)	품질, 제품의 특징, 제품에 부수되는 옵션, 스타일, 디자인, 브랜드, 포장, 크기, 서비스, 보증, 반품 등	표적 시장
가격 (Price)	정가, 할인, 공제, 할부기간, 신용조건, 할증수량, 리베이트 등	
유통 (Place)	유통경로, 유통범위, 영업소나 대리점 위치, 물류재고, 수송, 물류센터 등	
촉진 (Promotion)	광고, 홍보, 인적 판매(세일즈맨의 판매), 판매촉진, 다이렉트 셀링, 기타	

조직의 7S

맥킨지는 기업의 전략은 앞서가는 기업, 최고로 관리되는 기업의 7가지 요소 중 1가지라고 말하였다. 7S 중 전략(Strategy) · 조직구조(Structure) · 시스템(System)을 사업성공의 하드웨어라 하고, 스타일(Style) · 스태프(Staff) · 기술(Skill) · 공유가치(Shared Value)를 소프트웨어라 했다. 적어도 구매자의 7S를 개략적으로 알아보는 것으로 빅 세일즈에서는 크게 도움이 될 것이다. 다음 그림은 조직의 7S를 보여주고 있다.

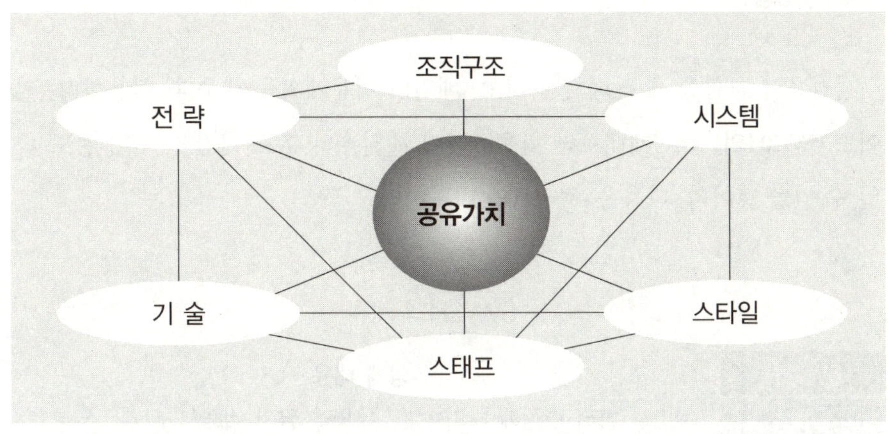

방법준칙

방법준칙은 데카르트의 『방법서설』에 나오는 것으로 오류를 발생시키지 않고 비즈니스를 추진할 수 있다.

첫째, 자명한 것이 아니면 참이라고 인정하지 않는다. 절대로 '유언비어나 확인되지 않은 정보를 갖고 세일즈에 활용해서는 안 된다' 는 것이다.

둘째, 곤란한 부분을 여러 개의 소부분으로 나누어 검토한다. 빅 세일즈의 경우 처음부터 전부를 추진하려다 모두를 추진하지 못하는 경우가 발생할 수도 있다.

셋째, 나누어진 것을 알기 쉽고 간편한 것부터 시작하여 점차 복잡한 것으로 단계적으로 실시한다.

넷째, 결코 누락되는 일이 없도록 전반적인 재검토를 실시한다.

6W 2H 계획

세일즈의 계획을 세울 때 활용하고, 매일의 방문계획을 세울 때 활용한다. 적어도 6W 2H의 툴을 제대로만 활용한다면 세일즈의 로스 시간을 30% 정도 줄일 수 있을 것이다. 다음은 6W 2H의 계획이다.

▶ 6W 2H의 계획

6W 2H	상세 내용
What	무엇을 하러 현장에 나가는가? 무엇을 팔기 위해서….
Why	어떤 목적을 달성하기 위해 나가는가?
When	언제, 몇 시에 만나기로 하였는가?
Where	어디로 가는가? 어디에서 만나기로 하였는가?
Who	누구를 만나기로 하였는가?
Whom	누구와 함께 만나기로 하였는가?(구매자와 자사)
How	어떻게 상담할 것인가?
How-much	어느 정도의 성과를 기대하는 상담인가?

6W 2H

상 호	What	Why	When	Where	Who	Whom	How	How-much
가								
나								
다								
⋮								

효율·효과, 질·양, 사실·판단

기계를 설치하는데 시간당 효율을 높여 효율화했다고 하자. 그런데 불량이 많아졌다면 그것은 효과가 없는 것이다. 따라서 효율과 효과는 하나의 세트 개념으로 이해해 두는 것이 중요하다.

질과 양도 마찬가지이다. 세일즈의 업적은 질도 중요하지만 양도 중요하다. 매출을 올리는 것을 양이라 한다면 매출액 대 순이익률은 질에 해당된다.

또한 정보의 질과 양도 매우 중요한 개념이 된다. 정보는 양이 많아야 좋은 것도 아니고 그 내용이 고상하고 아름다운 표현이라 해서 좋은 것이 아니다. 문제의 해결과 구매자를 고려한 적절한 양과 질의 정보이면 충분한 것이다. 만일 우리가 이것을 제대로 구분할 수 있다면 세일즈에서 효과적으로 구매자와 커뮤니케이션을 할 수 있을 것이다. 그래서 이것도 세트 개념으로 이해해 주었으면 한다.

사실은 누구도 반론을 제기할 수 없는 객관적인 것을 말한다. 그리고 판단은 사람에 따라 견해가 다를 수 있는 것이다. 그러니까 "이것은 제 판단입니다."라고 말한다면 사실이 아닐 수도 있다는 것이다. 이것도 세트 개념으로 이해해 주기 바란다.

문제점 파악의 9불

문제점이란 구매자의 바람직하지 못한 현재나 미래의 상태를 말한다. 그 같은 원인을 찾는데, 판매자는 구매자의 不자를 분석하므로 그것이 가능해진다. 흔히 不자가 붙은 정보는 구매자를 진단하는 가운데 노출될 수 있을 것이다.

이렇게 찾은 구매자의 문제점과 원인은 판매자에게 컨설팅 세일즈의 기회가 되는 것이다. 다음 그림은 문제점 파악의 9불(不)이다.

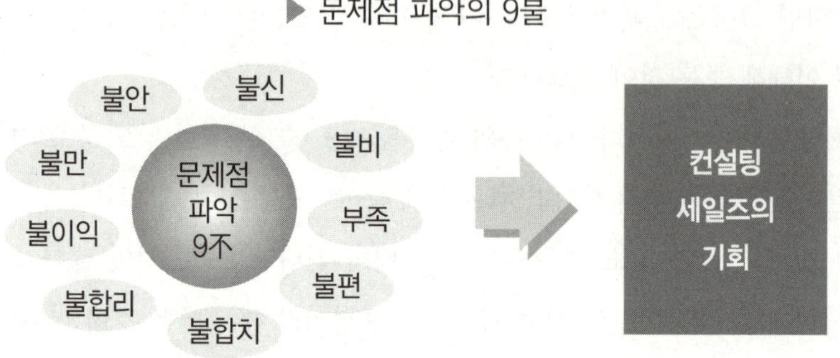

좀더 구체적으로, 불만스러운 것이 무엇입니까? 불안한 것이 있습니까? 불신하고 있는 것이 있습니까? 제대로 갖추지 못하고(불비) 있는 것이 있습니까? 부족한 것이 있습니까? 불편함이 있습니까? 합치 되지 않는 것이 있습니까? 불합리한 것이 있으면 말씀해 주세요? 불이익이 발생되고 있습니까? 등으로 물어보든가, 관찰해 보는 것이다. 이미 「제1장 컨설팅」에서 시진, 문진, 촉진, 기진에 대하여 설명한 바 있다.

과거 · 현재 · 미래, 단기 · 중기 · 장기

어떤 현상을 파악하거나 계획을 세울 때 과거에는 어떻게 했는지, 현재의 상태를 파악하고, 미래에는 어떻게 할 것인지를 생각해 보는 것이다. 그것은 구매자와의 관계도 마찬가지이다. 그것을 단기, 중기, 장기로 나누어서도 보는 것이다.

논리적인 세일즈맨

우리나라에는 오래 전부터 이상한 말이 오가고 있다. "목소리 큰 사람이 이긴다."는 말이다. 목소리 큰 사람이 이긴다면 목소리 작은 사람은 언제나 져야 하는가? 이제 잘못된 사고를 바꾸어야 한다. "논리적인 사람이 이긴다."로.

▶ 논리적인 세일즈맨과 비논리적인 세일즈맨의 차이

구 분	논리적인 세일즈맨	비논리적인 세일즈맨
사고방식	– 논리적인 사고를 가지고 생각한다. – 가설을 준비한다. – 역자사지 한다. – 전략이 명확하다. – 반론이 논리적이다.	– 논리를 알지 못한다. – 가설을 세우지 못한다. – 자신의 입장에서 말한다. – 전략이 없다. – 반론이 감정적이다.
말과 행동	– 철저한 논리로 설득한다. – 근거를 바탕으로 말한다. – 데이터에 강하다. – 말투가 논리적이다. – 결론부터 말한다. – 스스로 결정을 내린다.	– 억지를 부리거나 떼를 쓴다. – 근거가 없거나 불분명하다. – 데이터에 약하다. – 말투가 감정적이다. – 지엽, 말단부터 말한다. – 스스로 결정을 내리지 못한다.

컨설팅 세일즈맨은 구매자를 납득시키거나 설득시켜야 하는데 큰 목소리로 제압할 수 있겠는가? 논리적으로 접근하지 않으면 안 되는 것이다. 논리적인 세일즈맨과 비논리적인 세일즈맨이 어떻게 다른지를 알면 도움이 될 것이다. 위의 표는 논리적인 세일즈맨과 비논리적인 세일즈맨의 차이를 보여주고 있다.

9 가설 세우기

사전적 의미로 '가설'은 어떤 사실의 원인을 설명하거나 어떤 이론 체계를 연역하기 위하여 설정한 가정(假定)을 말한다. 좀더 쉽게 말해 맞을 수도 안 맞을 수도 있는 가정의 해결책이지만 사실분석에 기초한 추측이므로 정답일 가능성이 높아서 정답에 도달하기 위한 지름길로 이용한다. 가설을 세우는 방법에는 3가지가 있다.

● **유추** : 비교될 수 있는 2가지 상황의 유사점을 찾아내어 이를 가설로 설정한다.

● **관찰** : 문제의식을 가지고 문제가 발생하는 요인을 깊이 관찰하여 요인별로 가설을 설정한다.

● **이론** : 이미 검증된 논리적 사실을 통해 가설을 설정한다(노동생산성이론 등).

이제 구체적으로 가설을 만드는 방법에 대하여 알아보자.

브레인 스토밍

영업력 자동화 프로그램(Sales Force Automation Program)을 판매하는 기업에서 구매자의 영업조직에 대한 외상 매출금의 회수기간이 길어지는 문제의 원인을 브레인 스토밍(Brain Storming)을 통해 찾아보았더니 다음과 같은 결과가 나왔다.

① 영업사원의 방문빈도가 낮다.

② 교육이 부족하다.

③ 경쟁사가 지불기간 혜택을 늘려 주었다.

④ 영업사원이 가는 집만 간다.

⑤ 어음일자가 길어진 탓이다.

⑥ 상품회전이 안 된 탓이다

⑦ 무리한 판매목표로 유통재고가 높아졌기 때문이다.

⑧ 수금 인센티브 제도가 없기 때문이다.

앞의 원인들로부터 다음과 같은 가설을 세울 수 있을 것이다.

가설 1　　　영업사원의 외근방식을 새롭게 설계한다(원인 ①, ②, ④).

가설 2　　　촉진예산을 증진시킨다(원인 ③, ⑤, ⑦).

가설 3　　　영업사원을 재교육한다(원인 ②, ④, ⑥).

가설 4　　　제품 개선이나 신제품이 필요하다(원인 ③, ⑤, ⑦).

매트릭스

매트릭스(Matrix)는 문제를 야기하는 여러 가지 상관관계를 상호간 요인별로 정리하여 분석하는 방법이다. 이것은 문제를 명확히 하는 것이 중요하고 요인변수를 망라한 후 각각의 요인변수를 가로와 세로로 구분 정리하고, 가로와 세로가 연결되는 칸(Matrix)에 데이터를 채우는 방법으로 실시한다.

다음 표는 매트릭스 분석(여성용 자동차)에 의한 가설을 보여주고 있다.

▶ 매트릭스 분석에 의한 가설

구 분	품 위	경 제 성	성 능
자영업자	외형이 크고 고급	기꺼이 감수	전문적 기능 필요 없음
회사간부	직급에 맞게 중후	부담이 크지 않게	잔 고장이 안 나는
여성간부	화려하고 고급	가격민감도는 낮음	다양한 옵션
가 설 : 여성용 자동차는 화려하면서 부담이 크지 않은 다양한 옵션의 모델

로직 트리

로직 트리(Logic Tree : 논리나무)는 문제의 원인을 깊이 파고들거나 해결책을 구체화할 때, 제한된 시간 속에서 넓이와 깊이를 추구하는 데 도움이 되는 방법이다. '이것은 누락이나 중복을 미연에 방지할 수 있다, 원인이나 해결책을 구체적으로 찾아낼 수 있다, 각 내용의 인과관계를 분명히 할 수 있다' 등이 장점이다. 로직 트리는 WHY 모델과 SO HOW 모델이 있다. 앞의 것은 원인을 추구할 때 쓰는 방법이고, 뒤의 것은 해결책을 추구할 때 쓰는 방법이다.

▶ WHY 모델의 로직트리

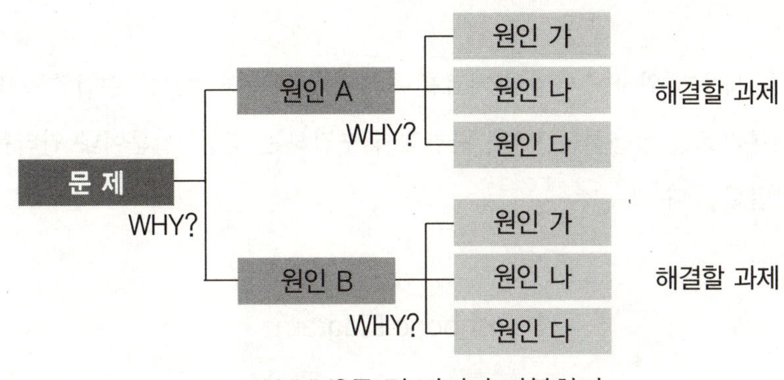

WHY?를 몇 번이나 반복한다.

▶ SO HOW 모델의 로직트리

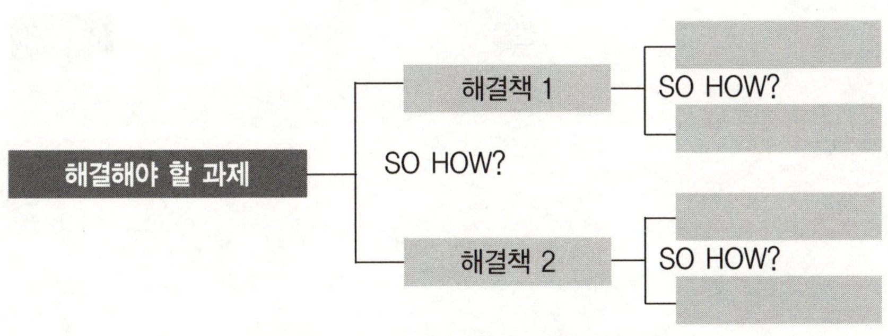

SO HOW?(그러니까 어떻게?)를 반복한다.

Fishbone Diagram

이것은 모양이 생선가시처럼 생겼다고 해서 Fishbone Diagram이라 이름이
붙여졌다. 이 방법은 문제를 일으키는 요인들을 우선 큰 항목으로 구분한 후 이

를 다시 세부항목으로 도해함으로써 문제의 원인을 구조적으로 분석하는 방법
이다.

가설을 세우기 위하여 다양한 자료를 수집해야 하는데 자료를 수집하는 방법
으로 기존자료를 활용하는 방법, 관찰해서 수집하는 방법, 설문이나 인터뷰로
하는 방법도 있다.

▶ Fishbone Diagram

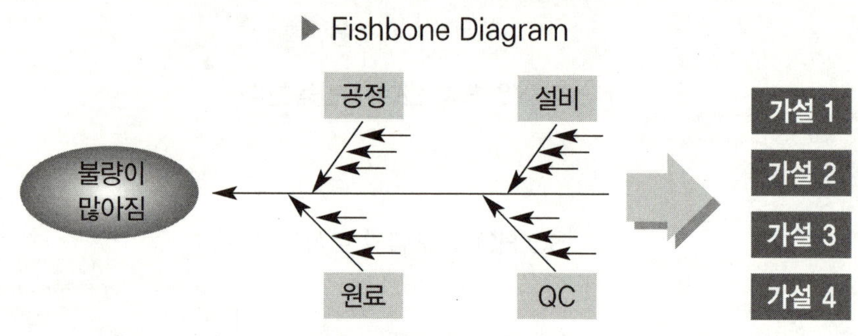

10 가설 검증

가설은 '맞을 수도 안 맞을 수도 있는 가정의 해결책이지만 사실분석에 기초한 추측이므로 정답일 가능성'이 높다. 그러나 이 가설을 정답이라고 말할 수는 없다.

사전에서는 '검증'을 검사하여 증명하는 것으로 풀이하고 있다.

그러니까 가설 검증도 「가설 세우기」 단락의 가설에 대하여 검증을 해야 정답이 되는 것이다. 검증을 통해 정답이 아니라는 판정이 나오면 그 가설은 폐기해야 되는 것이다.

가설을 검증하는 분석의 틀은 보통 상관관계분석, 비율분석, 추세분석, 인과분석, 비교분석 등이 있다.

상관관계분석

2개의 변수가 상호간에 어떤 영향을 주고받는가를 분석하고 다양한 요소와 사건간에 어떤 상호 관계가 있는지를 규명하는 것을 상관관계분석이라 한다.

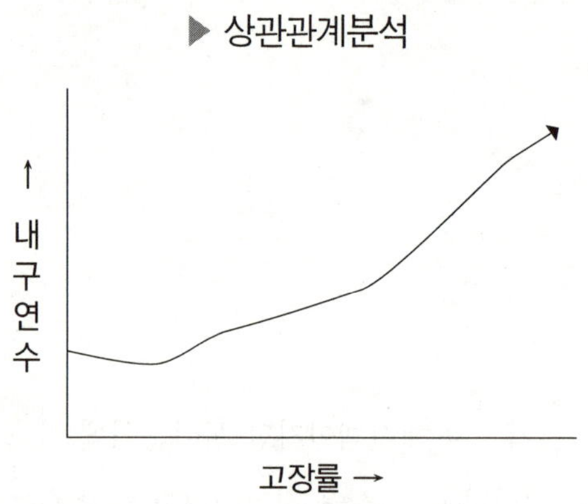

● 내구연수가 높으면 고장률이 높아질 때, 고장률과 내구연수는 상관관계가 있다고 말한다.

● 가설에서 고장률은 내구연수에 원인이 있다고 했다면 이 가설은 검증이 된 것이다.

비율분석

비율분석은 구성요소간의 상대적 관계를 일목요연하게 파악할 수 있다. 실제 수치와 병행하여 표시하므로 추세분석이 더욱 뚜렷해진다. 주로 예외적 사실의 규명에 활용된다. 다음 표는 비율분석의 사례이다.

▶ 비율분석

구 분	1999년	2000년	2001년	2002년	2003년
매출액	350	380	410	460	510
증가율(%)	7.0	8.6	7.9	**12.2**	10.9
제조원가	228	239	250	290	311
제조원가율(%)	65	63	61	**63**	61
경상이익	42	49	57	46	61
경상이익률(%)	12	13	14	10	12

- 2002년의 경우 매출증가율(12.2%)에도 불구하고 제조원가율(63%)이 그쳤다.
- 매출의 증가에도 제조원가는 증가하지 않았다는 가설이 세워졌다면 이것은 **검증**된 것이다.

추세분석

반복되는 사안에 대하여 예측하는 기법으로 활용된다. 과거의 실적에 대한 원인규명에 사용되기도 한다. 만일 A제품의 매출은 상승할 것이라는 가설을 세우고 B제품의 매출은 하락할 것이라는 가설을 세웠다면 정말 그럴 것인지 검증을 해보아야 알 것이다.

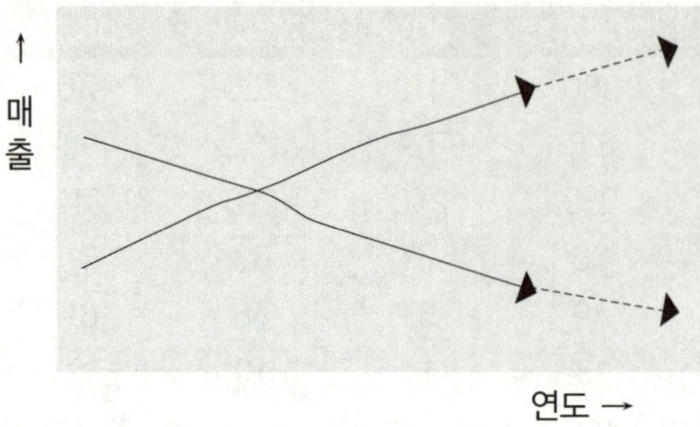

인과분석

인과분석은 조건과 결과간의 연관관계를 분석하는데 활용한다. 인과분석을 통해 밝혀진 원인과 이에 따른 영향의 예측은 향후 세일즈 관리에 유용하게 사용된다.

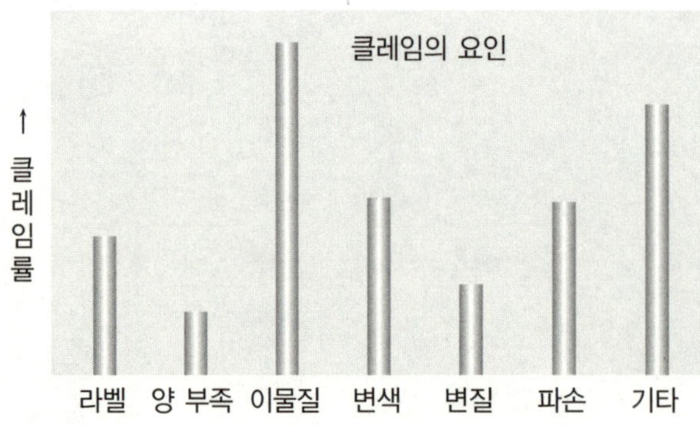

비교분석

  2개 이상의 대상을 비교분석하므로 성과측정의 기준을 제시함으로써 가설의 검증에 쉽게 활용한다.

▶ 비교분석

구분(1H)	생산량	불량률	인 원	고장률
A라인	200	2%	5명	1%
B라인	189	7%	6명	2%

B라인이 A라인에 비하여 생산성이 떨어진다고 가설을 세웠다면 적어도 A라인보다는 생산성이 떨어진다는 것이 **검증**되었다.

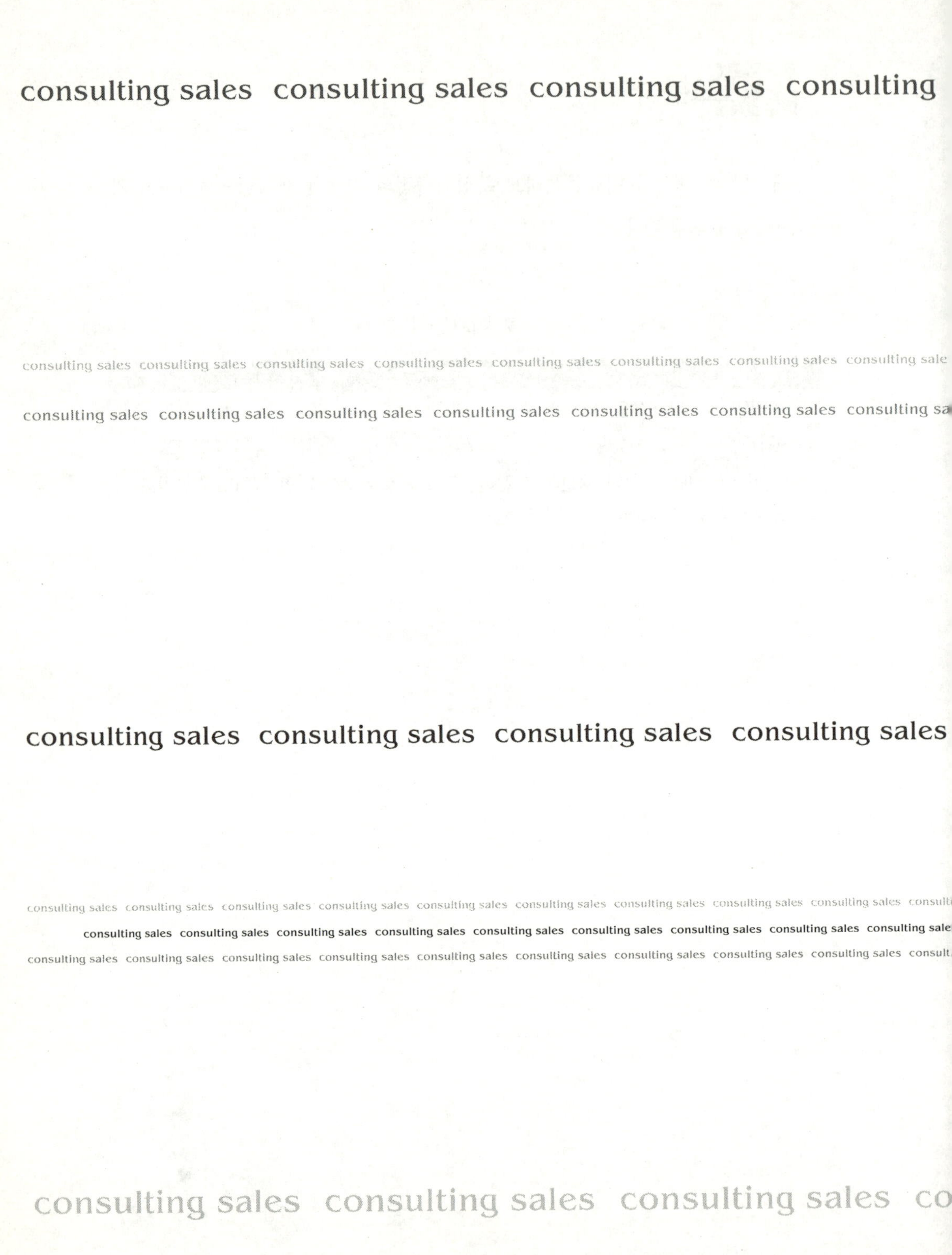

consulting sales consulting sales consulting sales consulting
consulting sales consulting sales consulting sales consulting sales consulting sales consulting sales consulting sales consulting sale
consulting sales consulting sales consulting sales consulting sales consulting sales consulting sales consulting sa
consulting sales consulting sales consulting sales consulting sales
consulting sales consulting sales consulting sales consulting sales consulting sales consulting sales consulting sales consulting sales consulting sales consult
consulting sales consulting sales consulting sales consulting sales consulting sales consulting sales consulting sales consulting sales consulting sale
consulting sales consulting sales consulting sales consulting sales consulting sales consulting sales consulting sales consulting sales consulting sales consult
consulting sales consulting sales consulting sales co

nsulting sales

consulting sales consulting sales

ales consulting sales

ng sales

ales consulting sales consulting sales consulting sales
nsulting sales consulting sales consulting sales consulting sales
ales consulting sales consulting sales consulting sales

g sales consulting sales consulting sales consulting sales

컨설팅 세일즈의 추진

4

1 예상구매자 찾기

"보물을 못 찾았어! 너는?", "응, 나는 보물을 3개나 찾았어. 여기 봐." 초등학교 때 소풍만 가면 점심시간이 끝나고 어김없이 보물을 찾는 시간이 있었다. 필자의 기억으로는 한 번도 보물을 찾아본 적이 없다. 그래서 친구들의 자랑에 주눅이 든 적이 1, 2번이 아니었다.

"그놈의 보물이 다 어디 숨었기에 내게는 하나도 보이지 않지! 보물이 있는 곳만 안다면 보물을 찾는 것은 식은 죽 먹기나 다름없는데…." 나이가 들어 복권도 사 보았지만 한 번도 당첨된 일이 없다. 열심히 일해 먹고살라는 팔자라거니 생각하면서 살아왔다.

예상구매자도 어쩌면 보물찾기와 같다는 생각이 든다. 예상구매자가 어디에 있는지를 알기만 해도 이미 50%는 성공한 것이나 다름없다. 어째서 예상구매자가 중요한가? 그것은 세일즈의 성공 여부가 구매자에게 달려 있기 때문일 것이다. 더욱이 항상 새로운 구매자를 찾거나 발굴하는 것은 정말 중요한 것이다. 구매자를 발굴하는 것은 마치 보물을 찾는 것이나 다름없기 때문이다.

세일즈 과정

세일즈의 과정을 이해하면 어째서 예상구매자 찾기가 중요한 지 명확하게 이해된다.

▶ 세일즈 과정

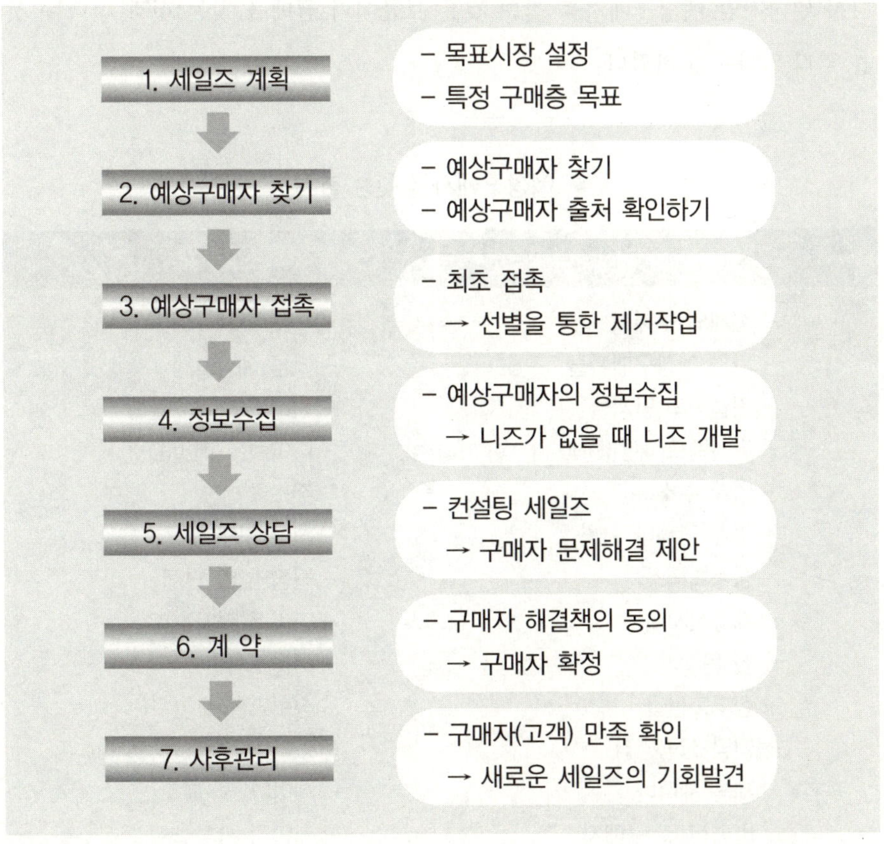

예상구매자 찾기

세일즈 과정에서 제1단계 세일즈의 계획에서 목표시장과 특정 구매층을 목표로 했다 해도 제2단계 예상구매자 찾기에서 실패한다면 세일즈는 진행될 수 없는 것이다. 보물이 어디에 있는지도 모르면서 보물을 찾기 위해 온 산을 뒤지는 것과 같기 때문이다. 그렇다면 그 비생산성을 어디에서 보상받을 수 있겠는가? 다시 말하지만 예상구매자를 찾는 것은 보물이나 금맥을 찾는 것과 같다는 것을 잊지 말아주기 바란다.

▶ 예상구매자를 찾는 출처

산 업 재	소 비 재
– 현재의 구매자	– 현재 고객
– 다른 예상구매자들	– 다른 예상고객
– 기업체의 단서들	– 거래처의 단서들
– 다이렉트 메일(DM)	– 다이렉트 메일(DM)
– 업계 주소록	– 주소록
– 업계 단체나 협회	– 친구 및 지인들
– 상공회의소	– 직장인 및 단체
– 제품전시회	– 영향력 행사기관
– 신 문	– 여론조사반
– 정부출판물	– 정보교환 모임
– 지역 상공명감	– 스터디 그룹
– 제품 세미나	– 세미나 및 교육
– 버려진 옛 구매자	– 개인적 관찰

필자가 어렸을 때 봄이 되면 어김없이 못자리를 만들었는데, 제일 먼저 하는 작업이 볍씨의 선별작업이었다. 소금물에 볍씨를 넣고 여러 차례 저으면, 쭉정이나 벌레 먹은 것이 위로 떠서 그것들을 제거하고 못자리에 뿌리는 것을 보았다. 벌써 40여 년 전 일이라 지금도 그렇게 하고 있는지 또는 선진 농사법이 도입되어 다른 방법으로 하는 지는 지금은 알 수 없다. 당시만 해도 '농자는 천하지 대본(農者 天下之 大本)'이라 해서 전체 GDP의 대부분을 차지할 때이니 어찌 지금의 농업과 비교할 수 있으랴. 어쨌든 '볍씨 고르기'는 이 글을 쓰면서 생각해 보니 마치 예상구매자를 찾고 이를 선별하는 것과 다르지 않다고 느꼈다. 많은 예상구매자들을 확보했다면 그들이 모두 구매자가 되기는 쉽지 않을 것이다. 그래서 예상구매자들 가운데 구매 가능성이 높은 구매자들을 선별하는 작업이 필요한 것이다. 이른바 '검증질문'을 통하여 이들을 선별할 수 있다.

다음은 검증질문의 내용이다.

① 이 구매자는 자사가 판매하는 제품 및 서비스가 필요한가?

② 이 구매자는 인식된 니즈가 있고 자사는 그것을 만족시킬 수 있는가?

③ 이 구매자는 문제점 해결이나 니즈의 충족에 확실한 의지가 있는가?

④ 이 구매자의 문제점 해결의사는 자사의 제품이나 서비스가 도움이 될 것이라는 믿음으로 바뀔 수 있는 것인가?

⑤ 이 구매자는 필요한 재정이 있는가?

⑥ 세일즈 성공이라는 관점에서 보았을 때 시간이라는 측면에서, 수익성에서 충분한 가치가 있는가?

⑦ 경쟁업체의 강력한 장악력으로 수주를 하기에 시간이나 비용이 엄청나 수

익성이 낮은 것은 아닌가?

⑧ ⑦번 대답에서 '없다' 의 경우, 장래에 씨를 뿌려두는 정도의 시간투자는
필요한 것인가?

⑨ 이 구매자의 의사결정권자는 자사가 접근하기 쉬운 상태인가?

이상의 검증질문을 통해 선별되었다면 이제 접촉 방법을 연구해야 될 것이다.

2 예상구매자와의 접촉

"세일즈의 성과는 접촉에 비례한다."고 한다. 그만큼 세일즈에서 접촉은 중요하다. 우리 속담에 "임도 보고 뽕도 딴다."는 것이 바로 그것이다. 구매자를 만나야 상담을 할 수 있는 것이다. 필자가 컨설팅을 실시했던 런치벨의 김영옥 씨는 'SEVEN'의 법칙이 있다고 했다. 최소한 7번을 만나면 아주 편안한 관계가 이루어진다는 것이다.

예상구매자에 대한 효과적인 접촉은 「신뢰감과 공감대 형성의 ABC정보」, 「구매자의 9가지 예상질문」 등을 통해 충분히 설명했다. 여기서는 예상구매자에 대한 체크리스트를 설명하고자 한다. 예상구매자에 대해 가능한 한 많은 정보를 수집하는 것은 아무리 많아도 결코 많지 않은 것이다. 이제 다음의 질문들을 염두에 두고 정보를 정리했으면 한다.

예상구매자에 대한 체크리스트

① 구매자의 행동유형, 특이한 습관, 기질 등은 무엇인가?

② 구매자의 취미, 좋아하는 운동, 관심사는 무엇인가?

③ 구매자의 가족관계는 어떻게 되는가?

④ 구매자는 판단을 중요하게 생각하는가, 사실인가? 우정인가? 사교인가?

⑤ 구매자가 현재 사용하는 제품은 무엇인가?

⑥ 그 제품 및 서비스에 대해 현재 또는 장래의 경쟁자는 어느 회사인가?

⑦ 자사의 제품에 대해 구매자가 특별히 바라는 것은 무엇인가?

⑧ 어째서 구매자가 경쟁사가 아닌 자사의 제품을 구입할 것이라고 생각하는가?

⑨ 구매자가 자사의 제품을 구매하지 않는다면 무엇이 문제라고 생각하는가?

⑩ 구매자의 사업규모와 앞으로의 확대 가능성은 어떠한가?

⑪ 구매자가 생산하거나 취급하는 상품의 유형과 품질은 어떠한가?

⑫ 구매자의 신용도는 어떠한가?

⑬ 구매자가 취급하거나 생산하는 상품의 시장성은 어떠한가?

⑭ 구매자에게 장래 구매결정에 영향을 줄 산업동향은 무엇인가?

구매자 접촉에 쓰이는 3가지 방식

구매자와의 접촉 방법은 매우 많을 것같이 보이지만 실제로 3가지밖에 없다. 직접 만날 것인가, 전화를 걸 것인가, 서신을 보낼 것인가이다. 이 3가지는 각각 나름대로 장·단점을 가지고 있다. 많은 세일즈맨들은 대부분 3가지를 조합해서 사용하고 있다. 세일즈맨의 접촉방법이 어떠하든 접촉의 실행목적은 다음의 성격을 충족시켜야 한다.

① 세일즈에 연관이 있을 것
② 비용 효율이 높을 것
③ 기업이미지 제고에 효과적일 것
④ 구매자의 긴장을 줄일 수 있을 것
⑤ 구매자에게 신뢰감을 심어줄 것

구매자를 기여도에 따라 등급을 매긴다면 A급, B급, C급으로 나눌 수 있을 것이다. 흔히 이것을 이탈리아의 경제학자 파레토가 주장한 바대로 20 대 80의 원칙이라고 한다. 전체 구매자의 20%가 80%의 실적을 올려 주는 것, 그래서 20%의 A급 구매자는 특별히 관리해야 되는 것이 바로 그런 이유인 것이다.

▶ 구매자의 등급에 따른 접촉방식

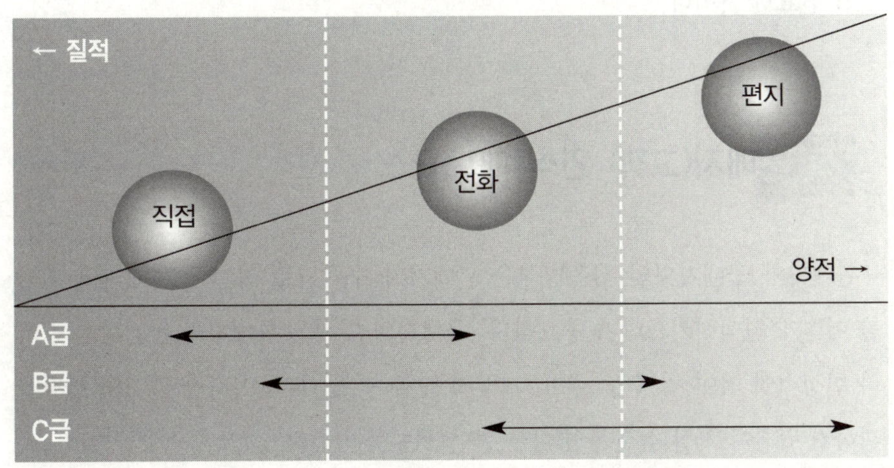

그렇다면 판매자는 구매자의 등급에 따라 차별화된 접촉을 시도해야 되는데, 양적인 면과 질적인 면을 효과적으로 사용하는 것이 생산적이다. 앞(p. 197)의 그림은 구매자의 등급에 따른 접촉방식을 어떻게 제대로 활용하는지를 보여주고 있다. 그림을 보면 A급은 중요하고 기여도가 높은 구매자이기 때문에 직접 방문이나 전화를 약간 활용하는 것이 좋고, B급은 중요도와 기여도 면에서 중간이기 때문에 주로 전화를 활용하거나 가끔 직접 방문 또는 편지를 해도 무방할 것이다. 끝으로 C급은 중요도나 기여도 면에서 아주 낮으므로 주로 편지를 활용하고 가끔 전화를 하는 정도로 충분할 것이다.

우리가 구매자를 차별화하자는 이유는 A급 구매자의 20%가 80%의 매출을 올려 주고 있기 때문이다. B급은 전체 매출의 10~15%를 차지하고, C급은 전체 매출액의 5%에 해당되면서 전체 구매자 수의 50%를 구성하므로 일일이 방문하는 것은 효율적이지 못한 것이다.

그림에서 원의 위치는 질적인 것인가, 양적인 것인가에 따라 직접은 질적인 것, 전화는 질과 양의 중간적인 것, 편지는 양적인 것을 보여주고 있다. 세일즈맨의 생산성이 접촉효율에서 결정된다는 사실을 중시한다면 접촉의 과학화가 정말 긴요한 것이다.

구매자(고객) 인식 매트릭스

판매자와 구매자와의 접촉방식은 판매자가 구매자로 하여금 판매자의 의도를 어떻게 인식시키느냐가 중요하다. 구매자의 인식은 판매자의 선택방식에 따라 한정적인 것이 될 수도 있고, 그렇지 않을 수도 있다. 이러한 인식의 한정을 피하기 위하여 가장 적절한 방식을 선택하는 것이 좋다.

▶ 구매자 인식 매트릭스

접촉방법	언어	음성적 효과	시각적 효과
직접	말	열의 · 억양 음량 · 어조	인상 · 외모 얼굴표정 · 몸짓 팜플렛 · 필기 도구 지참
전화	말	열의 · 억양 음량 · 어조	마음의 인상
편지	글	글자크기 · 인용 밑줄 · 기타	필기 도구 · 종이의 질 프린터의 종류 삽화 · 팜플렛

흔히 이것을 구매자에 대한 인식의 유도방식이라고 하는데 직접 접촉, 전화 접촉, 편지 접촉의 음성적 효과와 시각적 효과를 유효 적절하게 사용하는 것이 좋다. 예를 들면, 편지는 삽화나 팜플렛을 활용할 수 있지만 전화는 그것이 어렵다. 그러나 전화는 마음의 인상을 남기고 직접 목소리를 전달한다는 장점이 있다. 직접 접촉은 얼굴표정과 외모 그리고 몸짓으로 말할 수 있다는 것이 장점이고 필요에 따라 시각적인 도구도 지참할 수 있다. 따라서 가장 질적인 접촉임에는 틀림없으나 판매자의 시간이 한정되어 있다는 것이 제약요건이다. 위의 표는 구매자 인식 매트릭스를 보여주고 있다.

요즘에 누가 편지를 보내느냐고 항변할지 모르지만 이메일도 편지의 일종으로 보면 될 것이다. 다만 시간적 · 공간적으로 이메일이 유리하지만 편지가 주는 감동에는 미치지 못한다.

그래서 아직도 유능한 세일즈맨은 편지를 세일즈 도구로 적극 활용하고 있는 것이다.

직접 접촉의 권장과 금기

세일즈의 직접 접촉에서 해도 좋은 것과 하지 말아야 할 것이 있다. 권장사항과 금기사항이 그것이다.

▶ 직접 접촉의 권장과 금기

권장사항	금기사항
- 편안하게 대한다.	- 강요적인 태도를 갖는다.
- 자연스럽게 대한다.	- 고자세를 취한다.
- 미소를 짓는다.	- 까다로운 태도를 취한다.
- 눈을 마주친다.	- 술수적인 태도를 보인다.
- 자신감을 보인다.	- 급한 마음으로 제품소개를 생략한다.
- 친근하고 진실 되게 한다.	- 예상구매자의 요구를 무시한 채 세일즈에만 집중한다.
- 자기 회사에 자부심을 갖는다.	- 과장해서 말하거나 거짓말을 한다.
- 의사결정 담당자와 만날 수 있는지 확인한다.	- 세일즈 과정에서 구매자를 몰아세운다.
- 제품 소개에 대한 충분한 시간을 확보한다.	- 처음부터 성급하게 세일즈를 매듭지으려 한다.
- 핵심적인 니즈 만족에 집중한다.	- 논쟁에 휘말린다.
- 유연성을 갖는다.	- 녹음기처럼 되풀이해 말한다.
- 세일즈 과정에서 인내심을 갖는다.	- 수세적인 태도를 보인다.
- 창의력을 유지한다.	- 말만 번지르르하게 한다.
- 제품의 이점을 구매자의 요구에 맞춰 나간다.	- 인상을 쓴다.
- 구매자의 시간제한을 이해한다.	- 천장이나 밖을 내다본다.
- 진정으로 관심을 보인다	- 불필요하게 주위를 두리번거린다.
- 접촉의 목적을 잊지 않는다.	
- 열의를 보이고 신뢰감을 준다.	
- 저항에 대한 준비를 한다.	

전화 접촉 기법

전화를 통한 접촉은 그것이 스몰 세일즈인가, 빅 세일즈인가에 따라 다르다. 만일 작은 상품의 세일즈라면 일일이 판매자가 구매자를 직접 접촉하는 것은 어려울 것이다. 따라서 소규모 세일즈에서 전화 접촉은 매우 중요하다. 세일즈의 중요내용이 기록된 A4 크기의 용지에 내용 분량은 3/4이 넘지 않도록 글자와 글자 사이의 간격을 한 칸씩 띄우고, 한 행씩 띄어서 작성하는 것이 좋다. 전체를 읽어서 30~40초 정도의 길이가 적당하며, 구매자의 대답을 유도하는 질문을 섞는 것이 좋다. 항상 장황하게 말하는 버릇이 없는지 살피고 이를 고쳐 나가야 한다. 정해진 시간에 많은 구매자와 전화 접촉하기 위해서는 시간 관리를 철저히 해야 한다.

그러나 빅 세일즈의 경우라면 전화 접촉을 통해 모든 상담을 완료하기에는 부족하다. 서로의 관심을 확인하고 직접 접촉의 약속을 얻어내는 것으로 충분하다.

다음은 전화원고를 작성할 때 도움이 되는 몇 가지 아이디어를 정리해 보았다. 밑줄 친 부분에 귀사의 사례를 만들어 활용하도록 한다.

① 두 문장으로 판매자와 자사 소개하기

____

② 부담감을 주지 않는 짤막한 제품설명

____

③ 전화를 건 목적(두 문장 이내)

____

④ 구매자의 관심을 끌어 낼 만한 제품홍보(세 문장 이내)

____

⑤ 구매자가 협조해 주었으면 하는 반응(두 문장 이내)

____

⑥ 가장 흔한 거부에 대한 2가지 대처 방법

____

⑦ 간결하면서 구매자가 대화에 참여하게 하거나 직접 접촉의 유도방법

____

전화를 걸기 전에 구매자의 업종, 회사, 이름, 전화 통화의 초기목표, 전화를 걸기 좋은 시간, 처음 시작하는 말, 다루어야 할 핵심사안, 물어볼 정보, 요청할 사항, 핵심문장(있다면) 등이 철저히 준비된 상태에서 전화를 거는 것이 생산적이다.

편지 접촉 기법

전화를 걸 때 "당신이 누구요?"라고 말하면 당황스러울 것이다. 그러나 사전에 편지를 보내면 이런 염려를 줄일 수 있다. 편지를 쓰는 것은 전화 원고를 쓰는 것과 다르다. 가급적 짧게 써야 하고, 컴퓨터 프린터나 좋은 필기구를 써야 한다. 내용은 여러 단락으로 나누고 읽기 편하게 작성한다.

내용에 있어서 도입부분에 관심을 끌 만한 내용이 있는지, 첫 부분에 강력한 인상을 심어 주고 끝부분에도 그런 것이 있는가, 판매자의 제안이 훌륭한 아이디어로 뒷받침되고 있는가, 논리적인가, 주장에 신빙성이 있는가, 주문서를 동

봉했다면 본문에 이를 다루고 있는가, 편안한 어조를 사용하고 있는가, 지나치게 아첨하는 것은 없는가, 시각적인 효과를 살리고 있는가 등을 충분히 살피는 내용이 되어야 할 것이다.

다음은 효과적인 편지 쓰기의 가이드 라인이다.

① 구매자를 호칭할 때 항상 이름을 붙인다.

② 자신과 회사에 대해 구체적으로 밝힌다.

③ 가능하다면 판매자와 구매자를 연결시켜 준 사람이 누구인지를 밝힌다.

④ 편지의 목적을 적는다.

⑤ 제품홍보 내용을 적는다(장점, 이점, 서비스, 보증 등).

⑥ 구매자에게 이익이 되는 내용을 구체적으로 적는다.

⑦ 구매자의 업계에서 사용하는 언어를 활용한다.

⑧ 구매자가 왜 당신을 만나야 하는지를 설명한다.

⑨ 팜플렛을 첨부한다.

⑩ 사후활동이나 시간을 구체화한다(다시 전화하는 날짜, 시간, 직접 접촉 일자).

3 구매자의 니즈 발굴

"여보, 김치냉장고를 갖고 싶어요!" 3년 전 아내가 김치냉장고를 갖고 싶다고 했을 때 필자는 "그것이 지금 이 시기에 꼭 필요한가를 생각해보자."고 말하면서 좀더 검토하자고 제안한 적이 있다. 결국 3년이 지난 최근에야 우리 집은 김치냉장고를 갖추게 되었다. '갖고 싶다' 는 아내의 제의로부터 3년이 걸린 것이다. 필자는 대형 냉장고로도 충분하다는 생각이었지만 결국 아내의 의견에 동의를 하고 만 것이다.

몇 달 전 필자는 부산에서 강의를 마치고 돌아오는 길에 노점에서 공구세트(드라이버, 칼, 망치 등의 소형 공구가 세트로 만들어진 것)를 보고, 불과 몇 초 만에 1만 원을 주고 산 일이 있다. 그러나 몇 달이 지난 지금까지 그 공구세트를 열어보지 않고 있다.

스몰 세일즈와 빅 세일즈

2가지 사례를 통해 우리는 구매자의 니즈가 스몰 세일즈와 빅 세일즈 사이에 현격한 차이가 있음을 느끼지 않을 수 없다. 비교적 값이 싼 공구세트는 불과 몇 초 만에 니즈가 개발되었는가 하면, 김치냉장고는 3년이 걸린 것이다. 이것은 스몰 세일즈에서는 니즈가 짧은 시간 내에 개발되었지만 빅 세일즈에서는 천천히 어렵게 전개된다는 사실이다. 김치냉장고를 팔고자 하는 판매자와 공구세트를 팔고자 하는 판매자는 구매자의 니즈 개발에 분명히 다른 전략이 필요할 것이다. 여기서 스몰 세일즈와 빅 세일즈를 비교해 보면 몇 가지 주목할 만한 차이가 있음을 알 수 있다.

▶ 스몰 세일즈와 빅 세일즈의 구매자 인식의 차이

스몰 세일즈	빅 세일즈
– 오로지 개인적 만족을 위한 니즈이다.	– 구매에 다른 사람의 의견을 구한다.
– 혼자서 결정한다.	– 혼자서 결정하기 힘들다.
– 개인의 니즈는 다소 감정적이다.	– 감정적이지만 강도가 훨씬 약하다.
– 잘못 구매해도 손실이 크지 않다.	– 잘못되면 직장을 잃을 수도 있다.

그래서 세일즈의 규모가 커질수록 다음과 같은 현상이 발생한다.

① 니즈를 개발하는데 오랜 시간이 걸린다.

② 여러 사람들로부터 영향과 간섭을 받는다.

③ 이성적인 토대 위에 니즈가 표현될 가능성이 높다(구매자의 동기가 감정적이고 비합리적일지라도 니즈는 합리적 정당성이 요구된다).

④ 특정 니즈를 적절하게 충족시켜 주지 못하는 구매의사 결정의 경우, 의사 결정자에게 좀더 심각한 결과를 초래할 가능성이 높다.

이상에서 니즈에 대해 스몰 세일즈와 빅 세일즈의 사례로 이야기하였다. 그렇다면 니즈의 정의는 무엇일까? 닐 라컴은 그의 저서 『*SPIN SELLING*』에서 니즈란, "세일즈맨에 의해 만족될 수 있는 욕구나 관심사에 대한 구매자(고객)의 표현"이라고 적고 있다.

니즈와 원트

필자가 처음 영업을 할 때도, 그리고 30년이 흐른 지금도 많은 세일즈맨들이 니즈와 원트(Want)의 차이를 혼동하고 있는 듯 하다. 필자가 『영업전법 114』를 쓸 때도 이것으로 무척 고민했던 기억이 있다. 어떻게 표현해야 독자들에게 제대로 전할 수 있는지에 대해….

『영업전법 114』에서 "세일즈맨은 구매자에게 필요를 느끼는 사람(Needer)으로, 욕구를 느끼는 사람(Wanter)으로, 구입하는 사람(Buyer)으로 만드는 사람이다."라고 피력한 바 있다. 벌써 4년 전의 일이다. 그렇게 주장했음에도 불구하고 필자는 두 단어의 차이에 대해 아직까지도 좀더 규명해야 되겠다는 생각을 하고 있었다.

그런데 최근에 닐 라컴의 니즈에 대한 정의를 보고 이것은 진실인가?라는 질문을 스스로에게 던져보았다. 니즈와 원트를 연구하는 사람들은 니즈를 객관적인 요구로, 원트를 주관적인 감정으로 표현하는 것을 본 적이 있다.

그렇다면 구매과정에서 니즈가 먼저인지, 원트가 먼저인지를 따져보는 것이 중요할 것이다.

만일 구매자의 가슴속 깊이 원트가 있다 해도 세일즈맨이 결국은 객관적인 요구로 이끌어 내야 계약이 이루어진다는 면에서 필자는 복잡하게 니즈와 원트를 구분하는 것이 별 소득이 없다는 생각을 했다. 실제로 산업현장에서 니즈라는 용어는 폭넓게 사용되고 있지만 원트라는 용어는 별로 사용하지 않는다. 따라서 필자는 이 책 전반에 걸쳐 니즈라는 용어는 원트가 포함된 개념으로 사용하고자 한다. 이제 더 이상 헷갈리지 말고 니즈로 통일하자.

니즈의 확인에 필요한 정보

구매자의 니즈를 확인하기 위하여 다양한 정보가 요구된다. 이것들에는 자사의 제품, 서비스의 특징, 구매자의 행동유형, 구매자와 업계의 일반적인 세일즈 주기 등이 포함된다. 이때 많은 질문이 필요하고 공식, 비공식적인 정보수집이 필요한 것이다.

여기서 현상형 문제인가, 장래형 문제인가를 판단하는 기준은 앞의 것은 현재 원하는 것을 알아내는 정보이고, 뒤의 것은 앞으로 얻으려는 것을 알아내는 정보인가의 차이이다. 또한 심리학적 요소는 구매자의 구매 목적이 체면, 사랑, 모방, 두려움인가 아니면 순수한 실용적 이유 때문인가를 알아보는 것이다. 나머지는 우리가 일반적으로 인식하고 있는 것과 다르지 않다.

니즈 확인 질문 리스트

구매자에 대한 질문은 단도직입적이고 재치 있는 형태로 하는 것이 구매자의 니즈 파악과 제품의 고객화에 도움이 된다. 다음은 니즈 확인 질문 리스트이다.

① 제품은 얼마나 많이 그리고 자주 구매하십니까?
② 현재의 공급자에 대해 최근에 겪으신 문제점은 무엇입니까?

③ 어떤 공급업자와 거래를 하고 있습니까?

④ 회사의 장기적인 목표는 무엇입니까?

⑤ 저와 같이 의사 결정과정을 밟아 가시겠습니까? 아니면 귀사의 관련된 의
사 결정방식이 있습니까?

⑥ 최종 이용자는 누구입니까? 그리고 이 제품이 어디에 쓰입니까?

⑦ 귀하 이외에 누가 의사 결정에 관여하십니까?

⑧ 이 구매과정에서 귀하의 역할과 책임은 무엇입니까?

⑨ 현재의 공급업체로부터 견적, 운송, 서비스가 도달할 때까지 며칠이 걸립
니까?

⑩ 그들에게 얼마나 많은 개선을 기대하고 있습니까?

⑪ 저희 회사 제품이나 서비스에 대해 얼마만큼 아십니까?

⑫ 어떤 품질을 원하십니까?

⑬ 우리가 최고의 공급자라면 어떤 점을 기대하겠습니까 ?

⑭ 제품이나 서비스에 대한 구매기준은 무엇입니까?

⑮ 기타

이상의 질문은 사례로 만들어 본 것이기 때문에 제품별로 회사 상황에 따라
유연성 있게 활용했으면 한다. 이제 귀사의 니즈 확인 질문 리스트를 다음 시트
에 만들어 보기 바란다.

<table>
<tr><td>회사명</td><td></td></tr>
<tr><td>제품명</td><td></td></tr>
</table>

NEEDS 확인 질문 리스트

다음은 구매자의 니즈를 파악하기 위한 또 다른 질문사례이다.

● 회사에 종업원은 몇 명입니까?

● 제품이 있는지 재고 유무를 확인해 볼까요?

● 설비에 과부하가 걸려 하루 동안 작업을 못 했다고 들었습니다.

● 한 달에 생산량은 얼마나 됩니까?

● 이 복사기를 사용하는데 불편하신 점은 없습니까?

● 이 프로그램으로 각 영업소를 관리하는데 어려운 점은 없으십니까?

● 지금 복사기는 어떻게 관리하고 계십니까?

● 지금 복사기를 사용하신 지는 얼마나 되었습니까?

● 지금 생산량보다 30% 향상시킬 수 있는 설비를 원하신다고요?

● 500%까지 확대가 가능한 복사기를 원하십니까?

● 납품은 내일 할까요? 다음주에 할까요?

● 예산은 책정되어 있는지요?

● 다른 부서와의 관계를 고려해야 하지 않겠습니까?

● 현장 근무자들이 불필요한 동작을 많이 취하는 것 같지 않습니까?

● 가격을 10% 할인해 드리면 되겠습니까?

● 반품 때문에 고민이 많으시죠?

● 공장 작업자에 대한 '안전교육' 은 시키고 있으십니까?

● 귀사에서 구매하지 않는다면 어느 회사에서 사겠습니까?

● 납기지연으로 인해 그 동안 회사가 쌓아올린 신뢰도에 악영향을 미치면
어떻게 합니까?

● 구매자들의 요구사항이 다양해졌지요?

● 그러한 문제로 직원이 야근을 하면 어떻게 하겠습니까?

● 비용이 조금 더 들어가더라도 작업이 효율적으로 되어 생산량이나 납기를 맞추는 것이 중요하지 않겠습니까?

● 결국 제품에 대한 안전도가 문제군요?

● A사의 제품은 국내에서 조립만 하는 관계로 A/S에 문제가 있다는 것을 과장님도 잘 알고 계시지 않습니까?

● 결국 가격 때문에 결정을 못 하고 계시는군요?

● 한 라인에서 2가지 제품이 나오도록 해야 된단 말이죠?

● 혹시 경쟁사에서 어떠한 기계를 사용하고 있는지 아십니까?

● 실제 사용하고 있는 담당자의 의견은 어떻습니까?

● 이것을 이용하면 일을 아주 쉽게 처리할 수 있다고 생각하지 않으십니까?

● 보는 품질이 우선 아니겠습니까?

● 과장님은 어느 것을 더 자주 사용하십니까?

● 경쟁사에서 가격 때문에 A설비를 사용하다가 소비자 클레임으로 문제가 심각했던 것을 아십니까?

● 회사에 인원이 너무 많다고 생각하지 않으십니까?

● 어차피 구입하신다면 지금 구입하는 것이 이익이 아니겠습니까?

개인의 니즈와 조직의 니즈

대체로 개인을 상대로 하는 스몰 세일즈와 조직(기업)을 대상으로 하는 빅 세일즈의 차이는 니즈에서도 차이가 발생한다. 개인의 니즈는 성취·협력·안전·성격·개인적 친분·사고방식·원칙·높은 평가·권위나 지배력 등으로 이야기할 수 있으며, 조직을 대상으로 하는 니즈는 목표방향·높은 품질·납기준수·A/S·생산성·투자효과·호환성·회사인지도·효율성·가격 등으로 이야기할 수 있다.

때로는 이 같은 니즈가 몇 가지 중복해서 요구되는 경우도 있다. 어쨌든 구매자의 니즈를 정확하게 발굴한다는 것은 매우 중요한 문제이다.

구매자에 대한 신규 개척 카드

구매자에게 니즈가 확인되었을 때 신규 개척 카드를 만드는 것이다. 물론 스몰 세일즈의 경우 이를 좀더 간단하게 만들어 사용할 수 있다.

▶ 구매자에 대한 신규 개척 카드

회 사 명			
주 소	(우)		
대 표 자		업 종	
담 당 자	직 책 Tel. ( ) Fax. ( )	결 재 자	직 책 Tel. ( ) Fax. ( )
설 립	년 월 일	지사지점	
자 본 금	원	계열기업	
사 원 수	명	방문기록	
매 출 액	원	제1회	
경영특색			
업무내용		제2회	
주력상품			
업계지위		제3회	
장 래 성			
거 래 처		제4회	
주거래은행			
당사경쟁사		제5회	
매입품목			
판매예상	원	본인의견	
결제조건			
여신한도	원	상사소견	
방문동기			

4 니즈의 사다리

"고추를 지붕에 널어라."

"예!"

"사다리는 뒤꼍에 있다."

"예."

요즘 '태양초(太陽草)'라고 강조하는 말을 자주 듣는다. 그런데 사실 필자가 어렸을 때만 해도 모든 고추는 태양초(다른 특별한 조작 없이 햇볕에 말린 고추)였다. 그때는 고추를 멍석에 널어 말리던가 지붕 위에 널어서 말렸다.

사다리를 타고 지붕 위에 오르면 마치 하늘이 잡힐 것만 같았다. 그리고 인생의 사다리를 생각해 보기도 했다. 한 계단, 한 계단씩 오르는 것은 사다리의 계단을 오르는 것이나, 인생의 계단을 오르는 것이나 다를 바가 없다고 생각했다. 벌써 55계단이나 올랐다는 것이 실감이 나지 않는다. 계단의 수만큼이나 질적인 계단을 올랐는지 반성이 되기도 한다.

니즈의 사다리

이상규의 『고객개척, 영업기술 상담』이라는 저서에서 독특하게 '니즈의 사다리'를 설명하고 있다. 구매자가 제품이나 서비스를 구매할 때, 어떤 것은 구매자의 요구가 높아 하이(High) 니즈인 것이 있고, 또 어떤 것은 구매자의 요구가 중간이어서 미들(Middle) 니즈인 것이 있으며, 구매자의 요구가 낮은 로(Low) 니즈가 있고, 전혀 요구되지 않는 아웃(Out) 니즈가 있다.

이것들을 낮은 수준부터 높은 수준으로 단계적으로 만든 것이 니즈의 사다리이다. 구매자의 니즈의 사다리를 알게 되면 구매자의 니즈를 조정하거나, 니즈를 창조하거나, 니즈를 퇴출시키는 작업을 할 수 있다. 다음은 상품에 대한 어느 구매자의 니즈의 사다리를 분석한 사례이다.

▶ 니즈의 사다리 분석 사례

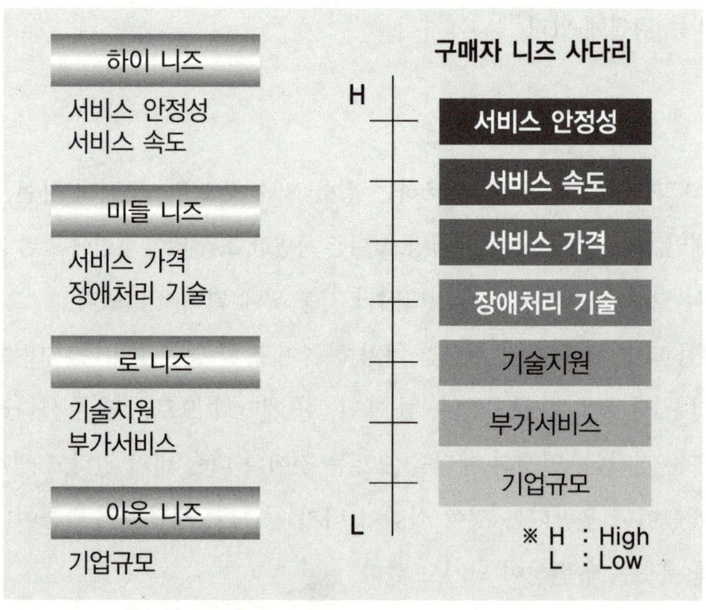

니즈의 사다리 분석은 구매자의 요구이므로 판매자의 입장과 다를 수도 있다. 판매자는 이것을 조종, 창조, 퇴출하는데 활용할 수 있다고 이미 설명한 바 있다. 그렇다면 어떻게 조정하고, 창조하며 퇴출하는지를 살펴보자.

① 니즈의 조정
- H를 M이나 L로 조정
- M을 H나 L로 조정
- L을 M이나 H로 조정

② 니즈의 창조
- 아웃 니즈를 정규 사다리에 진입시킨다.
 (예) 기업규모를 H, M, L에 진입시킨다.

③ 니즈의 퇴출
- 정규 사다리에 있는 니즈를 아예 제거시킨다.
 (예) 부가서비스를 아웃 니즈로 제거한다.

니즈의 사다리와 강점 · 약점 사다리의 비교

구매자 니즈의 사다리와 자사 제품(서비스)의 강점 · 약점 사다리를 비교하는 것을 말한다. 왜 이 비교가 필요한가?

구매자의 니즈 중에서 자사의 제품(서비스)이 그것을 충족시킬 수 있는지를 알아보는 데 그 목적이 있다.

다음은 제품에 대한 구매자의 니즈 사다리와 제품(서비스)의 강점·약점 (Strength/Weakness) 사다리의 비교를 보여주고 있다.

▶ 니즈의 사다리와 강점·약점 사다리의 비교

구매자의 니즈			제품의 강점·약점
견적수준	H	S	시스템 성능
결제조건			운영경험(실적)
시스템 성능			결제조건
영업열성(기술)			견적수준
A/S기술력			기업역사
운영경험(실적)			A/S기술력
납기수준(기간)			영업열성(기술)
부가서비스	L	W	납기수준(기간)

구매자의 니즈와 제품(서비스)의 강점·약점을 비교하면 분명히 그 차이가 심각함을 보여주고 있다. 차이가 심각하기 때문에 세일즈를 포기한다면 되겠는가? 당연히 구매자의 니즈와 제품의 강점·약점을 조정하여 판매에 성공해야 유능한 세일즈맨이라고 말할 수 있는 것이다.

몇 년 전에 필자가 부득이 소송을 제기한 적이 있었는데, 그때 판사의 조정에 따라 합의를 봄으로써 소송이 일단락 된 적이 있다. 그때 판사는 필자의 주장과 상대방의 주장을 서로 양보하는 수준에서 조정을 했는데 세일즈 또한 다르지 않다는 생각이 들었다. 판매자는 구매자의 니즈와 제품의 강점·약점 사이에 발생되는 차이를 조정해야 할 책임이 있는 것이다.

다음은 구매자 니즈의 조정기법이다.

① 만회 기법

제품의 경우 '시스템 성능'이 강하므로 이것을 구매자의 하이 니즈로 상승시키는 것이다. "시스템 성능은 매우 중요해서 이것을 소홀히 하면 안 됩니다."라는 식으로 구매자를 설득시켜야 될 것이다. 그러면서 구매자의 하이 니즈인 견적수준은 별로 중요하지 않음을 강조해야 될 것이다.

② 교환 기법

구매자의 니즈 중에서 '시스템 성능'을 하이 니즈로 올리는 대신, '견적수준'을 미들 니즈 수준으로 낮추어 사다리의 자리를 교환하는 방법이다. "시스템 성능을 얻었으니 견적은 다소 양보하셔야지요?" 이것은 양보의 손실보다 추가의 혜택을 강조하는 것이다.

③ 재정 기법

제품(서비스)의 강점·약점에서 '견적수준'이 구매자의 니즈의 사다리보다 낮지만 그것은 결코 낮은 것이 아닌 것으로 설명할 때 사용한다. "저희 제품의 원가와 설치, 서비스료 그리고 부품비, 수수료, 이동시간을 생각하면 결코 낮은 것이 아닙니다." 이때 모든 비용을 명세서를 작성해 보이거나 경쟁사의 견적수준과 비교해 보이는 것도 하나의 방법이다.

④ 대안제시 기법

구매자가 도저히 양보하지 않는 요지부동의 니즈가 있을 때 그것을 설득하기
보다는 자사 제품(서비스)의 강점·약점을 구매자의 니즈 수준으로 변화시키는
것을 말한다. "영업열성이 낮다는 지적에 대하여 앞으로 접촉횟수를 30% 늘리
고, 기술적 지원을 아끼지 않겠습니다."라는 식으로 낮은 영업열성을 구매자의
니즈 수준으로 대안을 제시하는 방법이다.

니즈의 유형

이제 구매자가 선택하는 니즈의 유형을 보면 판매자가 무엇을 염두에 두어야
하는지를 자세히 보여주고 있다.

① 제품 측면(제품이나 서비스에 대한 구매자의 요구사항)

• Safety(안전성) : 제품의 사용에 따른 위험이 없기를 바란다.

• Performance(성능) : 제품의 기능이나 효능이 우수하기를 바란다.

• Appearance(외관성) : 디자인이 아름답고 산뜻하거나 중후하기를 바란다.

• Comfort(편리성) : 운반, 설치, 사용, 보수 등이 편리해야 한다.

• Economy(경제성) : 구입, 유지 보수 비용이 저렴하기를 바란다.

• Durability(내구성) : 고장이 없고 오래 쓰기를 바란다.

(앞의 6가지 단어의 앞의 첫 글자만 따서 합치면 SPACED가 된다. SPACED의 사전적
의미는 '마약에 취해 멍한' 이란 뜻을 갖고 있다. 결국 SPACED의 원리를 잘 활용해
구매자의 니즈를 만들어 어필하면 구매자를 마약에 취한 것처럼 하면서 세일즈를 수
행할 수 있다는 말이다.)

② 기업 측면(기업에 대한 구매자의 희망조건)

• 기업규모 : 자본금, 매출액, 시설에서 일정 규모 이상이다.

• 기업의 안정성 : 부채비율, 재무건전성, 경영전략이 일관성이 있다.

• 연구개발 및 기술혁신 : 시대의 변화에 적극적으로 도전하는 기업이다.

• 생산설비 및 시스템 : 각종 설비가 풍부하고 시스템이 구매자 중심으로 되어 있다.

• 조직, 인력 : 우수하고 성실한 인력과 생산적인 조직을 갖고 있다.

③ 영업활동 측면(영업정책 및 활동 등에 대한 요구)

• 광고 · 홍보 : 적극적으로 대외활동을 해주기를 바란다.

• 가격 · 결제조건 : 구매자의 지불능력에 부응해 주기를 바란다.

• 납기 · 시간 준수 : 구매자가 요구하는 시간을 맞추어 주기를 바란다.

• 서비스 시스템 : 철저한 서비스 체계가 갖추어지기를 바란다.

• 물 류 : 공급 시스템이 원활하기를 바란다.

• 고객관리 시스템 : 고객지원, 정보제공 등이 잘되기를 바란다.

• 영업신뢰 : 말과 행동이 일치하기를 바란다.

5   4종류의 구매자

"품질에서 우리 회사가 요구하는 수준이 아닙니다. 죄송합니다. 다음 기회에 재검토하기로 합시다." K씨는 자동차 부품을 만드는 회사에 다니고 있는데, D사와 접촉하던 중 거래를 할 수 없다는 통보를 받았다. 8개월 동안의 노력이 헛수고가 되었다.

K씨는 무엇이 문제인가를 곰곰이 생각해 보았다. 구매 팀에서는 거의 확정되었고 품질에 이상이 없다면 계약하겠다고 말했었다. 그런데 기술부장이 경쟁사를 민 것이 확실해 보였다. 경쟁사 영업사원과 고교 동창이라는 이야기를 들은 적이 있었다.

결국 K씨는 기술부장을 제대로 다루지 못했기 때문에 엄청난 수주를 실패하고 만 것이다. 사실은 집안 형 중에 D사의 기술부장과 대학 동문이 있었음에도 어려운 마음에 부탁을 하지 않은 것이 화근이었다. 그리고 기술부장이라 하더라도 우리 제품이 우수하기 때문에 별다른 영향이 없을 것이라고 생각했던 것도 실패의 원인이 되었던 것이다.

4종류의 구매자

스몰 세일즈에서 4종류의 구매자(Buyer)는 별다른 의미가 없다.

그러나 빅 세일즈(산업재)에서는 기업과 기업이 거래하는 B to B(Business to Business)의 성격을 띠기 때문에 여기에는 대부분 4종류의 구매자가 있다고 생각해야 한다.

앞서 K씨의 실패도 알고 보면 4종류의 구매자 중 전문가를 제대로 관리하지 못한데 원인이 있었던 것이다. 그렇다면 4종류의 구매자는 구체적으로 누구를 의미하는가? 4종류의 구매자 특징은 오른쪽 그림과 같다.

▶ 4종류의 구매자

TB Technical Buyer	**UB** User Buyer
EB Economic Buyer	**CH** Coach Buyer

① 결정권자(Economic Buyer)

- 구매와 구매거부의 권한이 있다.
- 자금의 사용권과 영향력이 있다.

  → 관심사항 : 구매가 조직에 미치는 투자효과

  → 예측되는 질문 : 도대체 투자효과는 있는 것입니까?

② 전문가(Technical Buyer)

- 부적격자를 제거하는 일을 한다.
- 전문적인 부분에 기술적인 검토를 한다.
- 구매할 수 없다고는 할 수 있지만 구매결정은 하지 못한다.

→ 관심사항 : 제품의 사양 및 성능

→ 예측되는 질문 : 이 제품은 우리의 구매사양에 맞습니까?

③ 사용자(User Buyer)

• 제품을 현장에서 직접 사용하는 사람이다.

• 때로는 개선 제안이나 구매 제안을 한다.

• 구매품목을 결정하는 데 도움을 준다.

→ 관심사항 : 사용의 편리성

→ 예측되는 질문 : 사용하는데 불편한 점은 무엇입니까?

④ 코치(Coach Buyer)

• 영향력 행사자

• 제품이나 서비스의 대안평가

• 필요한 정보제공

→ 관심사항 : 비교시의 장 · 단점

→ 예측되는 질문 : ○○사 제품보다 차별화된 것이 무엇입니까?

4종류 구매자에 대한 접근 방법

4종류의 구매자에 대한 정보를 많이 갖고 있을수록 접근하기 유리하다. 결코 어떤 구매자도 소홀히 해서는 안 된다. 왜냐하면 한 사람의 구매자가 비협조적일 때는 다된 죽에 코를 빠트리는 것과 같기 때문이다.

그래서 '십년 공부 도로아미타불' 이 되는 것이다. 이제 귀사의 예상구매자를 상정하고 다음 순서에 따라 접근방법을 만들어 보기 바란다.

① 예상구매자의 사명을 써 보시오.

____

② 4종류의 구매자들에 대한 성명이나 소속, 직책은?

____

③ 4종류의 구매자에 대한 이점은?

____

④ 접근순서는?(4종류의 구매자 중 누구에게 먼저 접근할 것인가?)

____

⑤ 접근방법은?

____

▶ 4종류 구매자에 대한 접근 방법

사명 :	전화번호 :
소속 : 성명 : 직책 : 구매자 이점 : 접근순서 : 접근방법 : TB UB	소속 : 성명 : 직책 : 구매자 이점 : 접근순서 : 접근방법 :
소속 : EB CH 성명 : 직책 : 구매자 이점 : 접근순서 : 접근방법 :	소속 : 성명 : 직책 : 구매자 이점 : 접근순서 : 접근방법 :

6 2가지 유형의 문제

"살 것인가? 죽을 것인가? 그것이 문제로다." 햄릿의 독백이다.

따지고 보면 '인생'이라는 것이 사는 문제와 죽는 문제로 귀결되는 것이 아닌가 싶다. 얼마 전에 모 대학 시간강사가 목을 매어 자살했다. 그는 살기보다 죽기를 택했다. 아마도 사는 것이 죽는 것만 못 하다고 생각한 모양이다. 그 까짓 대학교수가 무엇이기에 목숨을 던질까? 필자라면 오히려 그럴 때 대학교수가 아니라도 살길을 찾았을 것이다.

필자가 자주 쓰는 '문제'의 정의는 '목표와 실적의 차이(갭)', '정상이 아닌 비정상', '정답을 구하는 의문(?)'이다. 그러니까 우리가 일을 한다는 것, 영업을 한다는 것, 살아간다는 것 모두가 죽는 날까지 문제해결의 연속이라는 생각이 든다.

2가지 유형의 문제

컨설팅 세일즈도 알고 보면 문제를 해결하는 것이다. 흔히 2가지 유형의 문제라는 것이 그것이다. 하나는 구매자의 니즈가 현재 발생되어 있는 것으로 시급히 해결해야 되는 '현상형 문제'가 있고, 다른 하나는 구매자의 니즈가 앞으로 발생될 것이 틀림없거나 현재 발생되어 있지만 해결까지 긴 시간을 필요로 하는 '장래형 문제'가 있다.

예를 들면, 저수지를 공사하는 건설회사가 모 저수지의 안전진단을 하고 있었다. 잠시 후 안전진단 요원 중 한 사람이 진단을 마치고 다음과 말했다. "동쪽 제방에 개미만한 구멍이 생겨 물이 새고 있습니다. 시급히 보수공사를 하지 않으면 저수지가 붕괴될 위험이 있습니다." 또 다른 사람은 진단을 마치고 다음과 같이 말했다. "동쪽 제방의 위험은 이미 들은 대로입니다. 그런데 저는 또 다른 문제를 말씀드리겠습니다. 서쪽 제방은 별 문제가 없는 것처럼 보이지만 지반이 연약해져서 2~3년 안에 붕괴될 위험이 있습니다. 동쪽을 보수하고 가까운 시일 내에 서쪽도 보수를 해야 되겠습니다." 여기에서 동쪽의 문제와 서쪽의 문제가 무엇이 다른가?

동쪽의 문제는 지금 당장 보수를 해야 되기 때문에 현상형 문제이고, 서쪽의 문제는 가까운 미래에 보수를 서둘러야 되기 때문에 장래형 문제인 것이다.

다음 그림은 2가지 유형의 문제를 보여주고 있다.

▶ 2가지 유형의 문제

구분	현상형 문제	장래형 문제
내용	– 현재 발생되어 있는 문제 – 즉시 해결해야 할 문제 – 원인을 제거하는 것이 해결의 포인트	– 장래의 관점에서 발생할 문제 – 시간을 갖고 해결해야 할 문제 – 변화를 주시하는 것이 해결의 포인트
문제 해결	바람직한 상태 – 현상 = 갭(차이)을 극복하는 것 바람직한 상태 ↑ 갭 ┄▶ 원인 제거 ↓ 현 상	지향하는 장래의 모습 – 현상 = 갭 현 상 ↑ 갭 ┄▶ 장래의 모습에 도달 ↓ 지향하는 장래

현상형인가, 장래형인가?

컨설팅 세일즈는 근본적으로 구매자의 니즈를 문제로 보고, 이를 해결하면서 자사의 제품이나 서비스를 파는 것이다. 그래서 문제해결 세일즈라고도 하는 것이다. 이제 다음을 읽고 현상형인지, 장래형인지를 구분해 보도록 하자.

① 금년에 ERP 구축에 대한 예산을 확보하지 못해서 내년에 예산이 확보된다. (　)
② 현재의 기계 한 대를 10년 썼기 때문에 앞으로 2년밖에 더 쓰지 못한다. (　)

③ 한 대뿐인 오프셋 인쇄기를 더 이상 쓸 수가 없다. (   )

④ 현재의 486을 586으로 교체하고자 하나 1년간 검토를 한다고 한다. (   )

⑤ 경쟁사의 품질이 나빠서 더 이상 거래를 못 하겠다고 한다. (   )

⑥ 내년에 새로운 차를 개발한다는 정보를 입수했다. (   )

⑦ 예상구매자와 경쟁사 사이에 큰 다툼이 생겼다. (   )

⑧ 당사가 판매한 시스템이 7년 내구성을 보증했는데 이제 5년이 지났다.
(   )

⑨ 3년 후에 부산에 새로운 공장을 짓겠다고 한다. (   )

⑩ 사업이 안 되어 서서히 새로운 업종의 기술을 도입하고자 한다. (   )

※ 정답은 이 책 끝부분에 수록되어 있습니다.

현상형 문제의 해결

현상형 문제는 현재 발생된 문제를 해결하는 것이다. 이미 현상이 바람직한 상태와 차이가 발생되어 있기 때문에 시급히 해결되어야 하는 문제를 말하는 것이다. 이런 문제를 해결하기 위해서는 다음과 같은 순서로 진행한다.

○○사 ERP 도입에 따른 현상형 문제해결	
1. 문제의 제기	구매자의 니즈가 무엇을 해결해야 되는 문제인가? 정보가 있으나 여러 부서에 흩어져 있다. 정보통합에 심각한 문제를 일으킨다.
2. 사실수집 및 분석	정보관리의 현재의 내용을 수집, 분석한다. 사무처리의 흐름 파악 정보관리의 현상 파악 분석실시
3. 대책수립	구축의 원칙 ERP 프로그램의 선택(자사 상품으로) 회사의 실정에 맞게 부분 개선 하드웨어의 선택 구축안의 평가 시스템의 효율성 평가 외부 전문가의 평가
4. 실 시	실시준비와 테스트 ERP 사용환경 교육 설치완료
5. 정착화	정착시킨다. 정착되도록 교육 및 훈련 유지 및 보수

① 문제 제기 : 구매자의 니즈가 무엇을 해결해야 되는 문제인가를 명확히 한다.

② 사실수집 및 분석 : 문제에 관련된 사실을 조사하고 문제의 원인을 분석한다.

③ 대책수립 : 문제를 해결하기 위한 대책을 세운다(2가지 정도로).

④ 실시 : 실시계획에 의거해 문제를 해결한다(자사의 제품을 팔거나 설치한다).

⑤ 정착화 : 해결된 문제가 문제해결 이전으로 돌아가지 않도록 조치한다.

장래형 문제의 해결

장래형 문제는 장래의 관점에서 시간을 갖고 해결해야 하고, 변화에 능동적으로 대처하는 것이 문제해결의 포인트이다. 여기서 환경변화란 구매자 시장의 변화, 기술의 변화, 경쟁환경의 변화를 의미한다. 장래형 문제의 해결 역시 어떤 흐름이 있다.

다음은 장래형 문제해결의 순서이다.

① 배경인식 : 구매자의 니즈를 미래의 비전과 목표, 목적, 구상 등에 초점을 맞추고 그것의 배경을 제대로 인식한다.

② 문제선정 : 구매자의 바람직한 미래를 그려본다. 환경의 변화를 통찰한다. 선진사례를 알아본다. 장래에 해결할 문제(과제)를 선정한다.

③ 문제해결 계획안 : 관계자의 연관성 조사, 착안점에 근거해서 계획을 수립한다. 실행계획 수립한다.

④ 실시 : 테스트 실시로부터 본격 실시까지 포함된다.

⑤ 정착화 : 문제해결의 정착화. 다음 단계로 이행하도록 지원한다.

○○건설에 발포 차음단열재 판매

1. 배경인식	**구매자의 미래의 니즈** 현재까지는 아파트의 층간소음 규제가 없었다. 소음을 규제하는 새로운 법이 제정되었다.
2. 문제선정	**구매자의 바람직한 미래를 그려본다.** 차음효과가 우수한 제품을 사용해 민원해소 고객만족 아파트 가치창조
3. 문제해결 계획안	**계획수립** 차음효과의 규제법률 확인 자사 제품이 규제를 통과하는지 검증 판매계획 수립(자사 제품인 발포 차음단열재로)
4. 실 시	**실시** 공사 실시 테스트 실시 문제점 개선
5. 정착화	**정착되도록 한다.** 계속 거래가 이루어지도록 한다. 새로운 세일즈의 기회를 찾는다.

장래형 문제해결의 유의사항

장래형 문제해결은 현상형 문제해결보다 좀더 세심한 주의가 필요하다.
다음은 장래형 문제해결의 유의사항이다.

① 문제(과제)해결의 의도를 명확히 밝힌다
문제(과제)의 배경인식을 명확히 한다.

② 문제(과제)설정을 명확히 한다
　지향하는 장래의 모습을 그려내기 위해서는 환경의 변화가 자사에 기회인지 위협인지를 검토하고, 그것에 대한 우리의 강점과 약점을 정리하는 것도 좋을 것이다. 이것을 SWOT 분석(Strength/Weakness, Opportunity/Threat)이라고도 한다.

③ 착안점에 대한 발상을 중요시한다
　핵심 성공요인(KFS : Key Factor for Success)을 찾기 위하여,
- 여러 가지 사례를 연구, 분석한다.
- 사내 자료뿐만 아니라, 현장에 나가 선행지표를 피부로 느낀다.
- 독특함(남들이 무시하는 것. 허를 찌르는 발상, 상식을 부정함)이 필요하다.

④ 목적달성을 위해 단계적인 발상을 한다
　지향하는 장래의 모습은 '이상형'으로 '협상의 단계'에서는 갑자기 도달할 수 없다. 기한을 정하고 단계별로 문제(과제)를 해결해야 된다.

⑤ 실행계획을 입안한다
　문제해결책(대책)을 구체화하고 일정, 투자, 추진체계 등을 명확히 한다. 구체화하지 못하면 구상은 구상으로 끝나기 때문이다.

7 컨설팅 세일즈의 기회발견

"기회(Opportunity)를 잡아라.", "기회는 자주 오지 않는다." 인생의 기회도 그러하거니와 세일즈의 기회도 마찬가지이다. 어떤 사람은 숱한 기회가 스쳐 가는데도 그것을 잡지 못하는 것을 보았다. 그런가 하면 작은 단서나 조짐만 보여도 그것을 자기 것으로 만들어 기회를 잡는 사람을 보았다.

이제까지 현상형 문제와 장래형 문제를 설명했는데, 이 같은 문제해결의 기회는 자사의 비즈니스의 기회가 되기도 하는 것이다. 동시에 이것은 컨설팅 세일즈의 기회가 되기도 하는 것이다.

컨설팅 세일즈의 기회발견

다음 내용을 컨설팅 세일즈의 기회발견의 조짐이나 단서로 활용하기 바란다.

① 구매자의(고객) 환경변화

② 자사와의 거래변화

기존 구매자의 경우 거래관계의 현저한 변화를 파악한다. 질적 변화와 양적 변화 그리고 주력상품의 거래추이도 중요한 포인트이다.

③ 구매자(고객)의 목표(과제)

구매자가 '장래에 지향하고자 하는 모습' 또는 '이상' 이라 할 수 있는 상태를 설정한다. 구매자(고객)의 꿈이나 소망도 포함된다〔장래형 문제(과제)의 경우〕.

④ 구매자의 문제(과제)점

현상형 문제와 장래형 문제(과제)를 해결하고자 하는 마음으로 접근하다보면 거기에서 여러 가지 잠재요인과 문제들을 발견하게 되는 데(목표와 현상간의 차이, 정상이 아닌 비정상, 정답을 구하는 의문), 이것을 '구매자의 문제(과제)점' 이라고 한다.

⑤ 경쟁의 인식

경쟁의 약점과 강점을 인식하고, 특히 약점에 비중을 두고 일을 전개하는 것이 필요하다. 경쟁사의 강한 시장이 아니라 틈새시장이 더욱 효과적인 공략목표가 된다.

⑥ 구매자(고객)의 중요한 문제(과제)

문제(과제)는 다양하므로 긴급성과 중요도를 따진다. 컨설팅 세일즈를 위한 기회발견은 구매자가 안고 있는 문제(과제)를 명확히 하는 것이 포인트가 된다.

⑦ 제3장에서 설명한 논리적 세일즈의 여러 가지 툴, 3C분석, 마케팅 4P, 조직의 7S, 소비사슬, 문제점 파악 9불 등을 활용하되 특히 9불(不)을 보면 기회가 보일 것이다.

▶ 컨설팅 세일즈의 기회발견의 흐름도

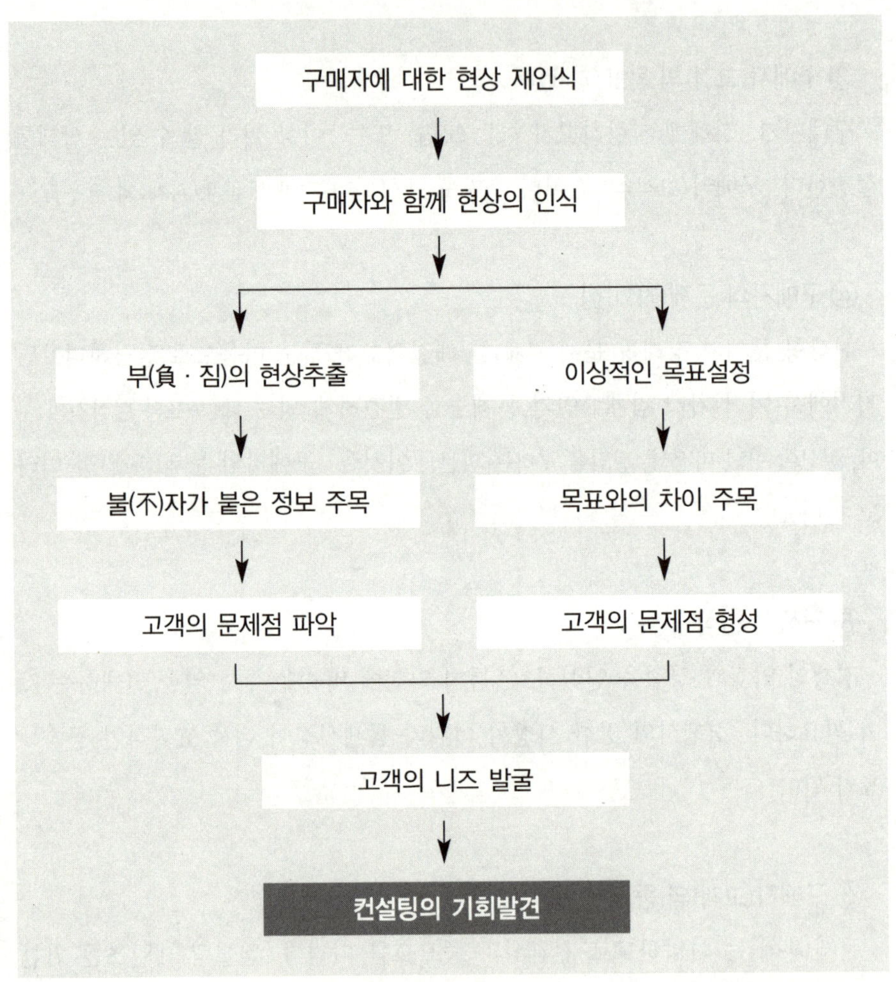

컨설팅 세일즈의 방향설정

지금까지 컨설팅 세일즈의 기회를 발견하는 것에 대해 논의했다면 이제부터는 컨설팅 세일즈의 방향설정에 대해 알아보자.

컨설팅 세일즈의 방향이란 구매자(고객)의 문제(과제)를 해결하는 방향이다. 더구나 경쟁사와의 경쟁에서 이기기 위해 어느 곳에 컨설팅 세일즈의 기회가 있으며 승리의 가능성이 있는지도 검토해야 한다.

▶ 컨설팅 세일즈의 방향설정 순서

① 자사의 강점과 약점 확인

② 공헌할 수 있는 고객(구매자)의 문제(과제)추출

③ 컨설팅 세일즈의 니즈 결정

④ 컨설팅 세일즈의 내용 결정

⑤ 고객(구매자)의 이점을 검증

⑥ 자사의 이점을 검토

⑦ 컨설팅 세일즈의 곤란성 예측

⑧ 설득의 포인트가 되는 점을 준비

⑨ 역할분담과 준비과정 설계

8 컨설팅 세일즈의 제안서

　"제안서를 보내주세요.", "네, 알겠습니다." 황○○ 씨는 구매자로부터 제안서를 보내달라는 부탁을 받고 당황하기 시작했다. 그도 그럴 것이 황○○ 씨는 제안서를 작성해 본 적이 없었기 때문이었다. 그는 부랴부랴 선배한테 물어보기도 하고 관련된 책을 보기도 했으나 대부분 어떻게 하면 된다는 요약형이라 별다른 도움이 되지 않았다고 한다. 결국 1억 원의 매출기회를 경쟁사한테 빼앗기고 뒤통수를 얻어맞은 것처럼 정신을 차리고 난 뒤에야 제안서 공부를 했다는 것이다. 결국 소 잃고 외양간 고치는 격이 되고 말았다. 많은 사람들은 건강에 관하여, 비즈니스에 대하여, 성공에 대하여 이런 저런 이야기를 듣지만 제대로 이행하지 않는 듯 싶다. 콩알만한 돌로 맞았을 때 정신을 차리지 않고, 호박만한 돌로 맞았을 때 "이크!" 하고 정신을 차리나 때를 놓치는 경우가 많은 것이다. 컨설팅 세일즈에서 판매의 기회를 놓치지 않으려면 제안서를 작성하는 능력이 중요한 것이다. 이것은 세일즈맨들에게 현장활동을 열심히 하는 것 이상으로 문서를 작성하는 능력도 중요함을 의미하는 것이기도 하다.

제안서

영업사원은 앞서 컨설팅 세일즈의 방향에 따라 그것을 구체적으로 구매자에게 제안해야 하는데, 이때 작성하는 것을 제안서라 한다. 제안서 작성은 구매자의 문제(과제)를 해결하는 수단으로 자사 제품과 적절히 연결하고, 제안을 수용함으로써 얻어지는 구매자의 이익을 최대화하도록 지혜를 짜내는 것을 말한다.

따라서 제안서의 작성은 제안내용을 구체화하면서 동시에 제안서를 작성하는 것이다. 왜냐하면 제안내용의 구체화가 그대로 제안서의 구성에 연결될 수 있어야 하기 때문이다.

▶ 제안서의 역할

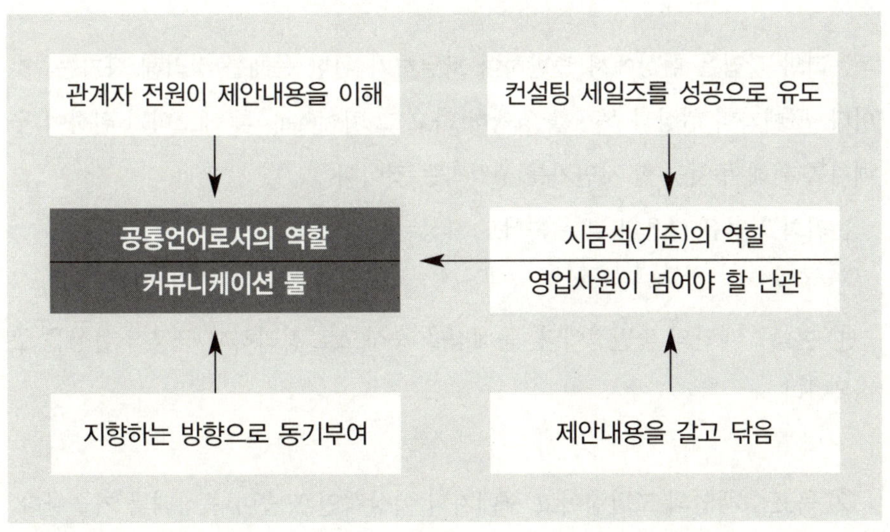

제안의 3부분

제안내용의 구체화는 구매자의 문제(과제)를 해결하는 수단으로 자사 제품을 적절하게 연결시키는 것이다. 바꾸어 말하면 구매자의 니즈와 자사의 강점 사이에서 '어떤 접점'을 찾아내어, 그것을 명확히 형태화하는 것이다. 따라서 제안서의 형태는 먼저 제안을 논리적으로 접근하는 것이고, 다음은 그 논리를 현실적으로 어떻게 실천하는 지를 보여주는 현실화 작업과 끝으로 자사가 계약된 일을 제대로 할 수 있다는 것을 보여주기 위한 증거화 작업이 있다.

논리화 작업

논리화 작업은 현상에서 출발하여 도달하기 위한 문제를 정리해 나가는 것이다. 구매자의 현상과 목표를 명백히 하고 그 차이(Gap)를 해소하기 위하여 구매자를 위해 무엇을 할 것인가를 생각하는 것이다.

논리화 작업은 다음과 같은 순서로 작성된다.

① 현상 : 제안의 출발점이다. 문제점을 중심으로 정리하되 긍정적 현상을 주목한다.

② 목표 : 제안의 도달점이고 구매자의 이상적인 모습이나 상태를 기술한다. "우리 회사 제품을 쓰면 이런 목표가 실현됩니다."라고 암시하는 것이다.

현상은 문제를 중심으로 정리하고, 목표는 높게 설정해야 제안이 실감나게 된다.

③ 문제(과제) : 현상과 목표의 차이를 해소하기 위하여 구매자가 취해야 할 행동을 문제(과제)라고 한다. 문제(과제)는 구매자를 진단한 내용 그 자체이다. 논리화 작업에서 결정적 포인트는 문제(과제)의 적합성이다.

④ 방침 : 문제(과제)해결의 방향이나 방법을 수립해 기술해 나가는 것이다. 이것을 잘해두면 구매자에 대한 설득력도 높아지고, 현실화부분의 필연성도 높아진다.

현실화 작업

현실화 작업이란, 현상에서 출발하여 목표에 도달하기 위한 방법을 창출해 내는 것이다. 이것은 구매자의 목표를 실현하는 방법이 되어야 한다. 또한 현실화 부분은 문제(과제)에 대한 대답이라고 말할 수 있다. 그리고 이것은 제안의 핵심이며, 상담을 성립시키기 위해서는 무엇보다도 현실화작업을 중요시해야 한다.

다음은 현실화 작업의 흐름이다.

① 명칭(건명, 안건)

제안내용을 정확하게 전달하면서도, 매력적인 이름이 좋다. 명칭에 따라 구매자가 받는 인상이 달라진다.

② 내용(제품, 시책)

영업사원이 구매자에게 제안하는 자사 제품과 그 이용방법이다. 제품은 하드 또는 소프트, 서비스, 시스템 어느 것도 동일하다.

가능하면 타사와 차별되는 독창성을 발휘하라.

③ 방법(순서, 과정)

내용을 실현하기 위한 방법이다. 방법, 순서, 준비과정을 포함한다. 내용이 시책일 때 그것은 구매자가 실행해야 한다.

④ 효과(성과, 이익)

제안을 받아들임으로써 구매자가 누리는 최대한의 이익을 말한다. 효과는 가능한 한 숫자를 사용해 표시하는 것이 바람직하다.

⑤ 조건(비용, 가격)

거래나 매매에 관한 내용이다. 제안을 수용했어도 최종적으로 조건에서 성패가 좌우될 수 있다. 첨부한 견적서로 대체해도 좋다.

⑥ 비교(보충, 특별기술사항)

제안내용을 보충하거나 강조하고 싶은 경우에 기술한다. 부대적인 제안이나 미래의 약속도 좋다. 비교는 제안을 넓고 깊게 해준다.

기타 말로써 전달하기 힘든 것은 비주얼화시키거나, 플로차트를 만들거나 그래픽화하는 것으로, 가장 중요한 것은 "내용"이고 강조해야 할 것은 "효과"이다.

증거화 작업

논리화와 현실화에서 부족한 부분을 증거화하는 작업이 불가피할 경우가 있다. 이것은 구매자에게 신뢰를 받는 보증서의 역할을 한다.

증거화 작업은 다음과 같이 한다.

① 자 료

관련 데이터, 도움이 되는 정보, 거래실적, 기존 구매자의 성공사례, 신문기사, 전문가의 의견, 연구소 논문 등

② 최강의 제안서

잘된 제안서는 논리화부분, 현실화부분, 증거화부분으로 구성되어 있다. 이것이야말로 최강의 제안서나 다름이 없다. 구매자에게 거부할 명분을 주지 않는 것이 좋다. 또 어디에서도 그런 명분을 발견할 수 없는 제안서가 가장 훌륭한 제안서인 것이다. 단, 가격, 조건 등을 제외한다.

③ 논리의 일관성

제안서는 전체적으로 논리적인 일관성이 있어야 한다. 제안은 그 전체를 관통하는 강한 논리적 골격이 필요하다. 상담의 규모가 크면 클수록 논리적인 일관성이 더욱 절실해진다.

제안의 고도화

영업사원은 고도화할 수 있는 제안내용이 되도록 대처하지 않으면 안 된다. 구매자의 문제(과제)해결을 위해 제안내용이 되는 제품에는 다음 5가지 유형이 있다.

① 기존 제품의 선택 : 기존 제품에서 최적의 제품을 선택한다.

② 기존 제품의 복합 : 기존 제품 중에서 적절한 제품을 몇 개 선택해서 복합한다.

③ 기존 제품의 가공 : 제안의 효과를 올리기 위해 하드＋소프트＋서비스＋시스템도 연구해본다.

④ 표준제품의 가공 : 미리 표준제품을 만들어 놓고 그것을 구매자의 니즈에 따라 가공한다.

⑤ 독창제품 추구 : 구매자의 문제(과제)에 맞추어 제품을 맞춤제품으로 만든다.

제안의 포인트

제안내용의 좋고 나쁨이 세일즈의 성패를 좌우한다. 오로지 고객지향과 고객만족실현을 염두에 둔 구매자를 위한 제안서를 작성해야 한다. 따라서 다음의 포인트를 중시해야 한다.

① 구매자 이익 최우선 : 구매자 이익과 자사 이익이 일치하지 않을 때, 필요하다면 타사 부품을 사용해서라도 구매자 이익을 챙겨라.

② 급할수록 돌아가라 : 신규 개척에서 계약 체결에만 급급하지 말고 경쟁제품의 효과적인 사용방법에 대해서도 언급해 주는 것이다. 급할수록 돌아가라.

③ 장래의 만족 확보 : 내일을 간파하는 제안, 장래에 걸쳐 충분한 만족을 줄 수 있는 것이 좋다.

④ 조화에 대한 배려 : 아무리 훌륭한 제품을 제안했어도 구매자가 완전히 사용하지 않으면 의미가 없다. 구매자의 니즈와 자사 제품 사이에서 적절한 조화가 필요하다.

⑤ 부가가치 창조 : 영업사원은 고부가가치 제안을 해야 하는데 이것은 자사보다 구매자의 부가가치를 더욱 강조하는 개념이다.

알아보기 쉬운 제안서

알아보기 힘든 제안서가 되는 원인은 제안내용이 불명확하거나 문장력이 부족할 때이다. 어떤 경우에도 알아보기 쉬운 제안서를 작성해야 한다. 먼저 제안내용의 불명확성을 제거하는 것인데, 이것은 끈기 있게 생각하는 것밖에 별다른 개선책이 없다. 실전경험을 많이 쌓도록 노력하는 것만이 해결책이다.

다음은 신문의 타이틀을 옮겨 쓰는 작업을 하루에 한 번씩 1~3개월 동안 하면 현저히 개선되는 것을 볼 수 있다. 자연스럽게 6W 2H(What, Why, When, Where, Who, Whom, How, How-much)가 몸에 익혀지기 때문이다.

▶ 알아보기 쉬운 제안서를 만드는 개선책

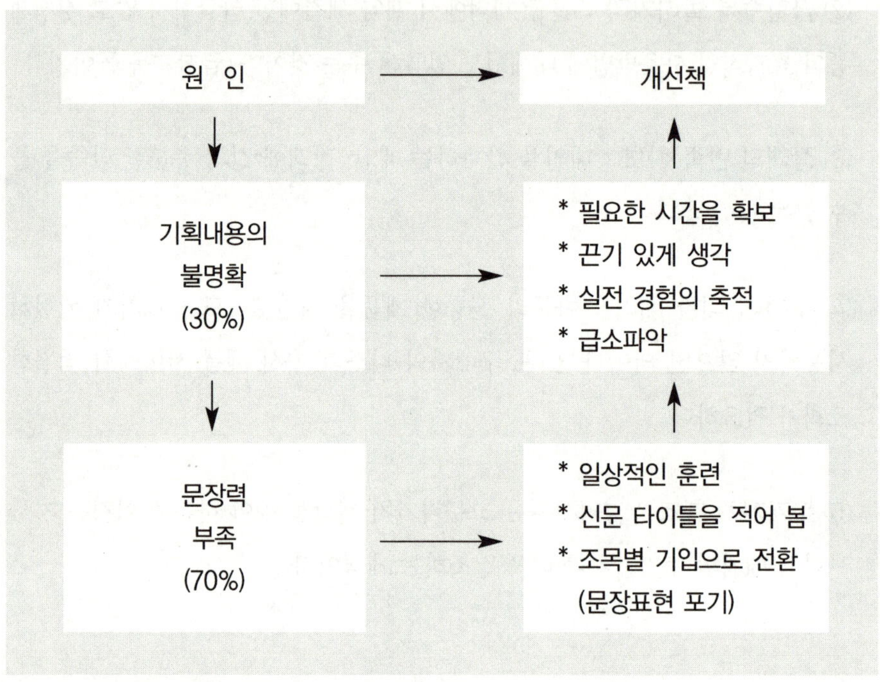

제안서의 타이틀

제안서의 표지는 제안서의 얼굴이다. 따라서 매력적인 얼굴을 만들어야 한다. 매력적인 얼굴을 만들려면 다음 사항에 관심을 가져주기 바란다.

① 제출처 : 구매자의 정식명칭, 주식회사가 앞인지 뒤인지도 검토하며, 필요
하면 부서까지 표기하라.

② 제안서 타이틀 : 제안의 취지를 정확하게 표현한다. 제안내용을 고양시킬
때는 필요한 경우 부(副 ; Sub) 타이틀을 붙인다.

③ 제출일 :　　년　월　일을 표시한다.

④ 제출자 : 기업명에 부서명, 필요한 경우 개인명도 쓴다. 주소, 팩스, 전화
번호, 이메일(E-mail) 등도 기록한다.

⑤ 비주얼 : 취지에 맞는 시각물을 삽입하거나 차례 또는 머리말을 넣는 경우
도 있다.

제안서의 표지 형식

제안서의 표지 형식에 어떤 정답이 있는 것은 아니다. 다만 "보기 좋은 떡이
먹기도 좋다."는 속담과 같은 것이다.

사이즈는 특별한 규제가 없는 한 A4 크기가 적절하다. 용지의 선택은 가능하
면 고급종이를 사용하는 것이 좋다. 엠보싱이 잘된 종이이거나, 컬러풀하면 더
좋을 것이다.

<u>주식회사 월드약품 홍 길 동 귀하</u>

영업사원 능력향상을 위한
교 육 제 안
– 철저히 실무 중심으로 –

2003년 1월 10일

주식회사 맨테크컨설팅
교육사업본부　임갑수

우 : 121-850. 서울특별시 마포구 성산동 593-10 승진빌딩 B동 303호
전화 : (02)322-3022
E-mail : mantechcon@mantechcon.co.kr

9 구매자에 대한 사전검토

"신용은 가장 큰 재산이다.", "구매자에 대한 현재의 기준과 미래의 기준에 대하여 살펴보라."는 말이 있다. 팔기에 급급하여 정작 구매자에 대한 사전검토를 게을리 해서는 안 될 것이다.

구매자의 사전검토의 중요성

김○○ 씨는 식품의 원료를 판매하는 중견 영업사원이다. 그는 최근 H사에 식품원료 5천만 원어치를 팔았다가 부도를 맞고 말았다. 아주 쉽게 계약이 되었을 때 뛸 듯이 환호하였으나 부도를 맞고 보니 쥐구멍이라도 들어가고 싶은 심정이었을 것이다.

결제가 좋지 않아 경쟁사에서 거래를 끊었다고 하는 사실만 알았더라도 이런 손실은 사전에 막을 수 있었을 것이다. 이미 H사는 부도가 날 가능성이 있다고 업계에 소문이 파다했음에도 김○○ 씨만이 정보가 없었던 것이다. 김○○ 씨가 상품을 얼마 동안이나 열심히 팔아야 이 손실을 보전하겠는가? 큰 금액이 쉽게 계약이 될 때는 일단 의심해보는 것이 좋다.

만일 김○○ 씨가 구매자에 대해 현재의 기준으로 볼 때 지불능력이 있는지를 살펴보았다면 불행한 사태를 사전에 막을 수 있었을 것이다. 구매자에 대한 계약 전 사전검토가 중요한 것은 이 때문이다.

▶ 구매자에 대한 사전검토사항

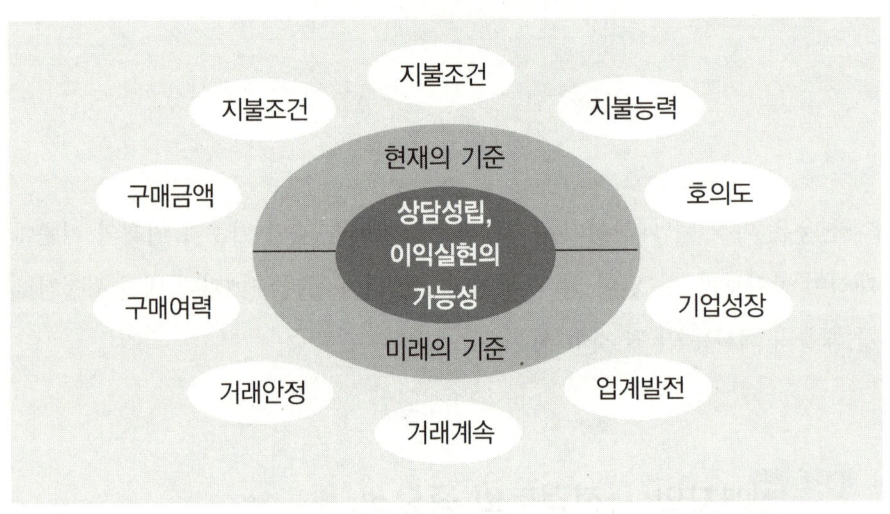

현재의 기준으로 본 사전검토

현재의 기준으로 본 사전검토는 지금 당장 거래상 무엇이 문제인지를 살펴보는 것이다.

① **구매시기** : 구매시기는 언제가 될 것인가? 만일 그때라면 납기에 문제가 없는가? 문제가 있다면 어떻게 해결할 것인가? 어느 부서의 누구와 협력할 것인가?

② **구매금액** : 구매금액은 어느 정도가 되겠는가? 대량인가, 소량인가? 만일 소량이라면 수주할 가치가 있는가? 미래의 빅 세일즈를 위해 희생판매를 해야 하는가?

③ **지불조건** : 지불은 현금인가, 어음인가? 현금이라면 방문수금인가, 온라인 수금인가? 어음이라면 며칠로 협상해야 하는가?

④ **지불능력** : 지불능력에 대해서는 예방채권관리 차원에서 신용조사를 실시하는 것이 유리하다. 김○○ 씨처럼 지불능력이 없는 구매자에게 제품을 판매해서 부실채권이 발생되면 곤란하기 때문이다. 필자가 컨설팅을 해보면 소비재보다 산업재가 예방채권관리가 부실하다.

구매자의 신용은 근본적으로 지불능력임을 잊어서는 안 된다. 지불능력은 현금이나 예금이 있는지, 부동산이 있는지, 동산이 있는지에 달려 있다. 그것도 하자 없는 자산일 때 그리고 지불에 충분한 여력이 있을 때를 지불능력이 있다고 말하는 것이다.

지불능력이 있는지를 알려면 구매자(고객)에 대한 신용조사를 실시해야 한다. 만일 현금거래라면 이 문제는 별로 심각하지 않다. 그러나 대부분 신용거래를 주로 하기 때문에 이것이 중요한 것이다.

신용조사에서 가장 중요하게 생각할 것은 다음과 같다.

첫째, 구매자가 빈혈증에 걸렸는지를 살펴보는 것이다. 사람은 피가 돌아야 사는 것처럼 기업은 현금(기업의 피)이 돌아야 하는 것이다. 그런데 어떤 이유든지 현금이 돌지 않을 때 빈혈증에 걸렸다고 말한다.

이때 나타나는 현상들은 다음과 같다.

* 지불이 늦어지기 시작한다. 또는 그런 소문이 있다.

* 주거래 은행을 바꾼다. 또는 그런 정보를 들었다.

* 약속어음의 지불기한이 연장되기 시작한다는 소문이 있다.

* 적금이나 보증금, 공탁금을 인출하기 시작한다(도주의 위험).

* 동업자간에 위험하다는 소문이 파다하다.

* 경쟁사가 갑자기 거래를 중단했다.

* 재무제표를 보니 부채비율이 높다(보통 400% 이상).

* 부채로 소송에 걸렸다는 소문이 있다.

둘째, 변비증 현상이 보일 수도 있다. 사람이 음식물을 먹으면 대변이 잘 나와야 하는데 이것이 문제가 생기면 변비에 걸린다. 구매자의 창고에 완제품이 산더미처럼 쌓여 있는데 판매가 부진하다. 이런 것을 변비증에 걸렸다고 말한다. 이때 나타나는 현상들은 다음과 같다.

* 제품을 덤핑판매하고 있다.

* 재무제표를 보니 전년대비 신장률이 저조하다.

* 재고량이 갑자기 늘어나고 있다.

셋째, 거래의 기본서류를 챙겨본다〔계약서 체결 · 결질(백지)수표 · 법인등기부등본 · 부동산등기부등본(법인재산) · 사업자등록증 · 대차대조표 · 손익계산서 등)〕.

넷째, 대차대조표를 통해 반드시 점검할 사항이 있다(자산규모는 표준비율 80%인가? 자기자본비율 · 유동비율 · 부채비율 · 매출채권회전율 등).

다섯째, 손익계산서를 통하여 반드시 점검할 사항이 있다(매출액 대비 매출원가 비율은? 매출액 대비 일반관리비, 판매비 비율은? 매출액 대비 영업외 비용 비율은? 매출액 순이익률은?).

이상의 내용은 채권관리일반에 해당되는 매우 기초적인 것이다. 만일 이런 것에 대한 지식이 없다면 '채권관리'에 관련된 책을 공부하기 바란다.

⑤ 호의도 : 자사에 호의를 갖고 있는가? 그렇지 않다면 어떤 이유인가?

미래의 기준으로 본 사전검토

미래 또는 장래의 기준으로 본계약 전 사전검토사항은 다음과 같다.

① 기업성장 : 계약하고자 하는 구매자의 기업은 성장하고 있는지? 정체되어 있는지? 정체되었다면 그 이유는 무엇인가?
② 업계발전 : 어떤 특정 업계는 그 업종의 라이프 사이클 때문에 쇠퇴하는 업종일 수도 있다. 이런 경우는 단기적으로 거래를 하더라도 장기적으로는 심사숙고해 보아야 한다.
③ 거래계속 : 거래는 계속될 것인가? 단발적인가?
④ 거래안정 : 거래는 안정적으로 될 것인가? 또 다른 변수가 있을 것인가?
⑤ 구매여력 : 장기적으로 이 구매자의 구매여력은 어느 정도이겠는가?

10 컨설팅 세일즈 준비 시트

컨설팅 세일즈를 계획적으로 추진하기 위하여 다음과 같은 형식의 구매자 정보수집 정리, 컨설팅 세일즈의 기회발견, 컨설팅 세일즈의 방향설정의 컨설팅 세일즈 시트를 준비하여 활용하고 그 기록은 세일즈의 성공과 실패 사례를 만들기 위해 보관한다.

구매자 정보수집 정리

▶ 구매자 정보수집 정리

STEP 1 : 구매자 정보수집 정리	
명칭(상호)	
대표자	
결제자	
담당자	

연 혁	년 (년 월 일)		
규 모	① 자본금 원 ② 사원 수 명 ③ 매출액 원		
업 종			
경영상 특징	① 이 념 ② 목 표 ③ 자 원		
영업상 특징	① ② ③		
사업장	① 지점(영업소) 수 ② 대리점 수 ③ 계열사		
주력제품	① ② ③		
당사의경쟁사	① ② ③		
당사의 거래실적	① 평 균 백만 원(년 월 ~ 월) ② 최 고 백만 원(년 월) ③ 최 저 백만 원(년 월)		
비 고			

▶ 컨설팅 세일즈의 기회발견

STEP 2 : 컨설팅 세일즈의 기회발견	
구매자의 환경변화	① 업계 ② 영업상황 ③ 거래처 ④ 구매
당사와의 거래변화	① 질적 변화 ② 양적 변화 ③ 주거래 제품
구매자의 목 표	① ②
구매자의 문제점	① 경영 ② 판매 ③ 제품 ④ 고객 ⑤ 구매 ⑥ 기타
경쟁사 인식	① 강점 ② 약점
구매자의 중점문제 (과제)	① ② ③ ④
비 고	

컨설팅 세일즈의 방향결정

▶ 컨설팅 세일즈의 방향결정

STEP 3 : 컨설팅 세일즈의 방향결정	
자사의 확인	① 강점 ② 약점
중점문제(과제)의 공 헌	① ②
컨설팅 세일즈의 니즈 결정	① ②
컨설팅 세일즈 내용 결정	① ②
구매자의 이 점	① ② ③
자사의 이 점	① ② ③
컨설팅 세일즈의 곤란성 예측	① ②
설득의 포인트	① ②
역할분담과 준 비	① ②
비 고	

11 컨설팅 세일즈의 저항처리

PAPIS 질문법을 제대로 활용한다면 구매자의 저항을 최소한으로 줄일 수 있다. 그래도 얼마간의 저항은 있게 마련이다. 구매자의 저항은 세일즈 과정의 피드백이라고 보아야 할 것이다. 따라서 저항을 적절히 처리하면 세일즈 확정으로 가는 길이 보이는 것이다.

저항을 다루는 능력

만일 컨설팅 세일즈맨인 당신이 이런 상황에 처한다면 어떻게 하겠는가?

① 구매자의 저항을 잘못 다루었다가 세일즈를 실패한 경험을 생각하면서 다음에 답해 본다.

• 구매자의 관심은 무엇이었는가?

• 나는 어떻게 대응했는가?

• 보다 효과적으로 대응하려면 어떻게 했어야 되는가?

② 예상구매자가 가격이 너무 비싸다고 하면 나는 어떻게 하겠는가?

③ 구매자가 제품의 품질이나 회사의 평판에 대해 의구심을 갖고 있을 때 나는 무엇이라고 말하겠는가?

④ 10점 만점으로 구매자의 저항을 다룰 때 필요한 자질 중 나의 점수는?

• 자신감 ____________

• 회사와 제품에 대한 확신 ____________

• 제품에 대한 지식 ____________

• 업계에 대한 지식 ____________

• 인간 본성에 대한 지식 ____________

• 인내심 ____________

• 논쟁을 피하는 능력 ____________

• 스트레스 속에서 평정을 지키는 능력 ____________

• 외교적인 수완 ____________

저항을 하는 이유

저항의 종류는 여러 형태일 수 있으나 저항하는 이유는 한정되어 있다. 재치와 인내심으로 그 이유를 알아내는 것이 바로 세일즈맨의 역할인 것이다.

① 구매자 니즈 : 우리는 변화가 빠른 시대에 살고 있다. 구매자의 니즈로 생각했던 것이 잘못 판단되었을 때 저항의 이유가 된다. 많은 정보를 조사하고 구매자에게 맞는 제품을 소개해야 될 것이다.

② 인간관계 : 사람들은 좋아하는 사람들과 일하고 싶어한다. 구매자가 컨설팅 세일즈맨과 관계가 좋지 않을 때도 저항의 이유가 된다. 신뢰감과 편안함을 주도록 해야 한다.

③ 구매자의 능력 : 구매자가 결정권자가 아닐 수 있다. 또는 구매자의 능력 — 이를테면 높은 이자, 공간 부족, 부족한 자금 등 — 이 문제가 될 때 저항의 이유가 될 수 있다.

④ 제품 : 제품의 질이 떨어진다든지 회사의 이미지가 좋지 않을 때는 저항의 이유가 된다. 이를 해결하는 방법은 제품이 개선되고 있다는 명백한 증거를 보이는 것이다.

⑤ 가격 : 구매자가 느끼는 가치보다 가격이 비싸다고 생각하는 것이다. 이때는 가격이 비싼 이유를 합리적으로 설명해야 될 것이다.

저항을 다루는 4단계

저항을 다루는 일반적인 법칙이 있다.

① 주의 깊게 경청한다. 구매자의 이야기에 끼어 들지 말고 경청하는 것이다. 구매자는 구매를 결정하기 전에 자기의 생각을 이야기할 권리가 있음을 인정해야 한다. 구매자의 몸 동작, 목소리, 기타 구매 신호를 새겨들어야 한다.

② 당신이 잘 이해했는지 피드백을 통해 확인한다. 구매자가 한 말을 "이렇게 말씀하셨는데 그 뜻은 이런 것이지요?" 하고 물어보는 것이다.

③ 논점에 효율적으로 접근하도록 한다. 이것은 직접적이고 설득력 있는 방법을 사용하는 것을 말한다. 예상구매자들이 문제의 핵심을 이해하지 못할 때 논점을 명확히 밝혀 구매자의 태도를 변화시키는 것을 말한다.

④ 수용적인 자세로 돌아섰는지를 확인한다. "제 답변에 만족하셨습니까?"라고 물어보는 것이다. "아직도 걱정거리가 남아 있습니까?"라고도 물어보는 것이다.

▶ 저항을 처리하는 방식

…임을 잘 알겠습니다.	거부와 교정
공평한 행동을 한다.	같은 문제끼리 비교
프랭클린 대조표	부메랑법
명확하게 하라.	증거제시법

저항을 처리하는 방식

예상구매자의 저항을 경청하고 피드백을 한 뒤에는 합리적인 방식으로 이를 처리해야 될 것이다. 유능한 컨설팅 세일즈맨은 자기 나름대로 처리방식이 다양하겠지만 몇 가지 방법을 알아두면 효과적으로 처리할 수도 있다.

① …임을 잘 알겠습니다

이 방식은 이해하고 있다는 것을 구매자에게 전달하여 구매자가 혼자가 아니라는 것을 느끼게 하고 확인시켜 주는 것이다. "저는 귀하가 느끼는 문제와 같은 사례와 똑같이 느꼈던 구매자의 사례를 알고 보아 왔습니다."

인정받고 받아들여지는 인간의 성향과 관련이 있다.

② 공평한 행동을 한다

일부 제품의 결함을 지적하면 그것이 정당한 것이라면 솔직히 인정해 주는 것이다. 그런 후 제품의 결함을 상쇄할 만한 서비스나 효용을 설명하는 것이다.

"이 컴퓨터가 많은 공간을 필요로 한다는 것에는 동의합니다. 그러나 가격이 싸고 유지 보수비용이 적고 용량이 크다는 장점을 갖고 있습니다."

③ 프랭클린 대조표

벤 프랭클린의 대조표는 어떤 문제에 대한 판단을 논리적으로 하기 위한 표이다. 종이 한 장에다 한쪽에는 구매하는 것이 마땅한 이유를, 다른 한 쪽에는 구매하지 않는 마땅한 이유를 적어보는 것이다. 그리고 공평한 마음으로 양쪽의 항목에 각각의 가중치를 주어서 양쪽의 합이 100점이 되도록 한다. 그리고 그것을 각 쪽의 항목 수로 나누는 것이다. 그래서 생기는 숫자가 의미 있는 평

균점으로 앞으로 해야 할 일을 보다 명확하게 제시해 준다. 옆 그림은 프랭클린 대조표의 사례로 자동차를 사려고 하는데 구매의 가중치의 합계는 60점, 비구매의 가중치의 합계는 40점이다. 양쪽의 합계는 100점이 된다.

그런데 다시 양쪽의 합을 항목 수로 나눈 평균값은 30 : 13.3으로 구매하는 것이 타당한 것으로 나타났다. "보십시오. 선생님이 말씀하신 구매해야 할 이유와 구매하지 않을 이유를 대조해 보니 구매하시는 것이 좋은 것으로 나타나지 않았습니까?"

▶ 프랭클린 대조표의 사례

자 동 차	
구 매	비구매
싸다 40 A/S 양호 20	디자인 15 잔고장 10 내구성 15
평 균 30	평 균 13.3

④ 명확하게 하라

저항은 종종 모호하거나 너무 일반적일 때가 많다. "이 서비스는 우리에게 잘 맞지 않을 것 같아요." 이럴 경우 무엇이 맞지 않는지 질문하는 것이 좋다.

"맞지 않는다는 말은 어떤 의미입니까?"

"납기가 늦어서요?"

"납기를 2배로 빠르게 할 수 있습니다."

"그렇다면 구매할 수 있겠습니다."

⑤ 거부와 교정

예상구매자가 전혀 정보를 갖고 있지 않을 수도 있다. 또는 누군가가 정확하지 않은 정보를 주었을 수도 있다. 이럴 경우에 컨설팅 세일즈맨은 구매자의 잘못된 정보를 바로잡아 주어야 한다. "귀하가 알고 있는 정보는 잘못된 것입니다. 여기 자료를 보시지요."라든가, "그런 주장에 동의할 수 없습니다. 여기 최신 정보를 보여드리겠습니다."

⑥ 같은 문제끼리 비교한다

논쟁에서 이기려면 논리적 법칙을 따라야 한다. 마찬가지로 비교를 할 때에는 같은 문제를 비교해서 논리에 맞추어야 한다. 그러나 저항하는 구매자들이 언제나 논리적으로 사고하는 것이 아니기 때문에 구매자가 논리에서 벗어나지 않게 하는 것이 중요하다.

"이 레이저 프린터는 분당 15쪽밖에 인쇄하지 못하는군요."

"앞에서 고객님은 해상도가 높은 것을 최우선으로 고려한다고 말씀하셨습니다. 지금도 그렇습니다. 그렇지 않으면 제가 이것을 추천해 드렸겠습니까?"

⑦ 부메랑법

제품을 구매하지 않을 이유가 정확히 구매해야 할 이유가 될 때 사용한다. 이 방법은 나무만 보고 숲은 보지 못하는 구매자를 대할 때 적절한 방법이다.

"저는 보험을 가입할 경제적 여유가 없어요."

"맞아요. 경제적 여유가 없을 때 조금씩 절약해서 보험을 드는 것이지요. 저축성 보험은 보장성과 저축성을 동시에 만족시킬 수가 있습니다."

⑧ 증거제시법

논점을 확실히 하려면 명백한 증거가 뒷받침 되어야 한다. 차트, 그래프, 통계, 사례, 제품으로 경비절약 사례 등을 통하여 저항을 처리하는 것이다.

12 컨설팅 세일즈의 확정

이미 앞에서 테크닉 세일즈와 컨설팅 세일즈의 차이를 설명했다. 컨설팅 세일즈의 확정에서도 두 부류는 차이가 난다. 세일즈의 확정을 테크닉 세일즈맨은 세일즈 전쟁의 전과로 생각하는 반면 컨설팅 세일즈맨은 세일즈 과정의 협력으로 보는 것이 다르다. 앞의 것은 비도덕적이고 비윤리적인데 반하여 뒤의 것은 도적이고 윤리적이다.

세일즈의 종결과 확정

테크닉 세일즈는 세일즈의 종결을 말해왔다. 그것은 구매자가 제품이나 상품을 원하든 원하지 않든 판매되는 순간이 세일즈의 종결(Closing)이 되었다. 그러나 컨설팅 세일즈는 종결이 아니라 세일즈의 확정(Confirming)이라고 말한다. 왜 그런가 하면 세일즈의 확정은 앞으로 진행될 거래관계의 출발이기 때문이다. 그래서 컨설팅 세일즈는 종결이 아니라 확정이라고 말하는 것이다. 컨설팅 세일즈는 그것이 소비재이든, 산업재이든 계약으로 끝나는 것이 아니라 지속적으로 관계를 이어가기 때문이다.

세일즈 확정의 기회

컨설팅 세일즈에서 세일즈 확정의 기회를 인식하는 것의 핵심은 구매자를 잘 아는 것이다.

구매자에게 세일즈를 제안하거나 확정의 단계에 들어섰다면 이미 그때는 구매자의 행동유형이나 다른 성격적 특징에 숙달되어 있어야 한다. 또한 그런 지식이 있어야 구매자가 보내는 신호를 이해할 수 있을 것이다.

이미 PAPIS 질문법을 활용하면 저항을 줄이고 세일즈 확정도 형식에 지나지 않는다고 말하였다. 그렇다 하더라도 세일즈의 확정이 생략되는 것은 아니다. 제품 설명중이라도 구매를 요구할 때라고 생각되면 과감하게 구매를 요구해야 될 것이다.

하지만 그 전에 구매자의 마음속에 충분한 인식의 가치가 심어졌는지를 살펴보아야 할 것이다. 구매자의 마음에 충분한 인식의 가치가 심어지지 않았는데 세일즈의 과정을 압축시키는 일은 절대로 곤란하다. 그럴 경우에 세일즈의 확정이 오히려 지연되고 심하게는 세일즈가 결렬되는 경우도 있다.

세일즈의 확정에는 구매자들의 질문에 귀를 기울이는 것이다. 그것들은 구매자의 마음상태를 나타내는 좋은 지표가 될 수 있기 때문이다. 다음의 몇 가지 사례들을 보면 구매자들의 질문이 무엇을 의미하는지 알 수 있을 것이다.

컨설팅 세일즈맨은 구매자들의 질문을 듣고 그것이 적색 신호인지(부정적 혹은 중지), 황색 신호인지(중립적 혹은 경고), 녹색 신호인지(긍정적 혹은 진행)를 구분해야 될 것이다.

　① 한번 더 해봐도 될까요? (녹색)

　② 시험적으로 설치해 줄 수 있겠습니까? (녹색)

　③ 받을 수 있는 보증 및 서비스는 무엇이 있습니까? (녹색)

　④ 신용거래 조건은 어떻게 해주십니까? (녹색)

　⑤ 운송에는 얼마나 걸리죠? (녹색)

　⑥ 이 시스템은 제가 사용하고 있는 것보다 믿을 수 있나요? (황색)

　⑦ 그것 흥미 있군요? 그 밖에 다른 내용은 없습니까? (황색)

　⑧ 제 친구하고 의논해 볼 테니 카탈로그를 놓고 가시겠어요? (황색)

　⑨ 그렇게 이자율이 높으면 고려하기 힘들겠어요? (적색)

　⑩ 이 가격은 앞으로 6개월 뒤에도 유효합니까? (적색)

　⑪ 지금 많이 있는데요. 더 사면 보관할 곳이 없어요. (적색)

　만일 구매자의 질문이 적색 신호이면 한발 뒤로 물러서야 한다. 이럴 때는 "이제 어떻게 할까요?", "다음 과정을 어떻게 밟을까요?", "어떻게 처리할까요?"라는 개방형 질문으로 분위기를 전환해야 한다.

　또한 구매자의 질문이 황색 신호라면 구매자가 아직도 구매의사 결정을 하지 못했음을 의미한다. 그것은 세일즈맨이 더 많은 정보를 제공해 주기를 기대하고 있는 것으로 해석해도 좋을 것이다. 아니면 의사결정이 아주 느린 구매자이거나 둘 중의 하나일 것이다.

　끝으로 녹색 신호일 때는 세일즈 확정의 순서를 밟아도 된다는 의미로 해석해도 좋을 것이다.

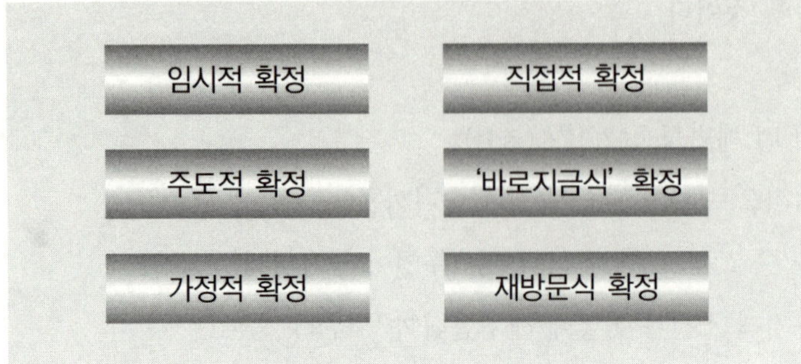

세일즈의 확정

① 임시적 확정

임시적 확정은 구매자가 관심을 갖고 있지만 계약을 주저하는 경우에 사용하는 방법이다. 이것은 구매자가 빠져나갈 이유에 융통성을 부여함으로써 더 이상 망설이는 것을 막는 방법이다. 임시적 확정은 구매자의 승낙 과정에서 시작을 의미한다. 구매자 스스로 승낙하기 전에 누군가가 재촉해 주기를 바라는 구매자에게 이 방법이 유용하다.

예를 들면, 결정하기를 주저하는 사람들이 그들이다. 이들은 "이렇게 하시는 것이 좋겠습니다.", "저렇게 하시는 것이 좋겠습니다."라고 부드럽게 등을 떠밀기까지는 항상 관망의 자세를 보이는 경우가 많다. 이런 구매자는 임시적 확정을 하는 것이 좋다.

● "고객님이 주문하신 것이 배달되려면 6주가 걸립니다. 그때가 되어 그것을

원치 않는다면 취소해 주십시오. 그 제품을 다른 고객한테 출고되도록 조치하겠습니다."

● "저희 출판사 광고마감 일이 매월 10일입니다. 고객님의 광고를 예약해 주시지 않겠습니까? 만일 고객님이 원치 않는다면 다른 광고로 처리하면 되니까요?"

이런 식의 확정은 '구매자를 위해 무엇이나 최선을 다할 테니 걱정하지 말라면서 선택만 해주십시오'라는 식의 확정을 말한다.

② 주도적 확정

구매자가 승낙의 의사가 있을 것으로 가정했을 때 구매자의 만족감을 확인시켜 주는 방식으로 세일즈를 확정짓는 방법이다.

● "당신이 말한 것이 사실이라면 그때 사겠오."

이럴 경우 시험작동을 해보인다거나, 견본품을 보여주면 제품의 설명이 틀림없다는 것을 뒷받침해 준다. 이처럼 구매자의 만족감을 확인시켜 주는 방식으로 세일즈를 확정하는 방법을 주도적 확정이라고 한다.

③ 가정적 확정

이 방법은 구매자가 "노"라고 말할 기회를 주지 않음으로써 세일즈를 성공시키는 방식인 것이다. 이것은 구매자에게 지속적으로 시험적 확정을 시도함으로써 세일즈를 확정하는 방법이다. 스몰 세일즈에서는 비교적 유용하나 빅 세일즈에서의 가정적 확정을 시도하고자 할 때는 조심스럽게 접근해야 한다.

● 양자택일법 : "사무실로 배달해 드릴까요? 아니면 자택으로 배달해 드릴까요?"

"표준서비스를 원하십니까? 아니면 몇 가지 옵션을 원하십니까?"

"검정색을 원하십니까? 아니면 흰색을 원하십니까?"

● 부차적 사항 : "부하 사원들 모두를 훈련시킬 것입니까? 아니면 한 사람씩 훈련을 시킬 것입니까?"

"저희 회사를 방문하신다면 저희가 차를 보내드릴까요? 아니면 자가용으로 오시겠습니까?"

④ 직접적 확정

세일즈맨이 구매자의 니즈를 연구하고 문제에 대한 해결책을 제시해 주고 적절한 가치를 주었다면 직접적인 방법이 가장 좋다.

그러나 많은 세일즈맨들이 구매자의 의견을 경청하지 않은 결과 자신 있게 직접적 방법을 활용하지 못하는 경우가 많은 것이다. 왜냐하면 거절에 대한 두려움이 있기 때문이다. 그러나 세일즈맨이 컨설팅 세일즈의 과정을 충실히 이행했다면 두려울 것이 없는 것이다.

● "손님이 가능한 한 빨리 제품을 받아 보실 수 있게 다음 주까지는 계약을 해주시지요."

● "목요일에 저희 차량이 이곳을 오는데 그때 제품을 실어다 드리면 좋겠습니다."

● "이 시스템이라면 고객님도 만족하시리라 믿습니다. 오늘까지 계약을 해주시지요."

⑤ 바로지금식 확정

이 방법은 구매자를 재촉하거나 압박하지 않으면서 사용해야 한다. 만일 가격인상, 옵션의 차이가 계획되어 있다면 이를 적절히 활용하는 방법이다.

● "우리 회사는 공급업체들의 가격인상 요구로 인해 다음달부터 제품의 가격을 5% 인상하게 됩니다. 지금 주문하시면 가격이 인상되기 전에 제품을 사실 수 있습니다."

● "세일은 오늘로 끝납니다. 만일 오늘 구매하신다면 20% 세일가격으로 사실 수 있습니다."

⑥ 재방문식 확정

대부분의 세일즈는 첫 시도에서 확정되지 않는다. 그것은 빅 세일즈로 갈수록 더욱 그렇다.

대부분 4~6회 구매요청이 있고서야 확정이 되는 경우도 있다. 재방문의 경우 전에 한 말을 되풀이한다면 누구도 만나주지 않을 것이다. 언제나 새로운 데이터, 정보를 준비하는 것이 좋다.

● "지난번에 외국의 사례를 알아 달라고 말씀하신 것을 기억하고 계십니까? 오늘 몇몇 외국의 사례를 보여 드리려고 합니다."

● "저희 제품의 시험데이터가 나와서 보여 드리려고 합니다."

숙달된 컨설팅 세일즈맨은 세일즈 확정의 종류에 자기 나름대로 비법을 갖고 있을 것이다.

각자가 기발한 방법을 개발해 사용하기 바란다. 세일즈에는 정답이 많기 때문이다.

뿐만 아니라 구매자의 성격 유형별로도 차별화가 이루어져야 할 것이다.

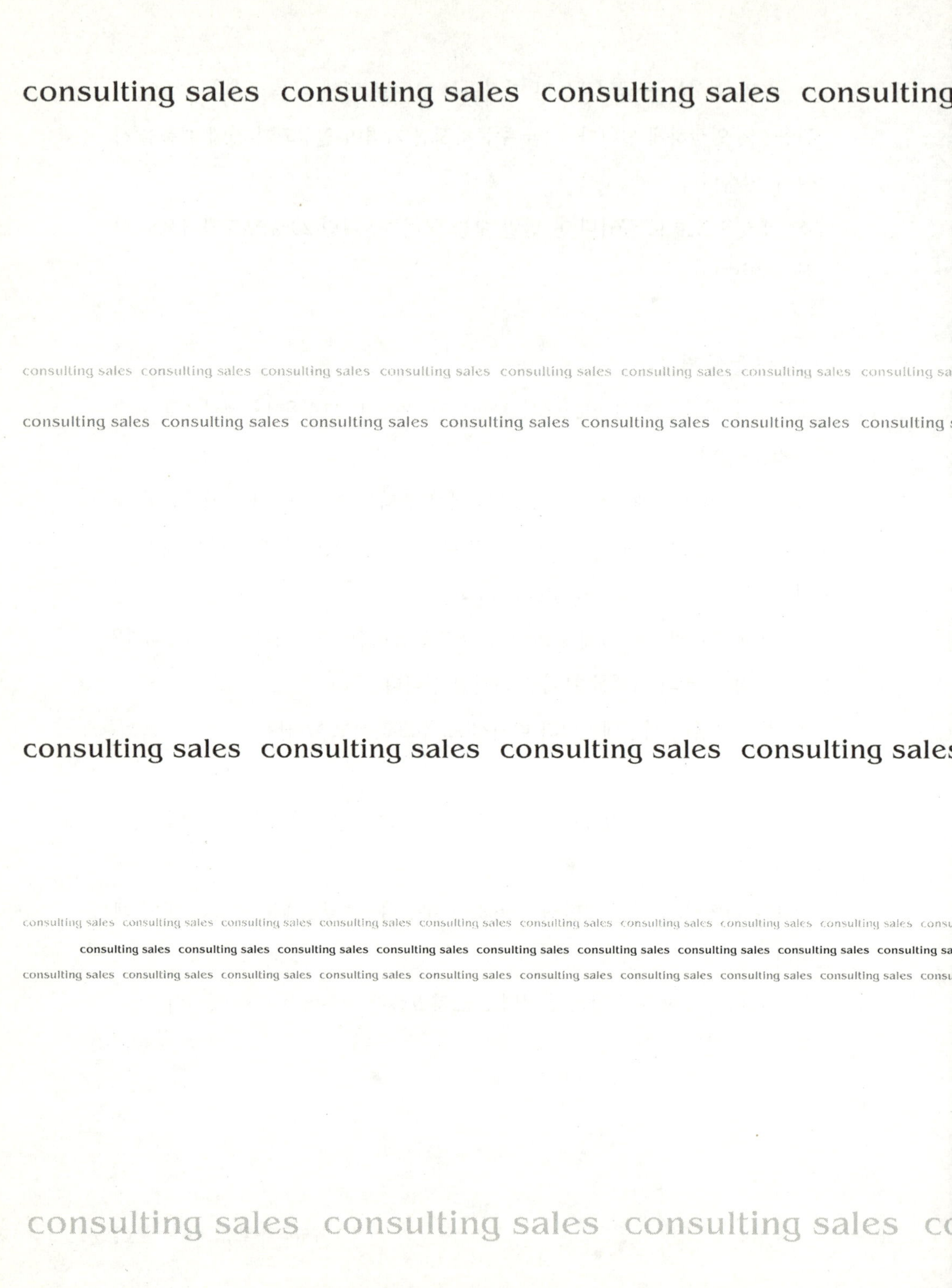
consulting sales consulting sales consulting sales consulting
consulting sales consulting sales consulting sales consulting sales consulting sales consulting sales consulting sales consulting sal
consulting sales consulting sales consulting sales consulting sales consulting sales consulting sales consulting s
consulting sales consulting sales consulting sales consulting sales
consulting sales consulting sales consulting sales consulting sales consulting sales consulting sales consulting sales consulting sales consul
consulting sales consulting sales consulting sales consulting sales consulting sales consulting sales consulting sales consulting sales consulting sal
consulting sales consulting sales consulting sales consulting sales consulting sales consulting sales consulting sales consulting sales consulting sales consul
consulting sales consulting sales consulting sales cc

onsulting sales

consulting sales consulting sales

sales consulting sales

ng sales

ales consulting sales consulting sales consulting sales
onsulting sales consulting sales consulting sales consulting sales
sales consulting sales consulting sales consulting sales

g sales consulting sales consulting sales consulting sales

컨설팅 세일즈의 관리

5

1 컨설팅 세일즈의 활동관리

1일 영업활동보고서

▶ 1일 영업활동보고서

1일 영업활동보고서 년 월 일 요일 작성자 (인)			결 재	담당	팀장	부장	대표
출발시간 :		귀사시간 :					
거래처명	체재시간	활동목적	상담대상		상담내용		
	~	신판영개수재주가고시					
	~	신판영개수재주가고시					
	~	신판영개수재주가고시					
	~	신판영개수재주가고시					
	~	신판영개수재주가고시					
	~	신판영개수재주가고시					
	~	신판영개수재주가고시					
	~	신판영개수재주가고시					

기획 및 전략	경쟁사동향									
	제품정보									
	신규거래처									
	명일방문처									
	비고(의견)									
영업활동 1일결산	총외근시간	시간 분								
	활동목적분석	신	판	영	개	수	재	주	가	고	시
	방문건수	개								

영업활동 1일결산	차량운행거리	전일 누계	금일 운행거리	금일 운행누계
		km	km	km
	수금관리	전일 누계	금일 수금	금일 수금 누계
		원	원	원
	판매관리	전일 누계	금일 수금	금일 판매 누계
		원(%)	원(%)	원(%)
	총체재상담기간	시간 분		

위의 표는 1일 영업활동보고서 양식으로 기업의 상황에 따라 개선하여 사용해 주기 바란다. 다만 종래의 양식에 비하여 진일보된 것은 하루의 활동을 1일 결산할 수 있다는 것이 특징이다.

도대체 하루에 몇 시간을 외근한 것인지, 활동목적별로 몇 건을 처리한 것인지, 방문건수는 몇 건인지, 차량운행거리, 수금과 판매, 총체재 상담시간은? 이런 것들이 왜 필요한가? 등 영업도 결산을 해야 하기 때문이다. 그러나 필자가 컨설팅 때문에 영업현장을 방문해 보면 의외로 영업활동의 현장결산이 제대로 이루어지지 않는 것을 볼 수 있다.

덧붙여 설명할 것은 '신판영개수재주가고시' 이다. 이것은 영업활동의 내용을 분류해보니 10가지의 키워드로 설명할 수 있기 때문에 그 10가지의 앞 글자를 따서 붙여 놓은 것이 '신판영개수재주가고시' 이다.

① 신 : 신규 개척을 말한다. 연간 20%의 고객이 상실되므로 30% 이상 해야

한다.

② 판 : 여러 종류의 판매촉진을 말한다.

③ 영 : 판매물류와 반품물류를 합쳐 영업물류라 한다.

④ 개 : 구매자와 함께 개발하거나 문제를 해결하는데 도움을 주는 것이다.

⑤ 수 : 악착같이 받아 내고 독종같이 받아 내는 것을 말하는 것으로 수금을

가리킨다.

⑥ 재 : 구매자의 창고에 있는 자사 제품의 재고를 조사하는 것을 말한다.

⑦ 주 : 주문이나 수주를 말한다.

⑧ 가 : 가격협상이나 가격동향을 조사하는 것을 말한다.

⑨ 고 : 고충처리로 구매자의 클레임, A/S, 불만처리 등을 말한다.

⑩ 시 : 시장조사나 정보수집을 말한다.

활동보고서에서 이것을 체크하는 방법은 중복체크 하면 되는 것이다. 예를 들어 ABC사를 방문하여 판매촉진 업무와 수금, 주문, 고충처리를 했다면 판, 수, 주, 고를 ○표 하면 되는 것이다. 이것은 한 구매자를 방문하여 업무의 다중화를 위해서도 필요하다.

신규 개척 진척도

'신규 개척을 강화하자' 고 현수막을 걸어 놓고도 실제로 신규 개척의 구체적인 표적이 없다면 신규 개척이 되겠는가? 이는 마치 나무에 올라 고기를 잡으려는 것과 다르지 않다. 또한 신규 개척 계획이 상사와 정보를 공유하여 팀의 신규 개척 목표가 되어야 한다는 것이다. 그렇게 되면 영업사원의 머릿속에 있는 표적이 팀의 표적이 되고, 영업사원은 신규 개척에 더욱 관심을 갖고 추진할 것이다.

다음 표를 보면 한일의 경우 계약은 했으나 아직 납품이 되지 않은 것을 볼 수 있다. 그리고 ( ) 속에 9자가 있는 것은 9월에 정보수집까지 진척되었다는 것을 알 수 있고, 9월에서 10월로 이월된 것을 보여주고 있다.

▶ 신규 개척 진척도

(10)월 신규 개척 진척도   영업사원   (인)

상담 단계＼거래처	한국	한일	서울	수산	통일	큰길	서웅	대구	오송
접 촉	O	O	O	O	O	O	O	O	O
자기소개	O	O				O	O	O	O
회사소개	O	O				O	O	O	O
정보수집	O	O(9)				O	O		
구매자의 문제		O				O	O		
특징 · 장점 · 이점		O				O			
데 모		O				O(9)			
가격협상		O				O			
계 약		O				O			
납품 · 설치						O			
사후관리						O			

2 컨설팅 세일즈의 실패관리

"A급 구매자와의 계약에 실패를 하고 경쟁사에 빼앗겼습니다."

세일즈나 인생이나 실패가 없다면 도전의 성취감도 없을 것이다. 성공의 이면에는 대부분 실패가 있는 것이다. 사람들은 성공을 기록해 두고 남들에게 보이지만 실패를 기록하고 남들에게 보이는 것을 좋아하지 않는다.

그러나 실패를 관리하다 보면 오히려 성공을 앞당길 수도 있고, 같은 실수를 반복하지 않는 것이다. 테크닉 세일즈나 컨설팅 세일즈에서도 실패는 있는 것이다. 대체로 어떤 실패가 있는지를 미리 안다면 세일즈의 실패를 줄이는데 매우 도움이 될 것이다.

전정봉은 이것의 사례를 책으로 펴내 세일즈맨들에게 도움을 주고 있다.

몇 가지 유의할 사례들을 소개하고자 한다.

세일즈 실패의 33가지 대책

실수나 실패를 합리화하는 것

– 실패를 하나씩 분석하라. 실패에 대해 토론해 보라. 상사와 상의해 보라.

큰 주문을 성급하게 바라는 것

– 큰 주문은 잠복기가 있음을 기억하라. 주문이 지연된 원인을 찾아 건설적인 조치를 하라.

같은 말을 되풀이하는 방문

– 제품에 대한 새로운 정보를 제공하라. 사업에 대한 정보를 제공하라.

구매자를 잘 알지 못하면서 판매하려 하는 것

– 구매자에 대한 일반적인 정보, 많은 사실을 통해 정보를 체계화하라.

불평하는 구매자를 피하는 것

– 문제는 사소한 것이다. 확대되지 않도록 첫 조치를 신속하게 한다.

구매에 영향이 있는 사람들을 무시하는 것

– 키맨은 누구인가? 영향력이 있는 사람들은 누구인가? 기다리기를 즐겨라.

간접구매자를 외면하는 것

– 소매상, 유통업계 판매사원들, 구매에 관련 있는 간접구매자들을 외면하지 마라.

구매자를 두려워하는 것

– 구매자는 절대로 난공불락이 아니다. 전문지식을 활용하라.

새로운 구매자를 피하는 것

– 모르는 사람에 대한 두려움을 버려라. 반응이 냉담해도 체계적으로 방문하라.

너무 쉽게 포기하는 것

- 끊임없이 시도하는 20%의 도전적인 사람이 되어라. 이유나 변명으로 일관하지 마라.

정보의 가치를 우습게 여기는 것

- 정보로 무장하지 않으면 약점을 잡힌다.

팀의 소중함을 잊어버리는 것

- 컨설팅 세일즈는 팀워크가 중요하다. 눈에 보이지 않는 비평가들의 말을 경청하라.

자신을 객관적으로 보지 못하는 것

- 정기적인 자기 평가를 객관적으로 해보라. 남이 보는 나의 실체를 깨달아라.

자신의 능력과 재능을 활용하지 못하는 것

- 솔직하게 자신을 점검하고 자신의 솜씨를 다듬어 나가라.

작은 주문들을 무시하는 것

- 작은 고기도 세월이 가면 크게 자란다. 구매자가 성장하는 것을 도와준다.

회사의 명성을 자랑하지 않는 것

- 구매자에게 회사의 명성과 역사를 말하라. 회사에 대한 오해를 풀어 주어라.

회사의 전시장을 활용하지 않는 것

- 전시장은 현장판매의 단점들을 보완해 준다. 전시장을 제대로 활용하라.

방문 전 사전준비를 소홀히 하는 것

- 준비운동은 언제나 필요하다. 방문준비와 상담연습을 충분히 하고 만나라.

상사나 경험자의 도움을 우습게 생각하는 것

- 건설적인 비판을 수용하고 상사의 경력에 도움을 받자.

교육과 훈련을 과소평가 하는 것

- 전문가로부터 배우고 교육을 통해 한발 앞서가자. 교육은 투자이다.

다양화에서 기적을 기대하는 것

- 다양화의 장점도 있지만 단점을 볼 줄 알아라. 다양화는 때로 문제가 있다.

판매에서 존경의 의미를 활용하지 않는 것

- 구매자를 존경하라. 구매자가 필요로 하는 것을 알아 두어라.

제품 설명에 보조수단을 활용하지 않는 것

- 시각, 청각, 후각, 촉각을 활용하라. 그것의 보조수단을 활용하라.

도움이 되는 것보다 기술적인 면을 말하는 것

- 기술적인 측면을 구매자의 이익과 연결하여 설명하라.

싸워보지도 않고 물러나는 것

- 무성의에서 비롯되는 거부가 많다. 예상구매자들을 편안하게 대해 주어라.

이의에 대한 답변을 하나에 의존하는 것

- 융통성 없이는 충분한 준비를 할 수 없다. 준비를 철저히 하는 것이 좋다.

품질보다 가격에 승부를 걸려 하는 것

- 더 싸게 팔려 하지 말고 더 훌륭하게 팔아라.

호의의 중요성을 무시하는 것

- 호의는 구매자를 기쁘게 한다. 서비스, 구매를 돕기, 편하게 하기 등이 있다.

호감을 주지만 존경하지 못하는 것

- 우정보다 존경이 판매를 가능하게 한다. 구매자를 존경하라.

접대를 과다하게 하는 것

- 노력 없이 이익을 얻으려 한다면 오히려 역효과가 날 수도 있다.

제품을 조심스럽게 다루지 않는 것

- 보여주는 것이 전부가 아니다. 제품을 소중하게 다루며 탤런트가 되어라.

구매자의 상사를 활용하지 않는 것

- 때로는 구매자와 구매자의 상사를 동시에 활용하는 전략도 필요하다.

감소의 법칙을 가볍게 여기는 것

- 구매자는 연간 20% 감소한다. 늘 미래를 준비하면서 신규구매자를 찾아야
한다.

세일즈 팀의 동기부여법

세일즈 매니저는 세일즈 팀의 동기부여를 위하여 항상 노력해야 한다. 실수
를 하지 말라고 지나치게 윽박지르면 오히려 팀원의 사기가 떨어질 수도 있다.
세일즈맨들에게 동기를 부여하는 일은 그리 쉬운 것은 아니다. 그러나 다음의
사항들을 익히면 매우 도움이 될 것이다.

① 결과를 관리하는 매니저가 되어라. 목표와 예상결과는 세일즈 팀과 함께
결정한다.

② 의사 결정과 목표 설정에 팀원들을 참여시킨다.

③ 업무가 흥미 있고 도전적인 것들로 유지되도록 한다.

④ 개인의 성장을 독려하고 각종 기회들을 제공한다.

⑤ 업무 만족도가 생산성 향상으로 이어지도록 한다.

⑥ 학습성취도를 가지고 초보자에게도 포상한다.

⑦ 커뮤니케이션 풍토를 열어 놓는다.

⑧ 최고 성과자만이 아닌 그 팀의 구성원 전체의 니즈에 부응한다.

⑨ 경연과 포상을 통해 팀의 열정을 이끌어낸다.

⑩ 동기부여 프로그램에 최고 간부를 초청한다.

⑪ 사람들이 원하는 것을 줄 수 있도록 인센티브제도를 탄력적으로 활용한다.

⑫ 신규 개척, 구매자 관리 장기 유지 등에도 보상을 실시해 균형 있는 세일즈를 유도한다.

⑬ 인센티브 프로그램의 수행의 편익을 팀에게 적극 홍보한다.

⑭ 빈약한 성과에 대한 포상 대신 지도, 트레이닝, 카운슬링의 방법을 쓴다.

결국 성과가 좋은 세일즈 팀을 만드는 것은 팀원들에게 사명감을 부여하거나 성취 가능한 목표를 부여하는 것이다. 때로는 객관적인 피드백을 실시하고 성과에 대해 포상을 하기도 한다. 또한 시기 적절한 지원과 도움이 중요하다는 것을 알아야 한다.

3 컨설팅 세일즈의 정보관리

"강점만을 보고 약점을 보지 않던가. 기회만을 보고 위협을 보지 않으면 세일즈는 성공할 수 없다."고 말한다. 어떤 세일즈도 강점이 있으면 약점이 있고, 약점이 있으면 위협이 있다.

그렇다면 자사의 세일즈에 어떤 약점이 있는지, 어떤 위협이 있는지를 알려면 정보를 수집하고 분석해야 된다.

기업의 강점과 약점, 기회와 위협의 정보분석

기업 내부적으로 강점과 약점에 대한 정보를 분석하는 것이다. 다음은 기업 내부의 강점과 약점에 관한 정보를 분석하는 틀이다.

▶ 기업 내부의 강점과 약점 분석

대항목	소항목	강 점	약 점	발견사항
조직 구조 분석	조직구조			
	업무프로세스			
	인적자원			
	전략수준			
	관리방법			
	공유가치			
기업 자원 분석	기술/R&D			
	생 산			
	정 보 화			
	마 케 팅			
	재 무			
	인사조직			
	국 제 화			
	경영관리층			

다음은 기업 외부의 기회와 위협에 관한 정보를 분석하는 것이다.

▶ 기업 외부의 기회와 위협 분석

대항목	소항목	기 회	위 협	발견사항
정치 환경	정부정책			
	경제개혁			
	법률규제			
	시장개방			
	조세제도			
경제 환경	경제지표			
	산업구조			
	임 금			
사회 환경	인구 · 노동			
	소비자변화			
	교육 · 문화			
	환 경			
기술 환경	신 기 술			
	정보인프라			
시장 고객	시장규모			
	시장세분화			
	소비행동			
	유통경로			
제 품 서비스	제품위치			
	품질가격			
	신 제 품			
	서 비 스			
경영 자원	원료시장			
	인적자원			
	에 너 지			
	자본시장			
기술 산업 진화	기술혁신			
	대체원료			
	자 동 화			
	산업의 진화			

SWOT 분석

▶ SWOT 분석의 틀

	강점(Strength)	약점(Weakness)
내부 / **외부**		
기회(Opportunity)	SO전략(강점 발휘)	WO전략(약점 보완)
위협(Threat)	ST전략(위협 회피)	WT전략

기업의 강점과 약점, 기회와 위협을 정해진 틀로 분석하는 것을 말한다.

    기업 내부의 강점과 약점 분석, 기업 외부의 기회와 위협 분석에서 정보를 분석했다면 그 분석결과를 토대로 SWOT 분석을 하는 것이다. 따라서 기업의 영업전략이나 마케팅전략을 수립하기 위해서는 반드시 거쳐야 하는 점임을 잊지 말아야 한다. 어떤 사람은 "그런 것이 무엇에 필요한가?"라고 반문할지 모른다. 그런데 이 같은 정보를 분석하지 않고 영업을 하는 것은 마치 헤드라이트 없는 자동차를 타고 캄캄한 밤길을 달리는 것과도 같은 것이다.

SWOT을 통해 SO, WO, ST전략이 세일즈의 핵심전략이 되는 것을 알아야 한다. 따지고 보면 앞의 기업 내부의 강점과 약점 분석, 기업 외부의 기회와 위협 분석의 정보 분석은 SWOT 분석을 하기 위한 전제 작업인 것이다. 따라서 이를 정확하게 분석하지 않으면 SWOT 분석 역시 정확하게 분석되지 않고 오히려 정보를 왜곡할 가능성마저 있는 것이다.

▶ ○○사의 SWOT 분석의 사례

내 부 / 외 부	강점(Strength)	약점(Weakness)
	- 초밥 내수시장 점유율 80% - 기업이미지 상대적 양호 - HACCP인증 등 품질 마인드 - 14년의 경험곡선 - 관리자들의 긍정적 사고	- 대(對) 일본 수출의 급격한 감소 - 영업전략의 접근 미흡 - 조직관리의 낙후성 - 재무비율 분석상의 문제점 - 생산시스템이 취약함 - 정보화 활용도가 낮음
기회(Opportunity)	SO전략(강점으로 기회에 도전)	WO전략(약점 보완으로 기회 발휘)
- 미개척 시장과 유통이 존재 - 밥, 프랜차이즈, OEM 가능성 - 먹거리문화의 선진화 - 소득증대와 맞벌이 시대 - ○○○할인점의 점수 증대	- 초밥의 성공경험 활용 - 기업이미지 계속 증대 - 품질 마인드 유지 - 경험곡선의 최대한 활용 - 관리자들의 긍정사고 유지	- 새로운 수출시장의 모색 - 영업의 전략적 접근 - 조직관리의 체계수립 - 재무상의 문제해결 - 생산시스템의 구축 - 전사적 정보화의 추진
위협(Threat)	ST전략(위협 회피로 기회 활용)	WT전략
- ○○, ○○ 등의 경쟁사 출현 - PL법 등 소비자의 권리 증대 - 수입수산물의 정부규제 - 저성장 시대의 경제 - 수산물시장의 불확실성	- 경쟁사에 대한 대책강화 - PL법에 대한 적극 대응 - 수입수산물 규제의 대책 - 저성장 시대의 성장전략 수립 - 원료수급의 안정성 확보	- 철수 - 재검토

정보의 가공기술

정보를 계획하고, 수집하고, 가공하고, 활용하는 것을 정보수집 활용의 4단계라고 말하는 것은 모두 주지하는 바와 같다. 여기서 수집한 정보를 가공하는 스킬에 대하여 충분한 숙지가 있어야 할 것이다.

① KJ법

여러 유형의 정보를 카드에 옮겨 적고 그 카드를 배열해가면서 정보를 파악하는 방법이다.

첫째, 우선 정보를 요약하고 그 내용을 분해한다.

둘째, 한 장의 카드에 1가지 내용을 기입한다.

셋째, 카드를 배열하고 유사한 내용을 모은다.

넷째, 유사내용을 모은 후 카드의 내용을 통합하여 표현한다. 그리고 표제를 생각한다.

다섯째, 각 그룹간의 연관관계 및 상관관계를 표시한다.

이때 주의할 것은 한 장의 카드에는 복수의 내용을 적지 않도록 하며, 요점을 간단히 하고, 먼저 작은 그룹으로 만들고 다시 큰 그룹으로 만든다.

② 기업활동 영역별 분류법

기업활동에 대한 여러 가지 정보를 다음과 같은 기준에 따라 적용시키고 새로운 의미를 발견하는 기법이다.

▶ 기업활동 영역별 정보 분류법

마케팅 영역	생산활동 영역	R&D 영역	내부관리 영역	기 타
활 동	활 동	활 동	활 동	활 동
활 동	활 동	활 동		활 동
활 동				

③ 기업의 전략과제 분석법

기업의 전략과제를 해결하기 위해 그 배경은 무엇이고 대책으로 실시활동은 어떻게 하는지를 정리하는 기법이다.

▶ 기업의 전략과제 분석법

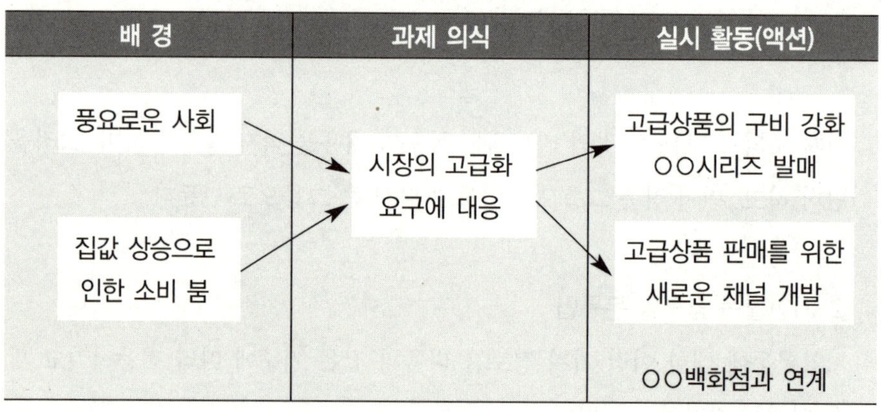

④ 시간계열 배치법

기업활동 영역별 분류법에서 시간 축을 포함시킨 것이다.

▶ 시간계열 배치법

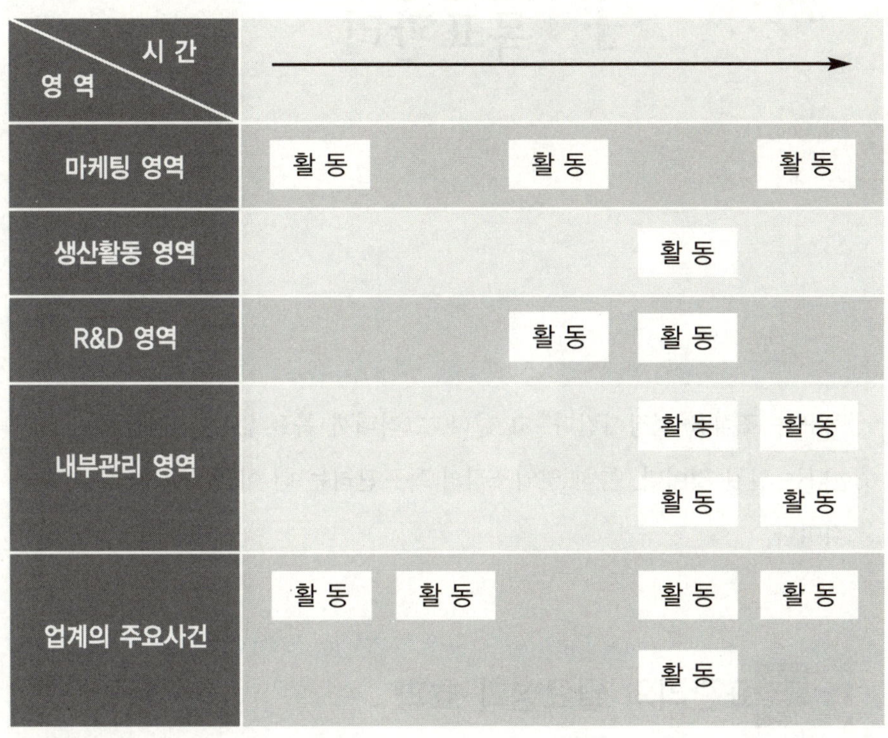

4 컨설팅 세일즈의 목표관리

"목표는 조직을 성장시킨다."고 한다. 그러니까 목표 없는 조직은 성장하지 못한다는 말일 것이다. 특히 영업조직의 목표관리는 더 이상 말할 필요조차 없을 것이다.

목표관리의 필요성과 효과

우리가 일반적으로 말하는 목표란 모든 활동의 지표로, 기업의 목표는 영업 활동을 통하여 달성되는 것이다. 가장 큰 목표에는 매출목표, 이익목표, 점유율 목표 등이 있다. 기업의 재무적 목표의 대부분은 매출목표를 달성하는 데서부터 시작한다.

① 필요성

사람은 망각의 기능을 가지고 있고, 특히 어떤 일에 열중하면 그 일의 과정에 도취되어 그 일의 목적이나 목표를 잃어버리기 쉽다. 이러한 현상을 액티비티 트랩(Activity trap)이라고 한다.

• 일반적인 상황에서 상호간에 업무목표에 합의해도 액티비티 트랩이 있을 경우 기대 결과에 25% 정도 차질이 있으며,

• 부하직원과의 합의가 없을 경우 50% 이상 차질이 있으며,

• 상하간에 모두 합의가 없을 경우 90% 이상 기대효과에 차질이 있다고 한다. 그래서 목표는 조직에서 꼭 필요한 것이다.

② 목표관리의 효과

• 개개인이 자신의 조직에 대해 기여한다는 효과를 갖는다.

• 공동목표를 팀워크를 통해 달성한다는 효과가 있다.

• 중요문제에 대한 개별 임무를 정하고 이를 분담하여 해결한다는 효과를 갖는다.

• 조직 및 구성원을 결과 지향적으로 유도하는 효과가 있다.

• 관리범위의 설정이 가능하다는 효과를 갖는다.

• 결과 지향적인 인사 · 급여 관리가 가능하다는 효과를 갖는다.

• 개개인의 발전 가능성과 승진 가능성을 합리적으로 파악 가능한 효과도 있다.

영업목표관리의 종류

다음은 영업목표관리의 종류이다. 영업목표에는 크게 4가지가 있음을 확인할 수 있다.

▶영업목표관리의 종류

목표관리	목표관리 세부항목	계 산 식	실적(%)
매출관리	당월 매출목표 달성률 (사원별 · 거래처 · 제품별)	매출액/매출목표×100	
	당년 누계 매출목표 달성률(〃)	당년 누계 매출액/당년 누계 매출목표×100	
	전년 대비 당월 매출액 신장률(〃)	(당년 매출액/전년 매출액×100)−100	
	전년 동 기간 대비 매출액 신장률(〃)	(당년 누계매출액/전년 동 기간 매출액×100)−100	
활성관리	신규개척 매출액률	신규 거래처매출/매출액×100	
	거래처 신규 개척률	신규 거래처수/전체 거래처수×100	
	신상품 매출비율	신상품 매출액/매출액×100	
	거래처 가동률	당월 매출 거래처수/전체 거래처수×100	
	목표거래처수 달성률	당월 매출 거래처수/목표 거래처수×100	
	신제품 개발 제안건수 달성률	신제품개발 제안건수/목표 제안건수×100	
수금관리	수금목표 달성률	금월회수금액/수금목표×100	
	매출채권 회수율	금월회수금액/(월초매출채권+당월 매출채권)×100	
	매출채권 회전기일	매출채권잔액/매출액×30	
	부실채권 발생률	부실채권발생액/당월 매출액×100	
이익관리	매출액 총이익률	매출 총이익/매출액×100	
	매출액 영업이익률	영업 이익/매출액×100	
	매출액 대비 판관비율	판매관리비/매출액×100	
	매출액 대비 인건비율	인건비/매출액×100	
	매출액 대비 물류비율	물류비/매출액×100	
	매출액 대비 반품률	반품액/매출액×100	
	매출액 대비 기증률	기증액/매출액×100	

매출관리, 활성관리, 수금관리, 이익관리가 그것이다. 이익의 원천은 많이 팔아야 하고 경비를 적게 쓰는 것이며, 원가를 절감하고, 부실채권을 발생시키지 않는 것이다. 그러면서 업종에 따라 다르지만 제조업에서의 경우 20% 이상의 매출액 총이익률을 확보해야 한다.

영업목표 달성전략 체크리스트

"지난 1년 동안 계속 매출이 떨어지고 있습니다. 그래서 일부 영업조직을 축소할 예정입니다" 필자가 출강했던 K사 영업전무의 볼멘 소리다. 필자는 영업전무에게 물었다.

"그렇다면 영업성과를 향상시키기 위한 어떤 체크리스트를 갖고 있습니까?"

"별다른 것이 없는데요"

"그렇다면 이것을 활용해 보시지요."라면서 영업성과를 향상시키기 위한 '영업목표 달성전략 체크리스트'를 건네주었다.

한동안 연락이 소원했고 각자 바쁜 일정 때문에 관심에서 멀어질 즈음 한 통의 전화가 왔다. "임 대표님 감사합니다. 임 대표님이 주신 '영업목표 달성전략 체크리스트'를 활용해 체크해 본 결과 여러 가지 문제점들이 드러났고 그런 문제점들을 해결한 결과 실적이 괄목할 만하게 성장되었으며 영업전무로서의 체면도 섰습니다." 그러면서 '술 한잔 사겠다'는 것이 요지였다.

영업목표를 달성하기 위해서는 크게 3가지가 중요하다. 첫째, 방문활동을 강화하는 것이고, 둘째, 거래처를 확대하는 것이며, 셋째, 판매능력을 향상시키는 것이다. 그 밖에도 판매능력을 향상시키는 요인으로 의욕이나 건강, 성격 등이 있지만 그것은 가장 기본적인 것이기 때문에 여기에서는 거론하지 않겠다.

좀더 구체적으로 '영업목표 달성전략 체크리스트'를 살펴보자.

〔방문활동을 강화하기 위한 체크리스트〕

① 총방문 건수를 체크해 본다

- 영업가동일과 가동시간이 줄어들고 있지 않는가?

- 상담 체재시간이 줄어들고 있지 않은가?

- 방문 건수의 중복이 시정되고 있지 않은가?

- 신규 개척 방문이 줄어들고 있는가?

- C급 대리점의 레벨 업에 실패하고 있는가 ?

② 방문활동의 효율화를 체크해 본다

- 계획방문을 추진하지 못하는가?

- 방문빈도가 적정하지 못한가?

- 유효 방문 건수가 줄어들고 있는가?

- 정확한 상담시간을 지키지 못하고 있는가?

- 방문시간의 적정화를 이루지 못하고 있는가?

- 방문간격이 적절하지 못한가?

- 정해진 시간에 정해진 거래처를 방문하지 못하고 있는가?

③ 방문내용의 충실화를 체크해 본다

- 적극적 판매활동이 이루어지고 있는가?

- 거래처의 재고파악이 이루어지고 있는가?

- 시장과 경쟁사의 정보수집 활동이 제대로 이루어지고 있는가?

- 상품보증활동이 제대로 이루어지고 있는가?

- 인간관계향상이 제대로 되고 있는가?

- 판촉활동이 정체되고 있지는 않은가?

- 거래처의 애로사항을 제대로 읽고 있는가?

〔거래처를 확대하기 위한 체크리스트〕

④ 거래처 확대내용을 체크해 본다

- 신규 개척을 게을리 하고 있는가?

- 새로운 판매루트의 개발을 게을리 하고 있는가?

⑤ 거래처의 충실을 체크해 본다

- 취급상품을 확대시키고 있는가?

- 진열점유율을 확대시키고 있는가?

- 판매촉진을 강화하고 있는가?

- 대리점의 판매력을 강화하고 있는가?

⑥ 거래처의 상황파악을 체크해 본다

- 거래처의 실적파악이 제대로 되고 있는가?

- 상품별 동향이나 실적을 파악하고 있는가?

- 악성재고가 방치되고 있지는 않은가?

〔판매능력을 향상시키기 위한 체크리스트〕

⑦ 상품지식을 체크해 본다

- 신상품에 관한 지식이 완벽한가?

- 기존 상품에 관한 지식은 완벽한가?

- 상품의 향상을 위한 지식도 충분한가?

- 업계지식이나 관련 지식이 충분한가?

⑧ 판매 기술의 향상을 체크해 본다

- 상품 설명력이 뛰어난가?

- 고객설득력은 양호한가?

- 가격절충력은 충분한가?

- 거절처리와 반대응수력은 높은가?

- 상담체결력은 우수한가?

⑨ 신뢰관계의 향상을 체크해 본다

- 매너 및 에티켓이 완비되어 있는가?

- 사랑 받는 인간성인가?

- 일상적으로 고객관계를 향상시키고 있는가?

- 역지사지 하는 영업활동을 펼치고 있는가?

⑩ 컨설팅 세일즈력의 향상을 체크해 본다

- 거래처에 판촉 노하우를 제시해 주고 있는가?

- 판매지도 능력이 있는가?

- 경영지도 능력이 있는가?

- 리더십이 있는가?

- 컨설팅 능력이 있는가?

- 세일즈 컨설턴트로서 자기계발에 힘쓰고 있는가?

구 분	대분류	내 용
방문활동의 강화	방문건수 증가	가동일 · 시간, 체재시간, 신규 개척, CB급-A급으로
	방문활동 효율화	계획방문, 방문빈도, 유효방문건수, 방문시간준수, 방문간격 적정화
	방문내용 충실	적극성, 재고파악, 정보수집, 인간관계, 판촉활동, 주문극대화, 판매경영지도
거래처의 강화	거래처 확대	신규 개척, 신규 루트 개발
	거래처 충실	취급상품 확대, 진열점유율 · 대리점 판매력 확대, 예방채권관리, 가격관리, POP, 점포 내 점유율
	거래처 상황 파악	거래처 실적파악, 상품별 실적파악, 물류확인
판매능력의 향상	상품지식 향상	상품지식, 경쟁업체 상품지식, 상품 관련 지식
	판매기술 향상	상품 설명력, 설득력, 가격절충력, 반대응수력, 상담체결력
	신뢰관계 형성	매너, 인간성, 클레임처리, 역지사지
	지도력의 발휘	판촉노하우 제시, 판매지도, 경영지도, 컨설팅

더 많이 파는 방법

모든 기업은 더 많이, 더 비싸게 팔기를 희망한다. 그것은 기업이 이윤을 추구하는 조직이기 때문에 그렇다. 주주에게는 더 많은 배당을, 종업원에게는 더 높은 후생복지를, 고객에게는 더 좋은 상품을 공급하기 위해 언제나 새로운 기술을 창조하며, 국가에는 더 많은 세금을 내야 하고, 사회에는 더 많은 기여를 하기 위해서 그렇다.

그래서 궁극적으로 기업이 더 많이 팔기 위해서는 다음 그림과 같이 더 많이 파는 방법을 강구해야 되는 것이다. 더 많이 파는 방법을 상품 쪽에서 보면 기존 상품·수정상품·신상품으로 나누어지며, 시장 쪽에서 보면 기존 고객·다른 지역·새로운 고객으로 구분되어 9가지의 더 많이 파는 방법이 있는 것이다. 이것은 이고르 안소프가 제안한 것으로 시공을 초월하여 모든 영업조직에 활용되고 있다.

▶ 더 많이 파는 방법

	상 품		
	기존상품	수정상품	신상품
시장	기존 고객에게 기존 제품을 더 판매	현재 제품을 수정, 기존 고객에게 판매	기존 고객에게 신상품 판매
	다른 지역에 진입하여 판매	새로운 지역에 수정된 상품을 판매	새로운 지역에 신상품 판매
	새로운 고객에게 기존 제품 판매	새로운 고객에게 수정된 상품 제공	새로운 고객에게 신상품 판매

5 컨설팅 세일즈의 기획관리

"세일즈도 기획의 시대이다.", "영업기획팀에서 성공적인 마케팅전략을 수립했다." 등 기획이라는 용어가 요즈음 많이 사용되고 있다.

기획의 정의

도대체 기획의 정의는 무엇인가? '어떤 목적을 효과적으로 달성하는데 필요한 지적 생산기술로 논리성·창조성·현실성이 유기적으로 결합하고 완숙되었을 때 그것을 기록하고, 설득하며, 실천하는 절차를 통틀어 기획'이라고 정의한다. 따라서 기획을 통해 기획서를 작성하게 되는데 기획서를 작성하는 이유는 기획의 목적이나 기본구상·내용을 명확하게 하기 위해서이고, 자기의 생각이나 의견을 의사결정자에게 설명하여 승인을 받을 때도 사용한다. 또는 관계자 전원이 공감하면서 인식을 하나로 모을 때도 사용된다.

통상적으로 기획서의 중요 포인트는 다음과 같다.

① 무엇을 위한 기획인지를 명확하게 한다.

② 사고의 흐름을 따라 초안을 작성한다.

③ 일반적 체제를 고려하되 창의력을 발휘한다.

④ 보기 쉽고 알기 쉽게 작성한다.

⑤ 대체안도 준비한다.

영업기획이 필요한 시장의 신호들

▶ 영업기획이 필요한 시장의 신호들

① 시장의 수요패턴과 구매형태가 크게 달라지고 있다.
② 시장의 성장률이 크게 낮아지고 수요가 줄어들고 있다.
③ 시장의 수요가 소수의 기업에 크게 몰리는 특징을 보인다.
④ 소비자들의 기업에 대한 불만이나 요구가 늘어나고 있다.
⑤ 경쟁자들의 시장진입이 크게 늘어나고 있다.
⑥ 지금까지 해오던 방식으로 판매가 더 이상 늘어나지 않고 있다.
⑦ 새로운 구매자의 확보에 소요된 비용에 비해 판매이익이 적다.
⑧ 마케팅 노력에도 불구하고 구매자의 이탈이 계속된다.
⑨ 시장규모는 커지는데 매출은 별로 늘어나지 않는다.
⑩ 제품의 시장가격은 하락하는 반면 생산원가는 줄지 않는다.
⑪ 구매자(고객) 1거래처당 구매량이 줄고 있다.
⑫ 가격할인에도 불구하고 매출이 크게 증가하지 않는다.

앞의 표는 영업기획이 필요한 시장의 신호들을 보여주고 있다. 이것은 이제 영업도 그것이 테크닉 세일즈이든, 컨설팅 세일즈이든 영업기획이 필요하게 되었다는 것이다. 이는 주먹구구식으로 세일즈를 해서도 안 되고 최고경영자에게 의사결정을 받기 위해서도 영업기획이 필요하다는 것이다.

영업기획에 소비사슬의 활용

소비사슬을 보면 분명히 어떤 체인에 의해서 유기적으로 이루어져 있다. 소비사슬을 이용하면 시장의 기회를 창출할 수 있을 것이다. 시장기회의 창출은 영업기획에 매우 중요한 과제이다. 영업기획에 소비사슬을 이용하려면 구매자와 어떻게 소비사슬을 이루고 거래가 되는지를 알아보면 된다.

다음은 소비사슬의 한 예이다.

① 구매자가 어떻게 자사의 제품이 필요하다는 것을 알았을까?

② 구매자가 어떤 방법으로 자사의 상품을 발견하는가?

③ 구매자는 어떻게 최종 선택하는가?

④ 구매자는 자사의 제품이나 서비스를 어떻게 주문하고 구매하는가?

⑤ 자사의 상품이나 서비스가 어떻게 배달되는가?

⑥ 자사의 상품이나 서비스를 배달할 때 어떤 일이 일어나는가?

⑦ 자사의 상품은 어떻게 설치되는가?

⑧ 구매자가 자사의 상품이나 서비스에 대하여 어떻게 돈을 지불하고 있는가?

⑨ 자사의 상품은 어떻게 보관되고 있는가?

⑩ 자사의 상품은 어떻게 이동되는가?

⑪ 구매자는 실제로 자사의 상품을 어떻게 사용하고 있는가?

⑫ 구매자가 자사의 상품을 이용할 때 어떤 도움을 필요로 하는가?

⑬ 반품이나 교환은 어떻게 이루어지고 있는가?

⑭ 자사 상품의 수리나 서비스는 어떻게 이루어지고 있는가?

⑮ 자사의 상품이 처분되거나 더 이상 사용되지 않을 때 어떤 일이 일어나는가?

앞의 15가지 내용은 제품이나 서비스에 따라 다소 차이가 날 것이다. 그러나 자세히 살펴보면 엄청난 세일즈의 기회를 만들거나 기존의 구매자를 더욱 강력한 거래로 유도할 수 있는 영업기획의 단초를 제공할 것이다.

오즈번 체크리스트

OCL(Osborn Checklist)

① 다르게 사용할 것은?(새로운 용도/개조/폐품 사용)

② 무엇인가 빌리거나 응용 가능한 것은?(비슷한 원리/과거 비슷한 원리/모방)

③ 현재에서 변화를 준다면?(모양/색상/소리/냄새/움직임/형태/위치/온도)

④ 현재보다 크게 한다면?(시간/횟수/길이/두께/높이/면적/과장)

⑤ 현재보다 줄인다면?(부피/농도/길이/생략/높이/가볍게/나누어/좁게/농축/억제)

⑥ 대용한다면?(사람/물건/재료/동력/방법/성분/장소/소리)

⑦ 다시 배열한다면?(패턴/레이아웃/원인과 결과/포장/스케줄/부품)

⑧ 역순으로 한다면?(포장/안과 겉/뒤집는다/역할/열고 닫는 것/위치/분산과 집중)

⑨ 결합해 본다면?(재료/아이디어/목적/단위/상표)

영업기획이 되었든, 또 다른 기획이 되었든 아주 유용하게 활용되는 고전적인 체크리스트가 있다. 이른바 오즈번 체크리스트를 말한다.

사업전략 시스템의 예

컨설팅 세일즈를 효과적으로 진행하려면 팀이나 부서의 영업전략이 필요하다. 영업전략 하면 마케팅전략과 무엇이 다른가?라고 묻는 사람도 있다. 근본적으로 영업과 마케팅을 손의 바닥과 등으로 표현하면 좋을 것이다. 마케팅이 좀더 상위 전략이라면, 영업은 하위 전략으로 생각하면 될 것이다. 그렇다고 상위는 중요하고 하위는 중요하지 않다는 것은 아니다. 둘 다 중요하다.

▶ 사업전략의 시스템

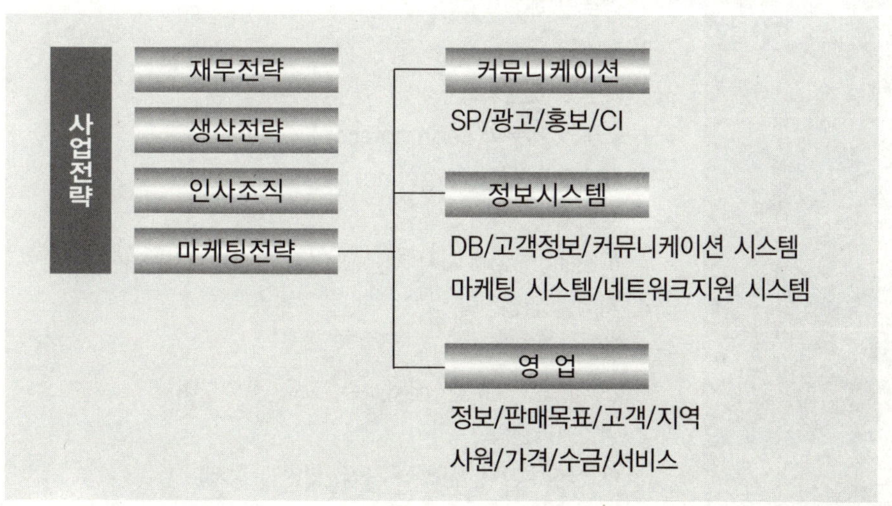

　사업전략이 상위 전략이라면 재무전략, 생산전략, 인사조직, 마케팅전략이 하위 전략이다. 마케팅전략이 상위 전략이라면 커뮤니케이션, 정보시스템, 마케팅(영업)이 하위 전략이다. 마케팅(영업)은 시장, 물적 유통, 유통, 판매, 상품, 서비스, 기술, 가격 등의 다시 하위 전략으로 구성된다. 이 모든 전략에는 기획이 수반된다.

 ## 영업전략 기획

▶ 영업전략 기획의 시스템 사례

1. 영업정보전략	1-1. SWOT 분석 1-2. 시장의 기회발견(SWOT를 통해 핵심 성공요인 발굴)
2. 영업목표전략	2-1. 매출목표·이익목표 등(컨설팅 세일즈의 목표관리 내용 참조) 2-2. 경로별 매출목표 2-3. 부서별 매출목표 2-4. 제품별 매출목표
3. STP	3-1. 고객의 세분화(Segmentation) 3-2. 표적고객 선정(Targeting) 3-3. 포지셔닝 　　(Positioning : 자사 제품을 어떻게 위치시키는가?) 3-4. 지역별 영업전략
4. 영업현장전략	4-1. 영업사원전략 　　(모집, 교육, 훈련, 배치, 보수교육, 동기부여) 4-2. 영업가격전략 　　(시장침투가격, 심리적 가격, 할인과 공제) 4-3. 영업수금전략(매출채권회전기일, 부실채권방지) 4-4. 영업서비스전략

영업전략은 마케팅전략의 하위 전략이라고 말했다. 따라서 영업전략의 하위 전략은 영업정보전략, 영업판매목표전략, 영업고객전략, 영업지역전략, 영업사원전략, 영업가격전략, 영업수금전략, 영업서비스전략 등으로 구분된다. 이것을 다시 시스템적으로 만들면 옆의 표와 같은 모습이 될 것이다. 아주 간단한 것이지만 영업전략의 주요한 요소들을 모두 갖고 있다. 이것을 잘 활용한다면 훌륭한 영업전략이 될 것이다.

영업서비스 전략

영업은 그것이 테크닉 세일즈이거나 컨설팅 세일즈이거나 서비스가 중요하다. 그러니까 서비스가 제대로 되지 않으면 세일즈는 성공하지 못한다. 서비스는 서비스업에만 있고 제조업에는 없는 것인가? 그렇지 않다. 원래 모든 기업은 서비스업이라고 해야 맞다. 예를 들어 자동차 회사는 제조업인데 왜 서비스를 실시하는가, 제록스는 제조업인데 왜 서비스를 하는가라고 물어보면 답은 분명해진다. 모든 기업은 서비스업이고, 영업은 근본적으로 서비스의 질에 따라 결정되는 것이다.

구 분		사 례
Bonus Service	물건의 덤	Point up(KFC), 힐튼 아네스, 백악관 만찬
	가격의 덤	바겐세일 50%, 24개월 분할
	행동의 덤	한 번 더 인사하기, 손 한번 흔들어주기
Con-venience Service	절차간편	복합민원, One Stop Service, 서류간편
	시설편의	어린이 놀이방, 만남의 장소, LG 화장실
	상품편의	Air Bag, 탱크주의, 부품무료
	정보편의	하이텔, 천리안, 뉴스속보판
	A/S 편의	고객주권, 평생고객, 환자권리장전
Inter-change Service	방문교류	고객사 방문, MBWA(Management by Wandering Around)
	행사교류	교양강좌, 영화관 운영, 고객노래방
	소리청취	옴부즈맨, 1472(관악구)
	편지 쓰기	러브레터, 연하장, 축전

구 분		사 례
Time Service	시간 지킴	도미노 피자, 기업은행, 캐터필러
	시간 늘림	24시간 편의점, 24시간 은행
	시간 줄임	2H 이내, 3분 내 담당지정(A화재), One Hour
Attitude Service	언어만족	미인대칭, 칭찬, 웃칭사, 고미실안
	용모만족	스마일, 미인계
	행동만족	빨리 걷기, 순서 지키기, 손잡아주기
	기능만족	간편포장, 자동차 대리 운전, 배달
Internet Service	콘텐츠	뉴스, 금융·연예·오락
	커뮤니케이션	이메일, UMS, Instant Messenger
	코머스	쇼핑 몰, 경매부동산, 인터넷중계
	커뮤니티	동호회, 게시판, 대화방
Basic Service	기본적 판촉	샘플, 쿠폰, cents-off, 프리미엄, 기타
	MOT	진실의 순간

옆의 표에서 보는 바와 같이 영업서비스는 크게 보너스, 편리(Convenience), 교류(Interchange), 시간, 태도(Attitude), 인터넷, 기본(Basic)으로 구분된다. 회사의 사정에 따라 선별하여 사용하면 된다. 거듭 말하지만 영업은 서비스로 승부가 난다는 것을 명심해야 한다.

기획에 활용하는 개념도

영업전략 기획서를 작성할 때 내용을 좀더 정확하게 표현한다든지, 좀더 명확하게 전달하기 위하여 각종 개념도를 활용하기도 한다.

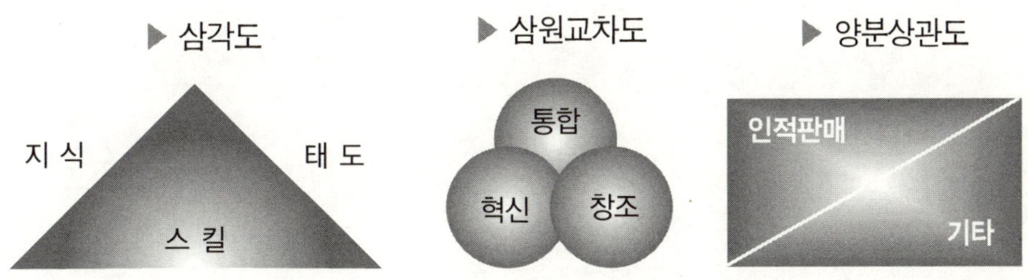

▶ 많이 사용하는 개념도

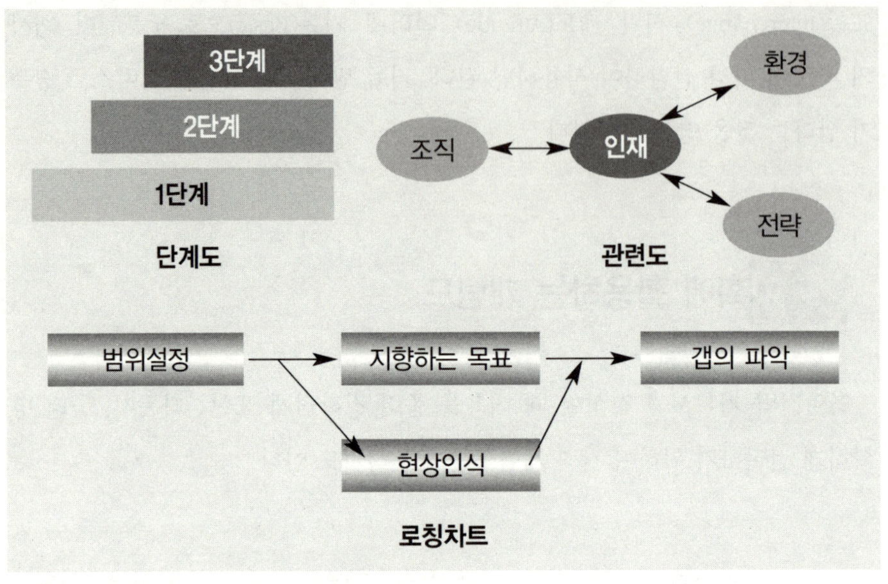
3단계
2단계
1단계
단계도
조직
인재
환경
전략
관련도
범위설정
지향하는 목표
갭의 파악
현상인식
로칭차트

6 컨설팅 세일즈의 사람관리

'천시불여지리 지리불여인화(天時不如地利 地利不如人和)' 라는 글을 논어에서 읽었다. 세일즈는 무엇보다도 사람이 중요한 것이다. 외부적으로, 내부적으로 모두 사람이 중요한 것이다. 그래서 구매자를 향한 외부의 휴먼 네트워크를 만들고 여러 형태의 사람으로 나누어 관리하는 것이 좋다.

▶ 휴먼 네트워크도

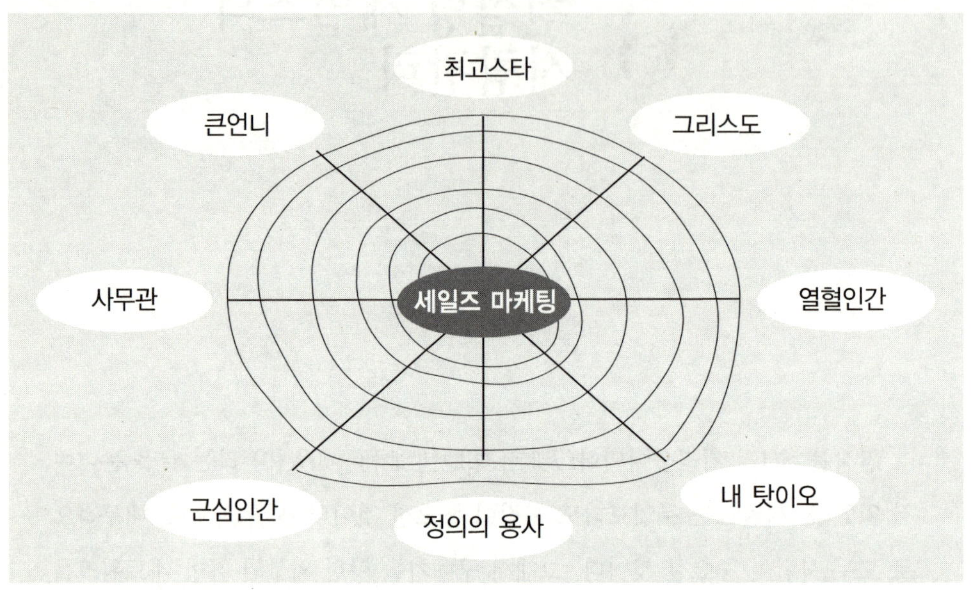

위의 그림은 외부의 휴먼 네트워크도이다. 그림에서 보듯이 외부의 휴먼 네트워크는 사람의 네트워크를 말하는 것이다. 이들은 성격유형별로 여러 가지로 나눌 수 있다.

정의의 용사형, 내 탓이오형, 열혈인간형, 그리스도형, 최고 스타형, 큰언니형, 사무관형, 근심인간형 등 크게 8가지 유형으로 나눈다. 그림에서 암시하듯이 각각의 유형들은 성격이 다르고 장점과 단점이 다르다. 그들이 어떻게 다른가를 알게 되면 세일즈에서 많이 활용하게 되고 효과적인 접근이 이루어질 수 있다는 것이다.

예를 들어 정의의 용사형을 새로운 구매자로 접근하고자 할 때는 결정된 것

은 반드시 지킨다는 자세가 중요하다. 이는 약속을 철저히 지키는 것과 일맥상
통한다. 그러면서 일을 완벽하게 하려는 태도가 있으므로 사전준비가 철저해야
할 것이다. 아마도 이들은 과잉 접대를 하면 오히려 싫어할지도 모른다. 그런
것은 사회의 악이라고 생각하기 때문이다. 오히려 작은 성의와 선물이 효과적
이라는 것이다. 또한 권위적이기 때문에 조금은 예의바른 태도를 견지하는 것
이 좋을 것이다.

융통성이 부족하기 때문에 오히려 세일즈맨이 융통성을 갖고 접근하는 것이
좋다. 사회의 지팡이가 되고 기둥이 되겠다는 생각을 갖고 있다. 따라서 그가
인생을 살아오면서 사회에 기여한 것이 있다면 이를 칭찬하고 높이 평가해 주
는 태도가 좋을 것이다.

기타 다른 유형도 장점과 단점을 살피면서 효과적인 접근전략을 구사하는 것
이 좋을 것이다.

휴먼 네트워크는 나카무라 노부에가 쓴 『사람 만나는 기술을 배우는 유혹학
교』를 참고하였다.

▶ 휴먼 네트워크 유형별 장점과 단점

유 형	장 점	단 점
정의의 용사	– 결정된 것은 반드시 지킨다. – 사회의 발전을 위해 매일 노력한다. – 조직의 리더. 신중하다.	– 꼼꼼하고 완벽주의자 – 권위적 · 독선적 – 융통성이 부족하다.
큰언니	– 언제나 웃는 얼굴. 의지하고 싶은 형 – 공치사하지 않는다. 자기희생	– 모든 것을 받아주다 보면 지치게 된다. – 간섭이 너무 지나칠 때가 많다.
사무관	– 능력 있는 비즈니스맨, 커리어 우먼 – 합리적이고 체계적이다. – 실수를 싫어하고 지나치게 신중하다.	– 정확함이 지나쳐 남을 피로하게 한다. – 인간관계의 갈등이 생긴다.
최고스타	– 이른바 튀는 사람이다. – 복장도 화려한 것을 좋아한다. – 유행을 창조하고 개성이 있다.	– 지나치게 감정이 솔직하다. – 지나치게 감정이 예민하다. – 관심을 받지 못하면 삐친다.
그리스도	– 자신을 드러내지 않는다. – 하고싶지 않아도 참고 무리를 한다. – 무심결에 "Yes"라고 말해버린다.	– 본심을 억눌러 스스로 스트레스를 가중 시킨다. – 스트레스 발산도 서툴다. – 우울증에 걸릴 확률이 높다.
내 탓이오	– 문제에 대해 '내 탓이오' 한다. – 스스로 책임을 진다.	– 소극적이고 자신을 비하한다. – 스스로 매력포인트를 찾지 못한다.
열혈인간	– 일의 결단이나 행동 속도가 빠르다. – 적극적이고 호기심이 강하다. – 박식가나 수완가라는 평판을 듣는다.	– 사람이 붙어 있기가 힘들다. – 별 것 아닌 일에 도전하거나 공격적이다. – 심장혈관 질환, 스스로 스트레스를 받는다.
근심인간	– 내가 아니면 지구는 누가 지키나? – 늘 남을 걱정하고 역지사지 한다. – 표면적으로 매우 명랑하게 보인다.	– 미래에 대해 비관적인 마음을 가진다. – 실패하지 않을까 불안감 팽배 – 무엇이든 부정적인 방향으로 일한다.

휴먼 네트워크의 필요성

세일즈에서 왜 휴먼 네트워크(Human-network)가 필요한가를 말한다면 다음의 내용이 될 것이다.

① 지식과 정보를 증대시킨다.
② 경제적 가치를 증대시킨다.
③ 문제를 해결한다.
④ 과업(목표)을 달성한다.
⑤ 사회적 욕구(안전, 존경, 자아실현)를 충족시켜 준다.
⑥ 상부상조의 기회를 증대시킨다.
⑦ 이념과 목표를 함께 하기도 한다.
⑧ 친근감과 가까운 감정을 갖는다.
⑨ 대화의 상대를 만든다.

이상의 내용을 보면서 인간은 사회적 동물이라는 것을 실감할 수 있다. 그래서 '네트워크 효과(Network Effect)'라는 것이 있는데, 이것은 네트워크에 참여하는 수와 참여 횟수가 더 큰 효과를 만든다는 법칙이다. 마치 팩스가 있다면 사용자의 수와 사용 횟수가 많으면 많을수록 팩스의 효과가 큰 것과 같은 이치이다. 따라서 더 많은 구매자와 더 많은 거래를 하는 것이 영업의 효과라고 해도 무방할 것이다.

생산적 관계를 만드는 노력

다음은 휴먼 네트워크와 생산적 관계를 만드는 노력을 열거해 본 것이다.
여기 (   ) 안에 들어갈 말을 써 보라.

1 (   )이 무엇인가?

2 (   )과 더불어 일하기를 좋아하는가? (   )를 상대로 일하기를 좋
아하는가?

3 (   )인가?

4 (   )인가?

5 (   )을 탁월하게 완수하는가? 그렇지 못한가?

6 (   )으로 안정되어 있는가? 불안한가?

7 (   )이 있는가? 공상적이고 추상적인가?

8 (   )는 무엇인가?

9 (   )인가? (   )인가?

10 (   )는 좋은가?

11 (   )을 갖고 있는가?

※ 정답은 이 책 뒤편에 수록되어 있습니다.

나의 인간관계 파워 평가

다음 표는 나의 인간관계 파워 평가표이다. 자신의 평가를 냉정하게 해보는 것이다. 144점 만점으로 되어 있으나 만점을 획득하는 사람은 없다. 100점이 넘으면 비교적 인간관계 파워가 수준급이라고 생각해도 좋다.

그러나 70점 이하는 인간관계 파워가 대단히 부족하다는 의미가 된다. 노력을 많이 하라는 뜻이다.

▶ 나의 인간관계 파워 평가

쾌활한 사람	8	7	6	5	4	3	2	1	불쾌한 사람	
다정한 사람	8	7	6	5	4	3	2	1	다정하지 못한 사람	
배타적인 사람	1	2	3	4	5	6	7	8	포용력 있는 사람	
긴장하는 사람	1	2	3	4	5	6	7	8	여유 있는 사람	
냉담한 사람	1	2	3	4	5	6	7	8	따뜻한 사람	
지원적인 사람	8	7	6	5	4	3	2	1	적대적인 사람	
따분한 사람	1	2	3	4	5	6	7	8	재미있는 사람	
호전적인 사람	1	2	3	4	5	6	7	8	조화로운 사람	
우울한 사람	1	2	3	4	5	6	7	8	즐거워하는 사람	
개방적인 사람	8	7	6	5	4	3	2	1	폐쇄적인 사람	
험담을 잘하는 사람	1	2	3	4	5	6	7	8	충직한 사람	
신뢰할 수 없는 사람	1	2	3	4	5	6	7	8	신뢰할 만한 사람	
사려 깊은 사람	8	7	6	5	4	3	2	1	사려 깊지 못한 사람	
심술궂은 사람	1	2	3	4	5	6	7	8	신사적인 사람	
마음에 맞는 사람	8	7	6	5	4	3	2	1	마음에 맞지 않는 사람	
성실하지 못한 사람	1	2	3	4	5	6	7	8	성실한 사람	
친절한 사람	8	7	6	5	4	3	2	1	불친절한 사람	
거리감 있는 사람	1	2	3	4	5	6	7	8	친근한 사람	

내부의 통제

내부의 사람들도 근본적으로 외부의 사람들과 크게 다르지 않다. 다만 조직이기 때문에 여러 가지 통제방식을 이용할 수 있다는 점이 외부의 휴먼 네트워크와 다르다. 팀워크는 상사와 부하(후배)와 동료를 하나의 팀이라는 체계로 생각하면서 서로 협조하고 서로 이해하는 것을 말한다.

만일 당신이 간부라면 통제라는 수단을 활용할 수도 있을 것이다.

통제의 방법은 다음과 같다.

① 보고를 받는다.

② 보고서를 제출하게 한다.

③ 관찰한다.

④ 목표관리카드나 일지를 점검한다.

⑤ 사원에 대한 통제를 여러 가지로 검토해 본다.

• 1일 활동일지를 살펴본다.

• 거래장을 살펴본다

• 다음과 같은 질문을 던져본다.

　계획에 대하여 시간, 경비, 노력에 무리가 없는가?

　부하에게 목표나 실행방법을 이해시키지 못한 것은 무엇인가?

　업무의 배정과 지시방법이 틀린 것은 무엇인가?

　예상하지 못한 변수가 예상되는 것은 무엇인가?

• 영업 팀에 대한 통제를 위해 무엇을 할 것인가?

　월별 계획은 달성되었는가?

　부문별 계획은 달성되었는가?

월말이 되면 다음 월에 대항 계획을 세우고 있는가?

분기별로, 반기별로 필요한 통제를 하고 있는가?

현재 무엇이 부족한가?

조속한 시일 내에 무엇을 해야 하는가?

• 자기통제를 활성화한다. 이는 사원들과 협의하여 통제기준을 만드는 것이다.

• 회의를 통해 통제한다.

영업사원 유형에 따른 지시방법

다음 표(p. 320)는 영업사원의 유형에 따른 지시방법이다.

올바른 지시가 이루어지기 위해서는 지시를 하기 전에 충분한 배려가 있어야 한다.

의뢰와 지시는 같은 지시이지만 앞은 것은 부탁의 의미가, 뒤의 것은 강제의 의미가 더 강한 것이다.

어떤 사람은 지시를 5가지로 나누기도 한다. '지시한다, 부탁한다, 타진한다, 암시한다, 지원하게 한다' 등 5가지가 그것이다. 그러니까 5가지 중 '지시한다'는 것은 강제의 의미를, 부탁에서 지원까지는 강제의 의미가 적은 지시의 방법이 될 것이다.

▶ 영업사원 유형에 따른 지시방법

영업사원 유형	장 점	단 점	지시방법
신경질적인 사원	양심적·비판적 일의 질을 높이는데 노력하고 긍지를 갖고 있다.	과도하게 신경을 쓴다.	의뢰해야 한다.
온순한 사원	인내·충실 정직하고 단순하다.	힌트를 주어야 일이 된다. 기회를 놓치면 시기를 잃는다.	지시와 실시 사이에 시간이 걸린다. 지시와 설명을 간단 명료하게 한다.
겁이 많은 사원	신경질적인 사람과 거의 같다.	동료와 어울리는 것이 늦다. 결단력과 추진력이 부족하다.	충분히 그 뜻을 이해시킨다.
부주의한 사원	노력형	세심하지 못하다. 무엇인가 항상 다른 것을 생각하고 있다.	직접적으로 명료하고 상세하게 지시한다.
대담한 사원	솔선해서 변화에 적응한다. 단순하다.	계획성이 없다.	의뢰해야 한다.
완고한 사원	일을 시작하면 철저하게 한다. 책임감이 강하고 노력형이다.	무엇이든지 부정적이다. 갈등을 일으키기 쉽다. 다루기 힘들다.	의뢰해야 한다.
무기력한 사원	유순하다.	노동의욕이 없다. 조퇴·결근이 많다. 비사교적이다.	직접적으로 명료하게 지시한다.

생산적인 세일즈 미팅

세일즈에서 팀원들이 미팅을 하는 것은 매우 중요하다. 이를 통해 서로 이해하고 격려하며 배우고 훈련하는 것이다. 다음의 사례들을 보고 많이 활용되었으면 한다.

① 영화나 비디오를 보여준다

회사용으로 제작되지 않은 것도 포괄적인 정보를 전달하는데 유용하게 활용된다. 반드시 토론을 하도록 해야 더욱 효과가 있다.

② 제품지식을 최신 지식으로 바꾼다

제품이나 서비스의 최신 정보를 공유하는 시간이 되도록 한다.

③ 사례에 대해 토론한다

실제 또는 가상의 상황을 설정하여 토론한다.

④ 역할분담 놀이를 해본다

우리가 흔히 '역할 연기법(Role Playing)' 이라고 하는 것이다. 연기를 하고 나면 훨씬 현장적응력이 높아진다.

⑤ 경쟁사에 대한 지식을 높인다

⑥ 자랑할 수 있는 시간을 갖는다

세일즈에 대한 자랑이라면 무엇이라도 좋다. 자랑하는 가운데 스스로 자긍심과 보람을 느끼게 된다.

- 내가 직면한 곤란한 문제들은 ~이었습니다.
- 이 상황에 대한 나의 접근법은 ~이었습니다.
- 내가 찾아낸 고객의 니즈는 ~이었습니다.
- 이 점을 해결한 제안은 ~이었습니다.
- 이 컨설팅 세일즈가 차별화될 수 있었던 것은 ~이었습니다.
- 내가 부딪힌 구매자의 저항은 ~이었습니다.
- 나는 이 저항을 ~로 처리했습니다.
- 세일즈의 확정에서 가장 중요한 것은 ~이었습니다.
- 사후관리는 ~해서 이루어냈습니다.
- 구매자와 나와의 관계는 ~상태에 있습니다.

⑦ 독서한 내용을 요약해 발표하도록 한다.

세일즈와 마케팅에 관한 책을 읽고 1페이지로 요약해서 발표하도록 한다.

사람 = 人 = 人間의 정의

땅에 두 발로 직립하여 다니고 말과 글 그리고 기구 따위를 만들어 쓰는 등 가장 이성과 지혜가 있고 도덕관념을 갖춘 만물의 영장(靈長 : 신령스럽고 기묘하며 불가사의한 힘을 가진 우두머리)

7 컨설팅 세일즈의 촉진관리

"달리는 말에 채찍을 가한다(走馬加鞭)."는 말이 있다 모두가 열심히 세일즈활동에 전념하고 있지만 더 많은 성과를 위해서 세일즈 촉진이 필요한 것이다.

사람이란 원래 반복되는 일과에 쉽게 식상하거나 게으름을 피울 수도 있다. 그래서 촉진이라는 채찍이 필요한 것이다.

세일즈 촉진은 왜 필요한가?

이미 앞에서 세일즈 촉진은 주마가편과 같다고 말했다. 그렇다면 좀더 구체적으로 세일즈 촉진의 필요성을 살펴보자

① 목적 : 흥미 유도, 동기부여, 포상, 성과인정

② 가치 : 수입과 이익 증대, 새로운 거래확보, 긍정적인 세일즈환경 조성, 세
일즈 지식 개선, 특수 세일즈기술 연마, 제품이나 서비스의 판매촉진, 비수기
판매량 증가, 수집정보의 개선, 구매자 접촉횟수의 증가

③ 필수조건 : 공평성, 동등한 기준, 시간과 노력의 낭비 최소화, 누구나 똑같
은 승리의 기회

④ 역효과 : 최고의 세일즈맨은 촉진이 없어도 잘하고, 아주 낮은 실적자는
촉진이 있어도 부진하다. 따라서 세일즈 촉진은 중간 그룹에 유효하다.

⑤ 세일즈 촉진의 유형
• 개인별 할당량 촉진
• 다중 포상(100% 이상은 모두 포상)
• 팀에 대한 포상

세일즈 촉진의 단기와 장기

세일즈 촉진을 단기와 장기로 나누어 생각할 수 있는데, 모두가 장점과 단점
이 있다. 따라서 기업의 사정과 제품이나 서비스의 유형에 따라 참고해 실시하
는 것이 좋을 것이다.

① 단기 세일즈 촉진

〔장점〕

- 짧은 기간으로 세일즈맨의 흥미를 유발시킨다.

- 세일즈 촉진 목표에 쉽게 도달함으로써 참여도와 동기부여가 강화된다.

- 꾸물거리지 않고 즉각적으로 행동에 옮긴다.

- 열의가 일정 시간 동안 유지된다.

- 특별한 제품이나 서비스에 효과가 있다.

- 가격과 연계가 되면 구매에 동기부여가 된다.

〔단점〕

- 초보자는 충분한 성과를 올리지 못한다.

- 값이 싼 제품의 경우는 오히려 충분한 흥미를 유발하지 못한다.

- 자기 동기 부여된 사원은 활력을 얻지만 압박감 때문에 더욱 형편없는 실적을 보이는 경우도 있다.

② 장기 세일즈 촉진(2개월에서 1년 정도)

〔장점〕

- 세일즈맨이 장기적인 성과를 얻기 위해 충분한 시간을 가질 수 있다.

- 좀더 흥미롭고 값비싼 상품을 경품으로 내걸 수 있다.

- 전체적인 생산라인과 서비스계열 수준이 향상된다.

- 보통 1년 기간의 인센티브 프로그램이 보통이다.

〔단점〕

- 참신성이 사라지면서 적극성도 낮아진다.

- 제품의 금전적 가치가 충분히 매력적이어야 하는데 중소기업은 그럴 여력이 없다.

- 궁극적으로 사원들의 참여도가 떨어질 가능성이 있다.

세일즈 촉진의 성공과 실패

① 세일즈 촉진의 성공요인

• 행정적인 문제를 해결할 한 사람을 선정한다.

• 공정하게 될 수 있도록 실제적인 목표를 설정한다.

• 세일즈 촉진을 구상하기 전에 세일즈 프로그램과 회사의 목표를 충분히 검토한다.

• 재미있는 주제를 정하여 단조롭지 않게 한다.

• 규칙을 상세히 설명하여 오해가 없도록 한다.

• 흥미 있는 최고의 상품을 선정한다.

• 미리 계획을 세워서 회사의 시스템이 지원되도록 한다.

• 충분히 홍보한다.

• 세일즈 촉진이 끝나면 그 결과를 알린다.

• 장래의 세일즈 촉진에 대비하여 그 효과를 평가한다.

② 세일즈 촉진의 실패요인

• 한 사람의 승자에게만 보상하는 것

• 매년 같은 시기에 실시하는 것

• 매년 동일한 목표의 세일즈 촉진을 하는 것

• 매년 동일한 상품을 주는 것

• 특정 세일즈맨이나 부서가 유리한 경우

• 세일즈 스태프 및 지원부서가 제외되는 것

• 구체적이고 새로운 트레이닝의 일환으로 계획되지 않은 것

다음 표들은 세일즈 촉진의 종류, 포상내용, 포상기준을 보여주고 있다.

▶ 세일즈 촉진의 종류

종 류	내 용
자극책	• 세일즈 콘테스트(평상시와 구분) • 인센티브
격려책	• 세일즈맨 트레이닝 　– 역할 연기법 반복, 중점사항 특별교육 • 사례연구, 경험발표, 분임토의, 판매회의
지원책	• 사내보 • 판매용구 제작, 지원 • 판매매뉴얼 제작(작전 지침서)

▶ 세일즈 촉진의 포상내용

종 류	내 용
물적·금전적	• 돈, 금반지, 교환권(Gift) • 각종 내구소비재, 스탬프(Stamp)
명예욕	• 표창장, 트로피, 명예호칭 • 승진, 청년중역회의의 멤버로 추진
자기발전	• 해외연수 및 세미나 참석기회 부여 • 리프레시(Refresh) 제도(충전휴가)

▶ 세일즈 촉진의 포상기준

종 류	내 용
세일즈 실적 기준	• 판매액 전체 • 각 특정상품(신제품, 기획상품, 제고상품) • 수량·판매액 • 입사연도 기준, 전체대상 • 전년동기대비 신장률
세일즈 실적 이외 조건 기준	• 신규 개척 고객건수 • Sales Talk 경진대회 • Sales Idea 제안 콘테스트 • 명칭모집·표어 콘테스트 • 새로운 사용법 모집제안 콘테스트 • 퀴즈 콘테스트·진열 콘테스트 • 회수율 콘테스트 • 논문이나 연구성과발표 콘테스트
대상자 기준	• 개인단위 • 영업소, 지점 등 단체단위

<u>문제의 정답</u>

▶ FABE기법
　연습

1. 이점
2. 이점
3. 특징
4. 장점
5. 장점
6. 특징
7. 이점
8. 특징
9. 증거
10. 장점
11. 특징
12. 장점
13. 장점
14. 이점
15. 이점
16. 장점
17. 이점
18. 증거
19. 이점
20. 이점
21. 이점
22. 이점

▶ 한정·개방 및
　확인 질문

1. 개방
2. 한정
3. 확인
4. 개방
5. 한정
6. 확인
7. 개방
8. 한정
9. 확인

▶ 현상형인가,
　장래형인가?

1. 장래형
2. 장래형
3. 현상형
4. 장래형
5. 현상형
6. 장래형
7. 현상형
8. 장래형
9. 장래형
10. 장래형

▶ 생산적 관계를
　만드는 노력

1. 가치관
2. 사람·기계
3. 이기적
4. 봉사적
5. 일
6. 정서적
7. 현실감
8. 종교
9. 자율적·타
　율적
10. 인간관계
11. 통합된 인
　격

가림출판사 · 가림M&B · 가림Let's에서 나온 책들

바늘구멍
켄 폴리트 지음 / 홍영의 옮김

미국 추리작가 협회의 최우수 장편상을 받은 초유의 베스트 셀러로 전쟁을 통한 두뇌싸움을 치밀하고 밀도 있게 그려낸 추리소설.

신국판 / 342쪽 / 5,300원

레베카의 열쇠
켄 폴리트 지음 / 손연숙 옮김

최고의 모험, 폭력, 음모 그리고 미국적인 열정 속에 담긴 두 남녀의 사랑이야기를 독자들의 상상을 뒤엎는 확실한 긴장감으로 마지막까지 흥미진진한 켄 폴리트의 장편 추리소설.   신국판 / 492쪽 / 6,800원

암병선
니시무라 쥬코 지음 / 홍영의 옮김

암병선을 무대로 인간생명의 존엄성을 지키기 위해 불의와 맞서는 시라도리 선장의 꿋꿋한 의지와 애절한 암환자들의 심리가 생생하게 묘사된 근래 보기드문 걸작.   신국판 / 300쪽 / 4,800원

첫키스한 얘기 말해도 될까
김정미 외 7명 지음

이 시대의 젊은 작가 8명이 가슴속 깊이 간직했던 나만의 소중한 이야기를 살짝 털어놓은 상큼한 비밀 이야기.   신국판 / 228쪽 / 4,000원

사미인곡 上 · 中 · 下
김충호 지음

파란만장한 일생을 보낸 정철의 생애를 통해 난세를 살아가는 우리에게 삶의 지혜와 기쁨을 선사하는 대하 역사 소설.   신국판 / 각 권 5,000원

이내의 끝자리
박수완 스님 지음

앞만 보고 살아가는 우리에게 자신을 뒤돌아볼 수 있는 여유를 갖게 해주는 승려시인의 가슴을 울리는 주옥 같은 시집.
국판변형 / 132쪽 / 3,000원

너는 왜 나에게 다가서야 했는지
김충호 지음

세상에 대한 사랑의 아픔, 그리움, 영혼에 대한 고뇌를 달래야 했던 시인이 살아 있는 영혼을 지닌 이들에게 전하는 사랑의 메시지.

국판변형 / 124쪽 / 3,000원

세계의 명언
편집부 엮음

위인이나 유명인들의 글, 연설문 혹은 각 나라에서 전해져 오는 속담을 통하여 지난날을 되새겨보는 백과전서로서, 오늘을 반성하는 교과서로서, 그리고 미래를 설계하는 참고서로서 역할을 해줄 것이다.

신국판 / 322쪽 / 5,000원

여자가 알아야 할 101가지 지혜
제인 아서 엮음 / 지창국 옮김

남녀가 함께 살면서 경험으로 터득한 의미심장하면서도 재미있는 조언들을 발췌한 내용으로 독신의 삶을 청산하려는 이들이 알아야 할 유용하고 상상력 풍부한 힌트로 가득찬 감동의 메시지이다.

4×6판 / 132쪽 / 5,000원

현명한 사람이 읽는 지혜로운 이야기
이정민 엮음

현대를 살아가는 우리들에게 삶의 가치를 부여해주고 자기 성찰의 기회를 갖게 해준다.   신국판 / 236쪽 / 6,500원

성공적인 표정이 당신을 바꾼다
마츠오 도오루 지음 / 홍영의 옮김

자신뿐만 아니라 주위 사람들의 마이너스 사고를 플러스 사고로 바꾸어서 사람의 마음을 움직이며, 그리고 사람의 마음에 남는 최고의 웃는 얼굴을 만드는 비법 총망라!   신국판 / 240쪽 / 7,500원

태양의 법
오오카와 류우호오 지음 / 민병수 옮김

불법 진리 사상의 윤곽과 그 목적 · 사명을 명백히 함으로써 한사람 한사람의 인간이 깨달음을 추구하고 영적으로 깨우치기 위한 명확한 방향을 제시하였다.   신국판 / 246쪽 / 8,500원

영원의 법
오오카와 류우호오 지음 / 민병수 옮김

일찍이 설해졌던 적도 없고 앞으로도 설해지지 않을 구원의 진리를 한 권의 책에 이론적 형태로 응축한 기본 삼법의 완결편.

신국판 / 240쪽 / 8,000원

석가의 본심
오오카와 류우호오 지음 / 민병수 옮김

석가모니의 사고방식을 현대인들에 맞게 써 현대인들이 친근하게 석가모니에게 다가설 수 있게 한 불교 가이드서.   신국판 / 246쪽 / 10,000원

옛 사람들의 재치와 웃음
강형중 · 김경익 편저

옛 사람들의 재치와 해학을 통해 한문의 묘미를 터득하고 한자를 재미있게 배우며 유머감각까지 높일 수 있는 일석삼조의 효과 만점.

신국판 / 316쪽 / 8,000원

지혜의 쉼터
쇼펜하우어 지음 / 김충호 엮음

쇼펜하우어의 철학체계를 통하여 풍요로운 삶의 지혜를 얻고 기쁨을 얻을 수 있도록 꾸며 놓은 철학이야기.   4×6판 양장본 / 160쪽 / 4,300원

헤세가 너에게
헤르만 헤세 지음 / 홍영의 엮음

순수한 애정과 자유를 갈구하는 헤세의 아름다운 세상을 통한 깨끗한 정신세계를 공유할 수 있는 기회를 제공.
4×6판 양장본 / 144쪽 / 4,500원

사랑보다 소중한 삶의 의미
크리슈나무르티 지음 / 최윤영 엮음

금세기 최고의 사상가이자 철학자인 크리슈나무르티가 인간의 정신적 사고의 구조와 본질을 규명하여 인간의 삶에 대한 가장 완벽한 해답을 제시.   신국판 / 180쪽 / 4,000원

장자-어찌하여 알 속에 털이 있다 하는가
홍영의 엮음

동양 사상의 저변에 흐르고 있는 자연에의 경외감을 유감없이 표현한 장자를 통하여 인간 본연의 자세로 돌아가 나를 돌아보는 계기를 만들어 주는 책.   4×6판 / 180쪽 / 4,000원

논어-배우고 때로 익히면 즐겁지 아니한가
신도회 엮음

인간에게 필요불가결한 윤리와 도덕생활의 교훈들을 평이한 문체로 광범위하게 집약한 논어의 모든 것!!   4×6판 / 180쪽 / 4,000원

맹자-가까이 있는데 어찌 먼 데서 구하려 하는가
홍영의 엮음

반성과 자책을 통해 잃어버린 양심을 수습하고 선으로 복귀할 것을 천명하는 맹자 사상의 집대성!!   4×6판 / 180쪽 / 4,000원

아름다운 세상을 만드는 사랑의 메시지 365
DuMont monte Verlag 엮음 / 정성호 옮김

독일에서 출간 이후 1백만 권 이상 판매된 베스트셀러. 특별히 소중한 사람을 행복하게 만드는 독창적인 사랑고백법 365가지를 수록한 마음이 따뜻해지는 책.   4×6판 변형 양장본 / 240쪽 / 8,000원

황금의 법
오오카와 류우호오 지음 / 민병수 옮김

불법진리의 연구 및 공부를 통하여 종교적 깨달음의 깊이를 더해 주는 불서.   신국판 / 320쪽 / 12,000원

왜 여자는 바람을 피우는가?
기젤라 룬테 지음 / 김현성 · 진정미 옮김

각계 각층의 여자들과의 인터뷰를 바탕으로 하여 여자들이 바람 피우는 이유를 진솔하게 해부한 여성 탐구서.   국판 / 200쪽 / 7,000원

건 강

식초건강요법
건강식품연구회 엮음 / 신재용(해성한의원 원장) 감수

가장 쉽게 구할 수 있고 경제적인 식품이면서 상상할 수 없을 정도로 뛰어난 약효를 지닌 식초의 모든 것을 담은 건강지침서!

신국판 / 224쪽 / 6,000원

아름다운 피부미용법
이순희(한독피부미용학원 원장) 지음

피부조직에 대한 기초 이론과 우리 몸의 생리를 알려줌으로써 아름다운 피부, 젊은 피부를 오래 유지할 수 있는 비결 제시!

신국판 / 296쪽 / 6,000원

버섯건강요법
김병각 외 6명 지음

종양 억제율 100%에 가까운 96.7%를 나타내는 기적의 약용버섯 등 신비의 버섯을 통하여 암을 치료하고 비만, 당뇨, 고혈압, 동맥경화 등 각종 성인병 예방을 위한 생활 건강 지침서!   신국판 / 286쪽 / 8,000원

성인병과 암을 정복하는 유기게르마늄
이상현 편저 / 캬오 샤오이 감수

최근 들어 각광을 받고 있는 새로운 치료제인 유기게르마늄을 통한 성인병, 각종 암의 치료에 대해 상세히 소개.   신국판 / 312쪽 / 9,000원

난치성 피부병
생약효소연구원 지음

현대의학으로도 치유불가능했던 난치성 피부병인 건선 · 아토피(태열)의 완치요법이 수록된 건강 지침서.   신국판 / 232쪽 / 7,500원

新 방약합편
정도명 편역

자신의 병을 알고 증세에 맞춰 스스로 처방을 할 수 있고 조제할 수 있는 보약 506가지 수록.   신국판 / 416쪽 / 15,000원

자연치료의학
오홍근(신경정신과 의학박사 · 자연의학박사) 지음

대한민국 최초의 자연의학박사가 밝힌 신비의 자연치료의학으로 자연산물을 이용하여 부작용 없이 치료하는 건강 생활 비법 공개!!

신국판 / 472쪽 / 15,000원

약초의 활용과 가정한방
이인성 지음

주변의 흔한 식물과 약초를 활용하여 각종 질병을 간편하게 예방 · 치료할 수 있는 비법제시.   신국판 / 384쪽 / 8,500원

역전의학
이시하라 유미 지음 / 유태종 감수

일반상식으로 알고 있는 건강상식에 대해 전혀 새로운 관점에서 비판하고 아울러 새로운 방법들을 제시한 건강 혁명 서적!!
신국판 / 286쪽 / 8,500원

이순희식 순수피부미용법
이순희(한독피부미용학원 원장) 지음

자신의 피부에 맞는 관리법으로 스스로 피부관리를 할 수 있는 방법을 제시하고 책 속 부록으로 천연팩 재료 사전과 피부 타입별 팩 고르기.
신국판 / 304쪽 / 7,000원

21세기 당뇨병 예방과 치료법
이현철(연세대 의대 내과 교수) 지음

세계 최초 유전자 치료법을 개발한 저자가 당뇨병과 대항하여 가장 확실하게 이길 수 있는 당뇨병에 대한 올바른 이론과 발병시 대처 방법을 상세히 수록!   신국판 / 360쪽 / 9,500원

신재용의 민의학 동의보감
신재용(해성한의원 원장) 지음

주변의 흔한 먹거리를 이용하여 신비의 명약이나 보약으로 활용할 수 있는 건강 지침서로서 저자가 TV나 라디오에서 다 밝히지 못한 한방 및 민간요법까지 상세히 수록!!   신국판 / 476쪽 / 10,000원

치매 알면 치매 이긴다
배오성(백상한방병원 원장) 지음

B.O.S.요법으로 뇌세포의 기능을 활성화시키고 엔돌핀의 분비효과를 극대화시켜 증상에 맞는 한약 처방을 병행하여 치매를 치유하는 획기적인 치유법 제시.   신국판 / 312쪽 / 10,000원

21세기 건강혁명 밥상 위의 보약 생식
최경순 지음

항암식품으로, 다이어트식으로, 젊고 탄력적인 피부를 유지할 수 있게 해주는 자연식으로의 생식을 소개하여 현대인들의 건강 길라잡이가 되도록 하였다.   신국판 / 348쪽 / 9,800원

기치유와 기공수련
윤한홍(기치유 연구회 회장) 지음

누구나 노력만 하면 개발할 수 있고 활용할 수 있는 기 수련 방법과 기치유 개발 방법 소개. 신국판 / 340쪽 / 12,000원

만병의 근원 스트레스 원인과 퇴치
김지혁(김지혁한의원 원장) 지음

만병의 근원인 스트레스를 속속들이 파헤치고 예방법까지 속시원하게 제시!! 신국판 / 324쪽 / 9,500원

김종성 박사의 뇌졸중 119
김종성 지음

우리나라 사망원인 1위. 뇌졸중 분야의 최고 권위자인 저자가 일상생활에서의 건강관리부터 환자간호에 이르기까지 뇌졸중의 예방, 치료법 등 모든 것 수록. 신국판 / 356쪽 / 12,000원

탈모 예방과 모발 클리닉
장정훈 · 전재홍 지음

미용적인 측면과 우리가 일상적으로 고민하고 궁금해 하는 털에 관한 내용들을 다양하고 재미있게 예들을 들어가면서 흥미롭게 풀어간 것이 이 책의 특징. 신국판 / 252쪽 / 8,000원

구태규의 100% 성공 다이어트
구태규 지음

하이틴 영화배우의 다이어트 체험서.
저자만의 다이어트법을 제시하면서 바람직한 다이어트에 대해서도 알려준다. 건강하게 날씬해지고 싶은 사람들을 위한 필독서!

4×6배판 변형 / 240쪽 / 9,900원

암 예방과 치료법
이춘기 지음

암환자와 가족들을 위해서 암의 치료방법에서부터 합병증의 예방 및 암이 생기기 전에 알 수 있는 방법에 이르기까지 상세하게 해설해 놓은 책. 신국판 / 296쪽 / 11,000원

알기 쉬운 위장병 예방과 치료법
민영일 지음

소화기관인 위와 관련 기관들의 여러 질환을 발병 원인, 증상, 치료법을 중심으로 알기 쉽게 해설해 놓은 건강서. 신국판 / 328쪽 / 9,900원

이온 체내혁명
노보루 야마노이 지음 / 김병관 옮김

새로운 건강관리 이론으로 주목을 받고 있는 음이온을 통해 건강을 돌볼 수 있는 방법 제시. 신국판 / 272쪽 / 9,500원

어혈과 사혈요법
정지천 지음

침과 부항요법 등을 사용하여 모든 질병을 다스릴 수 방법과 우리 주변에서 흔하게 접할 수 있는 각 질병의 상황별 처치를 혈자리 그림과 함께 해설. 신국판 / 308쪽 / 12,000원

약손 경락마사지로 건강미인 만들기
고정환 지음

경락과 민족 고유의 정신 약손을 결합시킨 약손 성형경락 마사지로 수술하지 않고도 자신이 원하는 부위를 고치는 방법을 제시하는 건강 미용서. 4×6배판 변형 / 284쪽 / 15,000원

정유정의 LOVE DIET
정유정 지음

널리 알려진 온갖 다이어트 방법으로 살을 빼려고 노력했던 저자의 고통스러웠던 다이어트 체험담이 실려 있어 지금 살 때문에 고민하는 사람들이 가슴에 와 닿는 나만의 다이어트 계획을 나름대로 세울 수 있을 것이다. 4×6배판 변형 / 196쪽 / 10,500원

머리에서 발끝까지 예뻐지는 부분다이어트
신상만 · 김선민 지음

한약을 먹거나 침을 맞아 살을 빼는 방법, 아로마요법을 이용한 다이어트법, 운동을 이용한 부분비만 해소법 등이 실려 있으므로 나에게 맞는 방법을 선택해 날씬하고 예쁜 몸매를 만들 수 있을 것이다.
4×6배판 변형 / 196쪽 / 11,000원

알기 쉬운 심장병 119
박승정 지음

서울아산병원 심장 내과에 있는 저자가 심장병에 관해 심장질환이 생기는 원인, 증상, 치료법을 중심으로 내용을 상세하게 해설해 놓은 건강서. 신국판 / 248쪽 / 9,000원

알기 쉬운 고혈압 119
이정균 지음

생활 속의 고혈압에 관해 일반인들이 관심을 가지고 예방할 수 있도록 고혈압의 원인, 증상, 합병증 등을 상세하게 해설해 놓은 건강서.

신국판 / 304쪽 / 10,000원

여성을 위한 부인과질환의 예방과 치료
차선희 지음

남들에게는 말할 수 없는 증상들로 고민하고 있는 여성들을 위해 부인암, 골다공증, 빈혈 등 부인과질환을 원인 및 치료방법을 중심으로 설명한 여성건강 정보서. 신국판 / 304쪽 / 10,000원

알기 쉬운 아토피 119
이승규 · 임승엽 · 김문호 · 안유일 지음

감기처럼 흔하지만 암만큼 무서운 아토피 피부염의 원인에서부터 증상, 치료방법, 임상사례, 민간요법을 적용한 환자들의 경험담 등 수록. 신국판 / 232쪽 / 9,500원

120세에 도전한다
이권행 지음

아프지 않고 건강하게 오래 살기를 바라는 현대인들에게 우리 체질에 맞는 식생활습관, 심신 활동, 생활습관, 체질별 · 나이별 양생법을 소개. 장수하고픈 독자들의 궁금증을 풀어줄 것이다.

신국판 / 308쪽 / 11,000원

건강과 아름다움을 만드는 요가
정판식 · 노진이 지음

책을 보고서 집에서 혼자서도 할 수 있는 요가법 수록. 각종 질병에 따른 요가 수정체조법도 담았으며, 별책 부록으로 한눈에 보는 요가 차트 수록. 4×6배판 변형 / 224쪽 / 14,000원

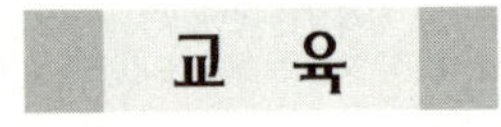

우리 교육의 창조적 백색혁명
원상기 지음

자라나는 새싹들이 기본적인 지식과 사고를 종합적 · 창조적으로 발전시켜 창조적인 사고능력을 배양할 수 있도록 한 교육지침서.

신국판 / 206쪽 / 6,000원

현대생활과 체육
조창남 외 5명 공저

각종 현대병의 원인과 예방 및 운동요법에 대한 이론과 요즘 각광받는 골프 · 스키 · 볼링 등의 레저스포츠 총망라한 생활체육 총서.
신국판 / 340쪽 / 10,000원

퍼펙트 MBA
IAE유학네트 지음

기존의 관련 도서들과는 달리 Top MBA로 가는 길을 상세하고 완벽하게 수록. 가장 완벽하고 충실한 최신 정보 제공.
신국판 / 400쪽 / 12,000원

유학길라잡이 Ⅰ –미국편
IAE유학네트 지음

미국의 교육제도 및 유학을 가기 위해서 준비해야 할 절차, 미국 현지 생활 정보, 최신 비자정보 등을 한눈에 볼 수 있는 유학길잡이.
4×6배판 / 372쪽 / 13,900원

유학길라잡이 Ⅱ – 4개국편
IAE유학네트 지음

영어권 국가인 영국 · 캐나다 · 호주 · 뉴질랜드의 현지 정보 · 교육제도 및 각 국가별 학교의 특화된 교육내용 완전 수록!!
4×6배판 / 348쪽 / 13,900원

조기유학길라잡이.com
IAE유학네트 지음

영어권으로 나이 어린 자녀를 유학보내기 위해 준비중인 학부모 및 준비생들이 반드시 읽어야 할 필독서!!
영어권 나라의 교육제도 및 학교별 데이터를 완벽하게 수록하여 유학 정보서의 질을 한 단계 상승시킨 결정판!!
4×6배판 / 428쪽 / 15,000원

현대인의 건강생활
박상호 외 5명 공저

현대인들의 건강한 삶을 위한 사회체육의 중요성을 강조. 건강과 체력 증진을 위한 기본상식, 노인과 건강 등 이론과 스쿼시 · 스키 · 윈드 서핑 등 레저스포츠 등의 실기편으로 이루어진 알찬 내용 수록.
4×6배판 / 268쪽 / 15,000원

천재아이로 키우는 두뇌훈련
나카마츠 요시로 지음 / 민병수 옮김

머리가 좋은 아이로 키우기 위한 환경 만들기, 식사, 운동 등 연령별 두뇌 훈련법 소개. 국판 / 288쪽 / 9,500원

테마별 고사성어로 익히는 한자
김경익 지음

세글자, 네글자로 이루어진 고사성어를 통해 실용한자를 익히고 성어 속에 담긴 의미도 오늘에 맞게 재해석 해보는 한자 학습서.
4×6배판 변형 / 248쪽 / 9,800원

生생 공부비법
이은승 지음

국내 최초 수학과외 수출의 주인공 이은승이 개발한 자기만의 맞춤식 공부학습법 소개. 공부도 하는 법을 알면 목표를 달성할 수 있다고 용기를 북돋우어 주는 실전 공부 비법서. 신국판 변형 / 272쪽 / 9,500원

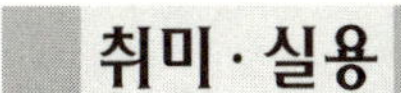

취미 · 실용

김진국과 같이 배우는 와인의 세계
김진국 지음

포도주 역사에서 분류, 원료 포도의 종류와 재배, 양조 · 숙성 · 저장, 시음법, 어울리는 요리와 와인의 유통과 소비, 와인 시장의 현황과 전망, 와인 판매 요령, 와인의 보관과 재고의 회전, '와인 양조 비밀의 모든 것'을 동영상으로 제작한 CD까지, 와인의 모든 것이 담긴 종합학습서. 국배판 변형 양장본(올 컬러판) / 208쪽 / 30,000원

경제 · 경영

CEO가 될 수 있는 성공법칙 101가지
김승룡 편역

또 한 번의 경제위기를 겪고 있는 우리의 현실을 극복하고 일어설 수 있는 리더로서의 역할과 책임에 대한 명확한 해답을 제시해줄 것이다.
신국판 / 320쪽 / 9,500원

정보소프트
김승룡 지음

홍수처럼 쏟아지는 정보를 수집 · 분석하여 효과적으로 활용하는 방법을 총망라한 정보 전략 완벽 가이드!! 신국판 / 324쪽 / 6,000원

기획대사전
다카하시 겐코 지음 / 홍영의 옮김

기획에 관련된 모든 사항을 실례와 도표를 통하여 초보자에서 프로기획맨에 이르기까지 효율적으로 활용할 수 있도록 체계적으로 총망라하였다. 신국판 / 552쪽 / 19,500원

맨손창업 · 맞춤창업 BEST 74
양혜숙 지음

창업대행 현장 전문가가 추천하는 유망업종을 7가지 주제별로 나누어 수록한 맞춤창업서로 창업예비자들에게 창업의 길을 밝혀줄 발로 뛰면서 만든 실무 지침서!! 신국판 / 416쪽 / 12,000원

무자본, 무점포 창업! FAX 한 대면 성공한다
다카시로 고시 지음 / 홍영의 옮김

완벽한 FAX 활용법을 제시하여 가장 적은 자본으로 창업하려는 예비자들에게 큰 투자를 필요로 하지 않으면서 성공을 이끌어주는 길라잡이가 되는 실무 지침서. 신국판 / 226쪽 / 7,500원

성공하는 기업의 인간경영
중소기업 노무 연구회 편저 / 홍영의 옮김

무한경쟁시대에서 각 기업들의 다양한 경영 실태 속에서 인사 · 노무 관리 개선에 있어서 기업의 효율을 높이고 발전을 이룰 수 있는 원칙을 제시. 신국판 / 368쪽 / 11,000원

21세기 IT가 세계를 지배한다
김광희 지음

21세기 화두로 떠오른 IT혁명의 경쟁력에 대해서 전문가의 논리적이고 철저한 해설과 더불어 매장 끝까지 실제 사례를 곁들여 설명.
신국판 / 380쪽 / 12,000원

경제기사로 부자아빠 만들기
김기태 · 신현태 · 박근수 공저

날마다 배달되는 경제기사를 꼼꼼히 챙겨보는 사람만이 현대생활에서 부자가 될 수 있다. 언론인의 현장감각과 학자의 전문성을 접목시킨 것이 이 책의 특성! 누구나 이 책을 읽고 경제원리를 체득, 경제예측을 할 수 있게 준비된 생활경제서적. 신국판 / 388쪽 / 12,000원

포스트 PC의 주역 정보가전과 무선인터넷
김광희 지음

포스트 PC의 주역으로 급부상하고 있는 정보가전과 무선인터넷 그리고 이를 구현하기 위한 관련 테크놀러지를 체계적으로 소개.
신국판 / 356쪽 / 12,000원

성공하는 사람들의 **마케팅 바이블**
채수명 지음

최근의 이론을 보완하여 내놓은 마케팅 관련 실무서. 마케팅의 정보전략, 핵심요소, 컨설팅실무까지 저자의 노하우와 창의적인 이론이 결합된 마케팅서.　신국판 / 328쪽 / 12,000원

느린 비즈니스로 돌아가라
사카모토 게이이치 지음 / 정성호 옮김

미국식 스피드 경영에 익숙해져 현실의 오류를 간과하고 있는 사람들을 위한 어떻게 팔 것인가보다 무엇을 팔 것인가를 차분히 설명하는 마케팅 컨설턴트의 대안 제시서!　신국판 / 276쪽 / 9,000원

적은 돈으로 큰돈 벌 수 있는 **부동산 재테크**
이원재 지음

700만 원으로 부동산 재테크에 뛰어들어 100배 불린 저자가 부동산 재테크를 계획하고 있는 사람들이 반드시 알아두어야 할 내용을 경험담을 담아 해설해 놓은 경제서.　신국판 / 340쪽 / 12,000원

바이오혁명
이주영 지음

21세기 국가간 경쟁부문으로 새로이 떠오르고 있는 바이오혁명에 관한 기초지식을 언론사에 몸담고 있는 현직 기자가 아주 쉽게 해설해 놓은 바이오 가이드서. 바이오 관련 용어 해설 수록.

신국판 / 328쪽 / 12,000원

두뇌혁명
나카마츠 요시로 지음 / 민병수 옮김

『뇌내혁명』 하루야마 시게오의 추천작!!
어른들을 위한 두뇌 개발서로, 풍요로운 인생을 만들기 위한 '뇌' 와 '몸' 자극법 제시.　4×6판 양장본 / 288쪽 / 12,000원

성공하는 사람들의 **자기혁신 경영기술**
채수명 지음

자기 계발을 통한 신지식 자기경영마인드를 갖추어야 한다는 전제 아래 그 방법을 자세하게 알려주는 자기계발 지침서.

신국판 / 344쪽 / 12,000원

CFO
교텐 토요오 · 타하라 오키시 지음 / 민병수 옮김

일반인들에게 생소한 용어인 CFO. 세계화에 발맞추어 기업이 경쟁력을 갖추려면 CFO, 즉 최고 재무책임자의 역할이 지금까지와는 완전히 달라져야 한다. 이에 기업을 이끌어가는 새로운 키잡이로서의 CFO의 역할, 위상 등을 일본의 기업을 중심으로 하여 알아보고 바람직한 방향을 제시한다.　신국판 / 312쪽 / 12,000원

네트워크시대 네트워크마케팅
임동학 지음

학력, 사회적 지위 등에 관계 없이 자신이 노력한 만큼 돈을 벌 수 있는 네트워크마케팅에 관해 알려주는 안내서.　신국판 / 376쪽 / 12,000원

성공리더의 7가지 조건
다이앤 트레이시 · 윌리엄 모건 지음 / 지창영 옮김

개인과 팀, 조직관계의 개선을 위한 방향제시 및 실천을 위한 안내자 역할을 해주는 책. 현장에서 활용할 수 있는 실용서.

신국판 / 360쪽 / 13,000원

김종결의 **성공창업**
김종결 지음

누구나 창업을 할 수는 있지만 아무나 돈을 버는 것은 아니다라는 전제 아래 중견 연기자로서, 음식점 사장님으로 성공한 탤런트 김종결의 성공비결을 통해 창업전략과 성공전략을 제시한다.

신국판 / 340쪽 / 12,000원

최적의 타이밍에 **내 집 마련하는 기술**
이원재 지음

부동산을 통한 재테크의 첫걸음 '내 집 마련' 의 결정판. 체계적이고 한눈에 쏙 들어 오는 '내 집 장만 과정' 을 쉽게 풀어놓은 부동산재테크서.　신국판 / 248쪽 / 10,500원

컨설팅 세일즈 _Consulting sales_
임동학 지음

발로 뛰는 영업이 아니라 머리로 하는 영업이 절실히 요구되는 시대 상황에 맞추어 고객지향의 세일즈, 과제해결 세일즈, 구매자와 공급자 간에 서로 만족하는 세일즈법 제시.　대국전판 / 336쪽 / 13,000원

주　식

개미군단 대박맞이 주식투자
홍성걸(한양증권 투자분석팀 팀장) 지음

초보에서 인터넷을 활용한 주식투자까지 필자의 현장에서의 경험을 바탕으로 한 주식 성공전략의 모든 정보 수록.　신국판 / 310쪽 / 9,500원

알고 하자! **돈 되는 주식투자**
이길영 외 2명 공저

일본과 미국의 주식시장을 철저한 분석과 데이터화를 통해 한국 주식시장의 투자의 흐름을 파악함으로써 한국 주식시장에서의 확실한 성공전략 제시!!　신국판 / 388쪽 / 12,500원

항상 당하기만 하는 개미들의 매도 · 매수타이밍 **999% 적중 노하우**
강경무 지음

승부사를 꿈꾸며 와신상담하는 모든 이들에게 희망의 등불이 될 것을 확신하는 Jusicman이 주식시장에서 돈벌고 성공할 수 있는 비결 전격 공개!!　신국판 / 336쪽 / 12,000원

부자 만들기 주식성공클리닉
이창희 지음

저자의 경험담을 섞어서 주식이란 무엇인가를 풀어서 써놓은 주식입문서. 초보자와 자신을 성찰해볼 기회를 가지려는 기존의 투자자를 위해 태어났다.　신국판 / 372쪽 / 11,500원

선물 · 옵션 이론과 실전매매
이창희 지음

선물과 옵션시장에서 일반인들이 실패하는 원인을 분석하고, 반드시 지켜야 할 투자원칙에 따라 유형별로 실전 매매 테크닉을 터득함으로써 투자를 성공적으로 할 수 있게 한 지침서!!　신국판 / 372쪽 / 12,000원

너무나 쉬워 재미있는 주가차트
홍성무 지음

주식시장에서는 차트 분석을 통해 주가를 예측하는 투자자만이 주식투자에서 성공하므로 차트에서 급소를 신속, 정확하게 뽑아내 매매타이밍을 잡는 방법을 알려주는 주식투자 지침서.
4×6배판 / 216쪽 / 15,000원

판결에 이르기까지 어음, 수표 관련 법률사항을 쉽고도 상세하게 압축해 놓은 생활법률서. 신국판 / 328쪽 / 11,000원

제조물책임법
강동근 · 윤종성 공저

제품의 설계, 제조, 표시상의 결함으로 소비자가 피해를 입었을 때 제조업자가 배상책임을 져야 하는 제조물책임 시대를 맞아 제조업자가 갖춰야 할 법률적 지식을 조목조목 설명해 놓은 법률서.
신국판 / 368쪽 / 13,000원

알기 쉬운 주5일근무에 따른 임금 · 연봉제 실무
문강분 지음

최근의 행정해석과 판례를 중심으로 임금관련 문제를 정리하고 기업에서 관심이 많은 연봉제 및 성과배분제, 비정규직문제, 여성근로자문제 등의 이슈들과 주40시간제 법개정, 퇴직연금제 도입 등 최근의 법 · 시행령 개정사항을 모두 수록한 임금 · 연봉제실무 지침서.
4×6배판 변형 / 544쪽 / 35,000원

변호사 없이 당당히 이길 수 있는 형사소송
김대환 지음

우리 생활과 함께 숨쉬는 형사법 서식을 구체적인 사례와 함께 소개. 내 손으로 간결하고 명확한 고소장 · 항소장 · 상고장 등 형사소송서식을 작성할 수 있다. 형사소송 관련 서식 디스켓 수록.
신국판 / 304쪽 / 13,000원

생활법률

부동산 생활법률의 기본지식
대한법률연구회 지음 / 김원중 감수

부동산관련 기초지식과 분쟁해결을 위한 노하우, 테크닉을 제 시하고 권두 특집으로 주택건설종합계획과 부동산 관련 정부주요 시책을 소개하였다. 신국판 / 480쪽 / 12,000원

고소장 · 내용증명 생활법률의 기본지식
하태웅 지음

스스로 고소 · 고발장을 작성할 수 있도록 예문과 서식을 함께 소개. 또 민사소송에 대해서도 자세하게 설명. 신국판 / 440쪽 / 12,000원

노동 관련 생활법률의 기본지식
남동희 지음

4만 여 건 이상의 무료 상담을 계속하고 있는 저자의 상담 사례를 통해 문답식으로 풀어나가는 노동 관련 생활법률 해설의 최신 결정판.
신국판 / 528쪽 / 14,000원

외국인 근로자 생활법률의 기본지식
남동희 지음

외국인 연수협력단의 자문위원으로 오랜 시간 실무를 접했던 저자의 경험을 바탕으로 외국인 근로자의 체류자격 및 취업자격 등 법적 문제와 법률적 지위를 상세하게 다루었다. 신국판 / 400쪽 / 12,000원

계약작성 생활법률의 기본지식
이상도 지음

국민생활과 직결된 계약법의 기초를 이루는 핵심 기본지식을 간단명료한 해설 및 관련 계약서 작성 예문과 함께 제시.

신국판 / 560쪽 / 14,500원

지적재산 생활법률의 기본지식
이상도 · 조의제 공저

현대 산업사회에서 중요시되고 있는 특허, 실용신안, 의장, 상표, 저작권, 컴퓨터프로그램저작권 등 지적재산의 모든 것을 체계화하여 한 권으로 요약하였다. 신국판 / 496쪽 / 14,000원

부당노동행위와 부당해고 생활법률의 기본지식
박영수 지음

노사관계 핵심사항인 부당노동행위와 정리해고 · 징계해고를 중심으로 간단 명료한 해설과 더불어 대법원 판례, 노동위원회에 의한 구제절차, 소송절차 및 노동부 업무처리지침을 소개. 신국판 / 432쪽 / 14,000원

주택 · 상가임대차 생활법률의 기본지식
김운용 지음

전세입자들이 보증금 반환소송이나 민사소송, 경매절차까지의 기본적인 흐름을 알 수 있도록 인터넷을 통한 실제 법률 상담을 전격 수록.
신국판 / 480쪽 / 14,000원

하도급거래 생활법률의 기본지식
김진홍 지음

경제적 약자인 하도급업자를 위하여 하도급거래 관련 필수적인 법률사안들을 쉽게 해설함과 동시에 실무에 필요한 12가지 하도급표준계약서를 소개. 신국판 / 440쪽 / 14,000원

이혼소송과 재산분할 생활법률의 기본지식
박동섭 지음

이혼과 관련하여 해결해야 할 법률문제들을 저자의 실무경험을 바탕으로 명쾌하게 해설하였다. 아울러 약혼이나 사실혼파기로 인한 위자료 문제도 함께 다루어 가정문제로 고민하는 사람들에게 길잡이가 되도록 하였다. 신국판 / 460쪽 / 14,000원

부동산등기 생활법률의 기본지식
정상태 지음

등기를 하지 않으면 어떤 위험이 따르고, 등기를 하면 어떤 효력이 생기는가! 등기신청은 어떻게 하며, 필요한 서류는 무엇이고, 등기종류에는 어떤 것들이 있는가 등 부동산등기 전반에 걸쳐 일반인이 꼭 알아야 할 법률상식을 간추려 간단, 명료하게 해설하였다.

신국판 / 456쪽 / 14,000원

기업경영 생활법률의 기본지식
안동섭 지음

사업을 구상하고 있는 사람이나 현재 경영하고 있는 사람 및 관리실무자에게 필요한 법률을 체계적으로 알려주고 관련 법률서식과 서식작성 예문도 함께 소개. 신국판 / 466쪽 / 14,000원

교통사고 생활법률의 기본지식
박정무 · 전병찬 공저

교통사고 당사자가 쉽게 응용할 수 있도록 단계별 해결책을 제시함과 동시에 사고유형별 Q&A를 통하여 상세한 법률자문 역할을 하였다.
신국판 / 480쪽 / 14,000원

소송서식 생활법률의 기본지식
김대환 지음

일상생활과 밀접한 소송서식을 중심으로 소장작성부터 판결을 받을 때까지 그 서식작성요령을 서식마다 항목별로 자세하게 설명하였다.
신국판 / 480쪽 / 14,000원

호적 · 가사소송 생활법률의 기본지식
정주수 지음

개명, 성 · 본 창설, 취적절차 및 법원의 허가 및 판결에 의한 호적정정 절차, 친권 · 후견절차, 실종선고 · 부재선고절차에 상세한 해설과 함

께 신고서식 작성요령과 구비할 서류 및 재판절차에 대하여 자세히 설명. 신국판 / 516쪽 / 14,000원

상속과 세금 생활법률의 기본지식
박동섭 지음

상속재산분할, 상속회복청구, 유류분반환청구, 상속세부과처분취소 등 상속관련 사건들을 해결하는 데 도움이 되도록 상속법과 상속세법을 상세하게 함께 수록. 신국판 / 480쪽 / 14,000원

담보 · 보증 생활법률의 기본지식
류창호 지음

살아가다 보면 담보를 제공하거나 보증을 서는 일이 비일비재하다. 이렇게 담보를 제공하거나 보증을 섰는데 문제가 생겼을 때의 해결방법을 법조항 설명과 함께 실례를 실어 알아 본다.
신국판 / 436쪽 / 14,000원

소비자보호 생활법률의 기본지식
김성천 지음

소비자의 권리 실현 보장 관련 법률 및 소비자 파산 문제를 상세한 해설 · 판례와 함께 모두 수록. 신국판 / 504쪽 / 15,000원

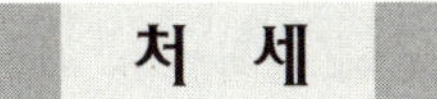

성공적인 삶을 추구하는 여성들에게 우먼파워
조안 커너 · 모이라 레이너 공저 / 지창영 옮김

사회의 여성을 향한 냉대와 편견의 벽을 깨뜨리고 성공적인 삶을 이루려는 여성들이 갖추어야 할 자세 및 삶의 이정표 제시!!

신국판 / 352쪽 / 8,800원

聽 이익이 되는 말 話 손해가 되는 말
우메시마 미요 지음 / 정성호 옮김

직장이나 집안에서 언제나 주고받는 일상의 화제를 모아 실음으로써 대화의 참의미를 깨닫고 비즈니스를 성공적으로 이끌기 위한 대화술을 키우는 방법 제시!! 신국판 / 304쪽 / 9,000원

성공하는 사람들의 화술테크닉
민영욱 지음

개인간의 사적인 대화에서부터 대중을 위한 공적인 강연에 이르기까지 어떻게 말하고 어떻게 스피치를 할 것인가에 관한 지침서.
신국판 / 320쪽 / 9,500원

부자들의 생활습관 가난한 사람들의 생활습관
다케우치 야스오 지음 / 홍영의 옮김

경제학의 발상을 기본으로 하여 사람들이 살아가면서 생활에서 생각해 볼 수 있는 이익을 보는 생활습관과 손해를 보는 생활습관을 수록, 독자 자신에게 맞는 생활습관의 기본 전략을 설계할 수 있도록 제시.
신국판 / 320쪽 / 9,800원

코끼리 귀를 당긴 원숭이-히딩크식 창의력을 배우자
강충인 지음

코끼리와 원숭이의 우화를 히딩크의 창조적 경영기법과 리더십에 대비하여 자기혁신, 기업혁신을 꾀하는 창의력 개발법을 제시.
신국판 / 208쪽 / 8,500원

성공하려면 유머와 위트로 무장하라
민영욱 지음

21세기에 들어 새로운 추세를 형성하고 있는 말 잘하기. 이러한 추세에 맞추어 현재 스피치 강사로 활약하고 있는 저자가 말을 잘하는 방법과 유머와 위트를 만들고 즐기는 방법을 제시한다.

신국판 / 292쪽 / 9,500원

등소평의 오뚝이전략
조창남 편저

중국 역사상 정치 · 경제 · 학문 등의 분야에서 최고 위치에 오른 리더들의 인재활용, 상황 극복법 등 처세 전략 · 전술을 통해 이 시대의 성공인으로 자리매김하는 해법 제시. 신국판 / 304쪽 / 9,500원

노무현 화술과 화법을 통한 이미지 변화
이현정 지음

현재 불교방송에서 활동하고 있는 이현정 아나운서의 화술 길라잡이서. 노무현 대통령의 독특한 화술과 화법을 통해 리더로서, 성공인으로서 갖추어야 할 화술 화법을 배우는 화술 실용서.
신국판 / 320쪽 / 10,000원

성공하는 사람들의 토론의 법칙
민영욱 지음

다양한 사람들의 다양한 욕구를 하나로 응집시키는 수단으로 등장하고 있는 토론에 관해 간단하고 쉽게 제시한 토론 길라잡이서.
신국판 / 280쪽 / 9,500원

사람은 칭찬을 먹고산다
민영욱 지음

말 한마디에 천냥 빚을 갚는다는 속담이 있다. 현대에서 성공하는 사람으로 남기 위해서는 남을 칭찬할 줄도 알아야 한다. 성공하는 사람이 되기 위해서 알아야 할 칭찬 스피치의 기법, 특징 등을 실생활에 적용해 설명해놓은 성공처세 지침서. 신국판 / 268쪽 / 9,500원

명상으로 얻는 깨달음
달라이 라마 지음 / 지창영 옮김

티베트의 정신적 지도자이자 실질적 지도자인 달라이 라마의 수많은 가르침 가운데 현대인에게 필요해지고 있는 인내에 대한 이야기.
국판 / 320쪽 / 9,000원

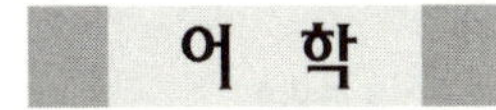

2진법 영어
이상도 지음

2진법 영어의 비결을 통해서 기존 영어학습 방법의 단점을 말끔히 해소시켜 주는 최초로 공개되는 고효율 영어학습 방법. 적은 시간을 투자하여 영어의 모든 것을 획기적으로 향상시킬 수 있는 비법을 제시한다.
4×6배판 변형 / 328쪽 / 13,000원

한 방으로 끝내는 영어
고제윤 지음

일상생활에서의 이야기를 바탕으로 하는 영어강의로 영어문법은 재미 없고 지루하다고 생각하는 이 땅의 모든 사람들의 상식을 깨면서 학습 효과를 높이기 위한 공부방법을 제시하는 새로운 영어학습서.
신국판 / 316쪽 / 9,800원

한 방으로 끝내는 영단어
김승엽 지음 / 김수경 · 카렌다 감수

일상생활에서 우리가 무심코 던지는 영어 한마디가 당신의 영어수준을 드러낸다는 사실을 깨닫게 하는 영어 실용서. 풍부한 예문을 통해 참영

어를 배우겠다는 사람, 무역업이나 관광 안내업에 종사하는 사람, 영어권 나라로 이민을 가려는 사람들에게 많은 도움을 줄 것이다.
4×6배판 변형 / 236쪽 / 9,800원

해도해도 안 되던 영어회화 하루에 30분씩 90일이면 끝낸다
Carrot Korea 편집부 지음

온라인과 오프라인을 넘나들면서 영어학습자들의 각광을 받고 있는 린다의 현지 생활 영어 수록. 교과서에서 배울 수 없었던 생생한 실생활 영어를 90일 학습으로 모두 끝낼 수 있다.
4×6배판 변형 / 260쪽 / 15,000원

바로 활용할 수 있는 기초생활영어
김수경 지음

다양한 상황에 대처할 수 있도록 인사나 감정 표현, 전화나 교통, 장소 및 기타 여러 사항에 관한 기초생활영어를 총망라.
신국판 / 240쪽 / 10,000원

바로 활용할 수 있는 비즈니스영어
김수경 지음

해외 출장시, 외국의 바이어 접견시 기본적으로 사용할 수 있는 상황별 센텐스를 수록하여 해외 출장 준비 및 외국 바이어 접견을 완벽하게 끝낼 수 있게 했다.   신국판 / 252쪽 / 10,000원

생존영어55
홍일록 지음

살아 있는 영어를 익힐 수 있는 기회 제공. 반드시 알아야 할 핵심 센텐스를 저자가 미국 현지에서 겪었던 황당한 사건들과 함께 수록, 재미도 느낄 수 있다.   신국판 / 224쪽 / 8,500원

스포츠

수열이의 브라질 축구 탐방 삼바 축구, 그들은 강하다
이수열 지음

축구에 대한 관심만으로 각 나라의 축구팀, 특히 브라질 축구팀에 애정을 가지고 브라질 축구팀의 전력 및 각 선수들의 장단점을 나름대로 분석하고 연구하여 자신의 의견을 피력하고 있는 축구 길라잡이서.
신국판 / 280쪽 / 8,500원

마라톤, 그 아름다운 도전을 향하여
빌 로저스 · 프리실라 웰치 · 조 헨더슨 공저 / 오인환 감수 / 지창영 옮김

마라톤에 입문하고자 하는 초보 주자들을 위한 마라톤 가이드서. 올바르게 달리는 법, 음식 조절법, 달리기 전 준비운동, 주자에게 맞는 프로그램 짜기, 부상 예방법을 상세하게 설명하고 있다.
4×6배판 / 320쪽 / 15,000원

레포츠

퍼팅 메커닉
이근택 지음

감각에 의존하는 기존 방식의 퍼팅은 이제 그만!!
저자 특유의 과학적 이론을 신체근육 운동학에 접목시켜 몸의 무리를 최소한으로 덜고 최대한의 정확성과 거리감을 갖게 하는 새로운 퍼팅 메커닉 북.   4×6배판 변형 / 192쪽 / 18,000원

아마골프 가이드
정영호 지음

골프를 처음 시작하는 모든 아마추어 골퍼를 위해 보다 쉽고 빠르게 이해할 수 있도록 내용이 구성된 아마골프 레슨 프로그램서.
4×6배판 변형 / 216쪽 / 12,000원

인라인스케이팅 100%즐기기
임미숙 지음

레저 문화에 새로운 강자로 자리매김하고 있는 인라인 스케이팅을 안전하고 재미있게 즐길 수 있도록 알려주는 인라인 스케이팅 지침서. 각 단계별 동작을 한눈에 알아볼 수 있도록 세부 동작별 일러스트 수록.
4×6배판 변형 / 172쪽 / 11,000원

배스낚시 테크닉
이종건 지음

현재 한국배스스쿨에서 강사로 활약하고 있는 아마추어 배스 낚시꾼이 중급 수준의 배스 낚시꾼들이 자신의 실력을 한 단계 업그레이드 시킬 수 있도록 루어의 활용, 응용법 등을 상세하게 해설.
4×6배판 / 440쪽 / 20,000원

나도 디지털 전문가 될 수 있다!!!
이승훈 지음

깜찍한 디자인과 간편하게 휴대할 수 있다는 장점 때문에 새로운 생활필수품으로 자리를 잡아가고 있는 디카 · 디캠을 짧은 시간 안에 쉽게 배울 수 있도록 해놓은 초보자를 위한 디카 · 디캠길라잡이서.
4×6배판 / 320쪽 / 19,200원

스키 100% 즐기기
김동환 지음

스키 인구의 확산 추세에 따라 스키의 기초 이론 및 기본 동작부터 상급의 기술까지 단계별 동작을 전문가의 동작사진을 곁들여 내용 구성.
4×6배판 변형 / 184쪽 / 12,000원

태권도 총론
하웅의 지음

우리의 국기 태권도에 관한 실용 이론서. 지도자가 알아야 할 사항, 태권도장 운영이론, 응급처치법 및 태권도 경기규칙 등 필수 내용만 수록.   4×6배판 / 288쪽 / 15,000원

건강하고 아름다운 동양란 기르기
난마을 지음

동양란 재배의 첫걸음부터 전시회 출품까지 동양란의 모든 것 수록. 동양란의 구조 · 특징 · 종류 · 감상법, 꽃대 관리 · 꽃 피우기 · 발색 요령 등 건강하고 아름다운 동양란 만들기로 구성.
4×6배판 변형 / 184쪽 / 12,000원

컨설팅 세일즈
Consulting sales

2003년 12월 15일 제1판 1쇄 발행

지은이/임동학
펴낸이/강선희
펴낸곳/가림출판사

등록/1992. 10. 6. 제4-191호
주소/서울시 광진구 구의동 57-71 부원빌딩 4층
대표전화/458-6451   팩스/458-6450
홈페이지 http://www.galim.co.kr
e-mail galim@galim.co.kr

값 13,000원

ⓒ 임동학, 2003

ISBN 89-7895-151-1 13320